O nome do Projeto Teláris se inspira na forma latina telarium, que significa "tecelão", para evocar o entrelaçamento dos saberes na construção do conhecimento.

Com realidade aumentada

Projeto Teláris

J. William Vesentini
Vânia Vlach

Geografia 8
Regionalização do mundo e países do Sul

J. William Vesentini
- Doutor e livre-docente em Geografia pela Universidade de São Paulo (USP)
- Professor e pesquisador do Departamento de Geografia da USP
- Especialista em Geografia Política/Geopolítica e Ensino de Geografia
- Ex-professor do Ensino Fundamental e Médio das redes particular e oficial de São Paulo

Vânia Vlach
- Doutora em Geopolítica pela Université Paris 8
- Mestra em Geografia Humana pela USP
- Ex-bolsista de Produtividade em Pesquisa do Conselho Nacional de Desenvolvimento Científico e Tecnológico (CNPq)
- Ex-professora do Curso de Graduação e pesquisadora do Programa de Pós-Graduação em Geografia da Universidade Federal de Uberlândia (UFU)
- Ex-professora de educação básica das redes oficial e particular do estado de São Paulo

Use esse QR Code para acessar o site exclusivo do Projeto Teláris. Basta fazer o *download* de um leitor de QR Code no seu celular ou *tablet* e posicionar a câmera como se fosse fotografar a imagem acima.

editora ática

Diretoria de conteúdo e inovação pedagógica
Mário Ghio Júnior
Diretoria editorial
Lidiane Vivaldini Olo
Gerência editorial
Luiz Tonolli
Editoria de Ciências Humanas
Heloisa Pimentel
Edição
Ildete Oliveira Pinto e
Mirna Acras Abed Moraes Imperatore
Arte
Ricardo de Gan Braga (superv.),
Andréa Dellamagna (coord. de criação),
Katia Kimie Kunimura (editora de arte)
e Casa de Tipos (diagram.)
Revisão
Hélia de Jesus Gonsaga (ger.), Rosângela Muricy (coord.),
Ana Paula Chabaribery Malfa, Luís Maurício Bôa Nova,
Patrícia Travanca, Vanessa de Paula Santos
e Brenda Morais (estag.)
Iconografia
Sílvio Kligin (superv.),
Sara Plaça (pesquisa),
Cesar Wolf e Fernanda Crevin (tratamento de imagem)
Ilustrações
Suryara Bernardi
Cartografia
Eric Fuzii, Marcelo Seiji Hirata, Márcio Santos de Souza,
Robson Rosendo da Rocha e Alessandro Passos da Costa

Foto da capa: enciktepstudio/Shutterstock/Glow Images

Direitos desta edição cedidos à Editora Ática S.A.
Avenida das Nações Unidas, 7221, 3º andar, Setor C
Pinheiros – São Paulo – SP – CEP 05425-902
Tel.: 4003-3061
www.atica.com.br / editora@atica.com.br

Dados Internacionais de Catalogação na Publicação (CIP)
(Câmara Brasileira do Livro, SP, Brasil)

Vesentini, José William
  Projeto Teláris: geografia : ensino fundamental 2 /
José William Vesentini, Vânia Vlach. – 2. ed. – São Paulo:
Ática, 2015. – (Projeto Teláris: geografia)

  Obra em 4 v. para alunos do 6º ao 9º ano.
  Conteúdo: 6º ano. O espaço natural e a ação humana
– 7º ano. O espaço social e o espaço brasileiro – 8º ano.
Regionalização do mundo e países do Sul – 9º Países do
Norte e problemas mundiais.

  1. Geografia (Ensino fundamental) I. Vlach, Vânia. II.
Título. III. Série.

15-03003   CDD-372.891

Índice para catálogo sistemático:
1. Geografia : Ensino fundamental   372.891

2017
ISBN 978 85 08 17253 5 (AL)
ISBN 978 85 08 17229 0 (PR)
Cód. da obra CL 738811
CAE 542 423 (AL) / 542 424 (PR)
2ª edição
6ª impressão
Impressão e acabamento
Bercrom Gráfica e Editora

Apresentação

Há livros-estrela e livros-cometa.

Os cometas passam. São lembrados apenas pelas datas de sua aparição.

As estrelas, porém, permanecem.

Há muitos livros-cometa, que duram o período de um ano letivo. Mas o livro-estrela quer ser uma luz permanente em nossa vida.

O livro-estrela é como uma estrela-guia, que nos ajuda a construir o saber, nos estimula a perceber, refletir, discutir, estabelecer relações, fazer críticas e comparações.

Ele nos ajuda a ler e transformar o mundo em que vivemos e a nos tornar cada vez mais capazes de exercer nossos direitos e deveres de cidadão.

Estudaremos vários tópicos neste livro, entre os quais:
- como regionalizar o espaço mundial;
- o mundo atual: unidade e diversidade;
- continentes e paisagens naturais;
- diferenças econômicas e culturais;
- os países do Sul:
  - América Latina (México, América Central, América Andina, Guianas, América Platina e Brasil);
  - África;
  - Ásia (Oriente Médio, Sul, Sudeste e Leste da Ásia, o Dragão e os Tigres Asiáticos).

Esperamos que ele seja uma estrela para você.

Os autores

Conheça seu livro de Geografia

① Abertura da Unidade

Em página dupla, apresenta uma imagem significativa e atraente e um breve texto de introdução que relacionam algumas competências que você vai desenvolver na Unidade. Cada volume está dividido em quatro unidades.

Cada Unidade é identificada por um ícone laranja, que se repete nas páginas ímpares na cor roxa. Os ícones ajudam a localizar a Unidade mais facilmente.

Ponto de partida
Esta seção traz questões que ajudam você a refletir sobre os conceitos que serão trabalhados na Unidade e a discuti-los previamente.

② Abertura dos capítulos

Os capítulos se iniciam com um pequeno texto introdutório, seguido de uma ou duas imagens. Logo após, há um boxe com questões sobre as ideias fundamentais do capítulo. Elas permitem a você ter um contato inicial com os assuntos que serão estudados e também expressar suas opiniões, experiências e conhecimentos anteriores sobre o tema.

③ Texto e ação

Ao fim dos tópicos principais há algumas atividades para você verificar o que aprendeu, resolver dúvidas e comentar os assuntos em questão, antes de continuar o estudo do tema do capítulo.

④ Glossário

Os termos e expressões destacados em laranja remetem ao glossário na lateral da página, que apresenta sua significação.

⑤ Geolink

Consiste em textos que apresentam informações complementares aos temas tratados no capítulo com o objetivo de ampliar seu conhecimento. No fim da seção, há sempre questões para você avaliar o que leu, discutir e expressar sua opinião sobre o conteúdo do texto.

CONTEÚDO DIGITAL — Este ícone indica que há conteúdo digital disponível em: www.projetotelaris.com.br

Com o estudo da Geografia você vai compreender o mundo em que vivemos em todas as suas escalas, da local até a global, vai aprender como a humanidade produz e organiza o espaço geográfico. Com isso, você estará mais apto a entender os noticiários de tevê, a ler jornais e revistas com visão mais crítica, a debater questões atuais. Poderá ter uma participação mais ativa na sociedade, exercendo assim a sua cidadania. Veja como os livros desta coleção estão organizados.

Atividades finais

No final dos capítulos você vai encontrar três seções com diferentes tipos de atividade. São elas:
- + Ação
- De olho na imagem
- Conexões

⑥ + Ação

Trata-se de atividades diversificadas (com tabelas, mapas, textos, etc.) e relacionadas à compreensão do capítulo.

⑦ De olho na imagem

Atividades relacionadas à observação e análise de fotos, bem como à interpretação de mapas. O ícone 👓, colocado à direita do título, indica que as atividades devem ser feitas em dupla. Junte-se a um colega para realizá-las.

⑧ Conexões

Atividades interdisciplinares que permitem fazer conexões com outras áreas do conhecimento.

⑨ Infográficos, mapas, gráficos e imagens

No decorrer dos capítulos você encontra imagens variadas especialmente selecionadas para ajudá-lo em seu estudo.

⑩ Ponto de chegada

No final de cada unidade, a seção está dividida em duas subseções.

O que você estudou — Apresenta um resumo das habilidades e competências desenvolvidas.

Mix cultural — Subdividida em três partes: *Biblioteca*, *Geografia nos sites* e *Geografia nas telas*. Traz dicas e sugestões de livros, *sites*, filmes e documentários que complementam e enriquecem os assuntos vistos e trabalhados.

Sumário

Unidade 1 — Regionalização do espaço mundial

 Ponto de Partida, 11

Capítulo 1 • Os continentes, 12
1. Como regionalizar o espaço mundial?, 13
2. O que são os continentes?, 14
    Quais são os continentes?, 15
    Geolink: Duas ilhas desaparecem do mapa, 16
3. Massas continentais, 17
    Quantos continentes existem no Velho Mundo?, 18
    Configuração atual dos continentes, 19
    Pangeia e Deriva Continental, 19
    Placas tectônicas, 20
4. O Velho, o Novo e o Novíssimo Mundo, 22
    Influência da civilização ocidental, 22
5. Antártida, 24
    Tratado da Antártida, 25

Atividades finais, 26
   + Ação, 26
   De olho na imagem, 27
   Conexões — Atividades interdisciplinares •
   História e Língua Portuguesa, 28

Capítulo 2 • Grandes paisagens naturais, 29
1. O que é uma paisagem natural?, 30
    Clima e relevo, 30; Vegetação e solo, 30; Hidrografia, 31
    Geolink: Quando o sertão era floresta, 32
2. As paisagens naturais da Terra, 33
    Infográfico: Formações vegetais, 34
    Paisagens temperadas, 36
    Presença dos países desenvolvidos, 37
    Paisagens tropicais, 37
    Presença dos países subdesenvolvidos, 37
    Paisagens polares, 38
    Paisagens desérticas, 39
    Paisagens de altas montanhas, 40
3. Paisagem natural e desenvolvimento, 41

Atividades finais, 43
   + Ação, 43
   De olho na imagem, 44
   Conexões — Atividades interdisciplinares •
   Arte, História, Língua Portuguesa e Ciências da Natureza, 45

Capítulo 3 • Grandes regiões culturais, 47
1. Culturas e civilizações, 48
    Ampla identidade cultural, 48
2. Grandes civilizações da atualidade, 50
    Civilização ocidental, 51
    Papel da religião, 51
    Valorização do indivíduo, 51
    Ideia materialista de progresso, 52
    Civilização islâmica, 53
    Islamismo, 54
    Civilização hindu ou indiana, 56
    Sistema de castas, 57
    Civilização oriental ou sínica, 59
    Confucionismo, 59
    Taoismo, 59
    Budismo, 60
    Civilizações negro-africanas, 61
    Crise das culturas negro-africanas, 62
3. Etnocentrismo e diferenças culturais, 63
    Etnocentrismo, 63
    Diversidade cultural, 63
    Adaptação de culturas, 64

Atividades finais, 66
   + Ação, 66
   De olho na imagem, 67
   Conexões — Atividades interdisciplinares •
   Arte, História e Língua Portuguesa, 69

Capítulo 4 • Regiões geoeconômicas: o Norte e o Sul, 71
1. Países ricos e países pobres, 72
    Popularização do termo *subdesenvolvimento,* 73
    Países do Norte e países do Sul, 73
    Desigualdades entre os países de cada grupo, 74
2. Como medir as desigualdades, 75
    Produto Interno Bruto e renda *per capita,* 75
    Distribuição social da renda, 76
    Outros indicadores, 77

Atividades finais, 78
   + Ação, 78
   De olho na imagem, 79
   Conexões — Atividade interdisciplinar •
   Arte, História e Língua Portuguesa, 81

 Ponto de chegada, 82
   O que você estudou, 82
   Mix cultural, 82
   Biblioteca, 82
   Geografia nos *sites,* 83
   Geografia nas telas, 83

Unidade 2: América Latina

 Ponto de partida, 85

Capítulo 5 • O que é a América Latina?, 86
1. Introdução, 87
   O idioma como diferença, 89
   Outras diferenças, 90
   População e economia: alguns dados, 91
2. Formação histórica, 92
   Consequências da colonização, 93
   Geolink: Brasil saiu do mapa da fome, 93
3. Situação atual de subdesenvolvimento, 94
4. Autoritarismo político, 96
   Advento do populismo, 97
   O que é populismo?, 98
5. Diferenças entre os países latino-americanos, 100

Atividades finais, 101
   + Ação, 101
   De olho na imagem, 102
   Conexões — Atividade interdisciplinar •
   História e Língua Portuguesa, 103

Capítulo 6 • Mercosul e países platinos, 104
1. Tentativas de união na América Latina, 105
   Associação Latino-Americana de Integração (Aladi), 106
   Mercado Comum Centro-Americano (MCCA), 106
   Comunidade Andina de Nações (CAN), 106
   Comunidade e Mercado Comum do Caribe (Caricom), 106
   Mercado Comum do Sul (Mercosul), 107
   União das Nações Sul-Americanas (Unasul), 107
2. Criação do Mercosul, 107
3. Países platinos, 109
   Uruguai, 110
   Argentina, 112
   Paraguai, 113
4. Expansão do Mercosul, 114
   Perspectivas do Mercosul, 115

Atividades finais, 117
   + Ação, 117
   De olho na imagem, 118
   Conexões — Atividades interdisciplinares •
   Arte, História e Língua Portuguesa, 119

Capítulo 7 • Países andinos e Guianas, 120
1. América do Sul: aspectos gerais e regiões, 121
   Formação histórica dos conjuntos regionais, 122
2. América Andina, 123
   Venezuela, 125
   Aliança Bolivariana para os Povos da Nossa América — Tratado de Comércio dos Povos, 125
   Chile, 126
   Colômbia, 127
   Equador, 129
   Peru, 129
   Bolívia, 130
3. Guianas, 131
   Guiana, 132
   Suriname, 133
   Guiana Francesa, 133

Atividades finais, 134
   + Ação, 134
   De olho na imagem, 135
   Conexões — Atividade interdisciplinar •
   Ciências da Natureza e História, 136

Capítulo 8 • México e América Central, 137
1. México, 138
   Inconvenientes de ter um poderoso vizinho ao norte, 140
   Turismo e economia, 142
   O México no Nafta, 144
2. América Central, 145
   O canal do Panamá, 147
   Dois casos especiais: Haiti e Cuba, 148
   Haiti, 149
   Cuba, 150

Atividades finais, 153
   + Ação, 153
   De olho na imagem, 153
   Conexões — Atividades interdisciplinares •
   História, Ciências da Natureza e Matemática, 154

 Ponto de chegada, 156
   O que você estudou, 156
   Mix cultural, 156
   Biblioteca, 156
   Geografia nos *sites*, 157
   Geografia nas telas, 157

Sumário

Unidade 3 • África e Oriente Médio

 Ponto de partida, 159

Capítulo 9 • Aspectos gerais da África, 160
1. Introdução, 161
   Urbanização, 162
   Geolink: Refugiados climáticos, 163
2. Aspectos fisiográficos, 164
   Desertos, 164
   Relevo, 165
   Flora e fauna, 166
3. África: colonização e descolonização, 167
   Colonização, 167
   Descolonização, 168
4. Conflitos étnicos, culturais e militares, 169
5. Pobreza na África subsaariana, 171
   Presença do vírus ebola, 171
   Perspectivas de mudança, 172
   Atividades finais, 174
   + Ação, 174
   De olho na imagem, 175
   Conexões – Atividades interdisciplinares •
   Arte, História e Língua Portuguesa, 176

Capítulo 10 • Diversidades regionais da África, 177
1. Introdução, 178
   Disparidades econômicas, 178
   Diferenças políticas e culturais, 178
   Regionalizações, 179
2. África setentrional, 180
   Semelhanças com o Oriente Médio, 180
   Atividades econômicas e padrão de vida, 180
   O Magreb, o Saara e o vale do Nilo, 181
3. África subsaariana, 183
   Nigéria, 183
   Um exemplo do artificialismo na formação das nações africanas, 184
   Religião e conflitos político-militares, 184
   África do Sul, 185
   Economia e padrão de vida, 186
   Apartheid, 186
   O governo de Nelson Mandela, 188
   Desafios atuais, 188
   Atividades finais, 189
   + Ação, 189
   De olho na imagem, 190
   Conexões – Atividades interdisciplinares •
   Ciências da Natureza, Arte e História, 192

Capítulo 11 • Aspectos gerais do Oriente Médio, Israel e Palestina, 193
1. Introdução, 194
2. Aspectos gerais, 196
   Principais problemas do Oriente Médio, 197
   Geolink: Petróleo, a razão da guerra, 198
3. Principais produtores de petróleo, 201
4. A criação dos Estados na região, 203
   Iraque, Arábia Saudita e Jordânia, 203
   Turquia e Irã, 204
   Os demais países, 204
5. Israel, um caso especial, 205
   Os conflitos árabe-israelenses, 206
   Uma economia desenvolvida na região, 208
6. A difícil criação de um Estado palestino, 209
   Atividades finais, 212
   + Ação, 212
   De olho na imagem, 213
   Conexões – Atividades interdisciplinares •
   Ciências da Natureza e História, 214

Capítulo 12 • Países árabes, Turquia, Irã e Afeganistão, 215
1. Países árabes, 216
   Liga Árabe, 216
   Diferenças entre os países árabes, 217
   Líbano, 218
   Guerra civil libanesa, 218
   Situação atual, 219
   Iraque, 220
   O "novo" Oriente Médio, 221
2. Turquia, 222
   Aspiração de ingressar na União Europeia, 224
   Relações com os países do Oriente Médio, 225
3. Irã, 226
4. Afeganistão, 227
   Geolink: O papel da mulher no islamismo, 229
   Atividades finais, 230
   + Ação, 230
   De olho na imagem, 231
   Conexões – Atividade interdisciplinar •
   Ciências da Natureza, História e Matemática, 231

 Ponto de chegada, 232
   O que você estudou, 232
   Mix cultural, 232
   Biblioteca, 232
   Geografia nos *sites*, 233
   Geografia nas telas, 233

Unidade 4 — Ásia

 Ponto de partida, 235

Capítulo 13 • Sul da Ásia, 236
1. Aspectos gerais do Sul da Ásia, 237
   Geolink: O que são monções?, 239
2. População e economia, 240
3. O papel da religião, 242
4. A Índia, potência regional, 243
   Castas: sistema arraigado na cultura indiana, 244
   Cultura e religião, 244
   Conflitos internos e externos, 244

Atividades finais, 247
   + Ação, 247
   De olho na imagem, 248
   Conexões — Atividade interdisciplinar • *História,* 249

Capítulo 14 • Sudeste e Leste da Ásia, 250
1. Aspectos gerais, 251
2. O meio fisiográfico, 253
   Geolink: Mudanças climáticas no mundo e seus impactos no Sudeste Asiático, 255
3. Economia e população, 256
4. Criação de um bloco regional, 258

Atividades finais, 259
   + Ação, 259
   De olho na imagem, 260
   Conexões — Atividade interdisciplinar • *História e Língua Portuguesa,* 262

Capítulo 15 • Tigres Asiáticos, 263
1. Introdução, 264
2. Os cinco Tigres, 265
   Questões geopolíticas, 266
   Hong Kong, 266
   Coreia do Sul, 266
   Geolink: Crise em Hong Kong, 267
   Taiwan, 268
   Cingapura, 268
   Malásia, 269
   Novos Tigres 269
3. Industrialização e nível de vida nos Tigres Asiáticos, 270

Atividades finais, 272
   + Ação, 272
   De olho na imagem, 274
   Conexões — Atividades interdisciplinares • *História,* 275

Capítulo 16 • Ascensão de uma nova superpotência: a China, 276
1. Introdução: o meio físico, 277
2. População e cidades, 279
3. Economia, 281
4. Etnias, 283
5. Religiões e filosofia, 283
6. A Revolução Cultural, 284
7. A China depois de Mao Tsé-tung, 286
   Aumento das disparidades regionais, 287

Atividades finais, 289
   + Ação, 289
   De olho na imagem, 291
   Conexões — Atividade interdisciplinar • *História e Língua Portuguesa,* 293

 Ponto de chegada, 294
   O que você estudou, 294
   Mix cultural, 294
   Biblioteca, 294
   Geografia nos *sites,* 295
   Geografia nas telas, 295

Bibliografia, 296

Unidade 1

Mapa-múndi de Nicolau Visscher, de c. 1690.

Regionalização do espaço mundial

Neste livro, vamos iniciar o estudo do mundo contemporâneo: suas grandes regiões, suas principais organizações e instituições, seus grandes problemas, suas diferenças e desigualdades. Na primeira Unidade, vamos estudar diferentes formas de dividir o espaço mundial. Com isso, você desenvolverá, entre outras, as seguintes competências:
- compreender que cada maneira de regionalizar depende dos objetivos que a definem;
- reconhecer os critérios naturais e sociais mais utilizados na regionalização do mundo atual;
- reconhecer as quatro grandes massas continentais;
- detectar e avaliar as relações entre paisagem natural e desenvolvimento social;
- compreender que as grandes civilizações definem os rumos da humanidade;
- desenvolver atitudes que evidenciam o respeito a todas as culturas ou civilizações humanas;
- reconhecer a definição de Norte e Sul geoeconômicos como uma regionalização que problematiza as desigualdades internacionais, que, por sua vez, redefinem o mapa político do mundo em que vivemos.

Ponto de partida

Observe o mapa da foto, converse com o professor e os colegas e responda:
1. Como estudar o mundo em que vivemos?
2. Você conhece alguns critérios que podem ser utilizados para regionalizar o mundo? Quais?

Capítulo 1
Os continentes

Neste capítulo, vamos estudar uma forma de regionalizar o mundo fundamentada, principalmente, em fatores físicos ou naturais: a divisão por continentes. Utilizada há muito tempo por navegantes e estudiosos da superfície terrestre, essa divisão tem como base a natureza, pois leva em conta especialmente, embora não apenas, os elementos naturais — a localização e o tamanho das terras emersas.

SANTIAGO. *O melhor do Macanudo Taurino*. Porto Alegre: L&PM, 1997. p. 33.

 Para começar, observe o cartum e converse com os colegas sobre as seguintes questões:

1. O que mostra a imagem do cartum?
2. Todos os continentes estão representados no corpo do animal? Falta algum? Se sim, qual?
3. Que título você daria a esse cartum? Por quê?
4. Em sua opinião, o mapa do mundo sempre foi assim? Como os continentes se originaram?

1 Como regionalizar o espaço mundial?

O que é regionalizar?

É dividir um espaço — um município, um estado, um país, um continente ou todo o mundo — em regiões. **Regiões**, portanto, são partes de um todo que possuem traços comuns. Toda regionalização depende não apenas do espaço a ser regionalizado, mas também de nossos objetivos.

Para que regionalizar um espaço? Para melhor estudá-lo ou compreendê-lo? Para fins administrativos (cobranças de impostos pelo governo, por exemplo)? Para fins de planejamento (corrigir os desequilíbrios regionais, isto é, desenvolver as áreas ou regiões mais pobres)?

Cada um desses objetivos geralmente leva a uma regionalização diferente. Nenhuma regionalização é melhor que as demais, embora possa ser mais adequada a um determinado fim.

E o mundo atual, o espaço mundial, como pode ser regionalizado?

Ele costuma ser regionalizado ou dividido com base em vários critérios: continentes, paisagens naturais, países ricos e pobres, grandes culturas ou civilizações, principais línguas (veja o mapa abaixo), etc. Neste capítulo, vamos entender a divisão do mundo em continentes. Nos demais capítulos desta Unidade, vamos explicar outras formas de regionalizar o espaço mundial.

Principais línguas faladas no mundo

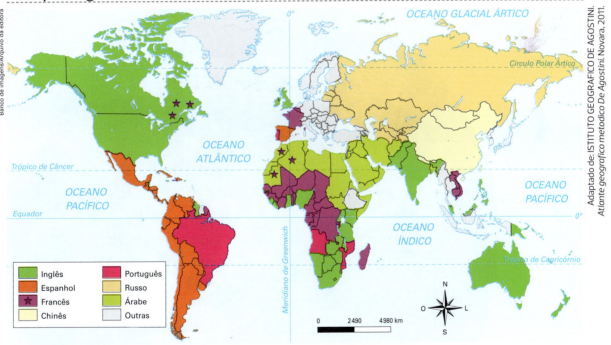

 Texto e ação

1. Responda às questões:
   a) O que é e como regionalizar o espaço mundial?
   b) Todas as formas de regionalização do espaço mundial são corretas? Por quê?
2. Observe o mapa e escreva um texto mostrando o que ele nos revela a respeito das principais línguas faladas no mundo.

Unidade 1 • Regionalização do espaço mundial

❷ O que são os continentes?

Os continentes são imensas massas sólidas na superfície terrestre, diferentes das ilhas, que são terras emersas menores.

Qual é a origem dos continentes?

Eles se originaram da evolução natural ou geológica do nosso planeta, com a divisão da superfície terrestre em partes líquidas e partes sólidas.

As partes líquidas são os oceanos e mares. As sólidas são os continentes e as ilhas.

Sabemos que a maior parte da superfície terrestre é constituída por oceanos e mares. Eles abrangem cerca de 73% dos 510 milhões de quilômetros quadrados que correspondem à superfície total do nosso planeta. Já os continentes e as ilhas abrangem apenas cerca de 27% da superfície da Terra. É por isso que alguns denominam a Terra de "Planeta Água".

Apesar da importância dos oceanos e mares para a humanidade, por serem vias de transporte e fontes de alimento e de outros recursos naturais, como o sal e o petróleo, as partes sólidas do globo terrestre são as que mais nos interessam, pois é nelas que os seres humanos vivem. É nos continentes e nas ilhas que vivemos de forma permanente; onde existem os países, as cidades e os campos de cultivo. Nessas partes, portanto, concentraremos nosso estudo para compreender as nações do mundo atual.

Imagem de satélite da Terra, encoberta de nuvens, onde se vê em destaque o continente americano. Foto de 2014.

Quais são os continentes?

Você sabe quando uma porção terrestre é uma ilha ou um continente?

O critério é o tamanho.

Sabemos que tanto as ilhas quanto os continentes são porções de terra cercadas de água por todos os lados. As ilhas, porém, são porções de terra bem menores que os continentes.

Por convenção, os estudiosos estabeleceram que a Austrália é o menor de todos os continentes, e a Groenlândia, a maior de todas as ilhas. A Austrália possui 7 741 000 km²; a ilha da Groenlândia, 2 175 600 km².

Assim, todas as porções territoriais iguais ou maiores que a Austrália são continentes, e todas iguais ou menores que a Groenlândia são ilhas. É esse então o critério para separar ilhas de continentes.

Groenlândia

Adaptado de: IBGE. *Atlas geográfico escolar*. 6. ed. Rio de Janeiro, 2012.

Austrália

Adaptado de: OXFORD UNIVERSITY PRESS. *Oxford Atlas of the World*. New York, 2011.

Unidade 1 • Regionalização do espaço mundial   **15**

Inóspito: em que não se pode viver permanentemente.

Com base nesse critério, costumam-se reconhecer seis continentes na superfície terrestre: América, Europa, Ásia, África, Oceania e Antártida. A Oceania abrange a Austrália e o conjunto de ilhas que lhe são próximas. A Antártida, pelo fato de ser relativamente **inóspita**, é o único continente que não se encontra intensivamente ocupado e dividido em países ou Estados nacionais. A Europa, como veremos a seguir, do ponto de vista físico, é apenas uma península da Ásia.

Texto e ação

1. Responda às questões:
   a) Como se originaram os continentes?
   b) A área dos continentes e das ilhas corresponde a que porcentagem da superfície terrestre?
   c) Você concorda com a expressão "Planeta Água" para denominar a Terra? Por quê?
   d) Por que as partes sólidas do globo terrestre nos interessam mais?

2. Explique a importância dos mares e oceanos para a humanidade.

3. Você conhece o mar ou uma ilha? Conte, resumidamente, o que aconteceu quando você viu o mar pela primeira vez ou visitou uma ilha.

Geolink

Duas ilhas desaparecem do mapa

As consequências da ação humana na Terra começam a mudar a cartografia.

As mais recentes vítimas são Poomarichan e Villanguchalli: duas pequenas ilhas no Pacífico que já não aparecem em imagens de satélite. Os territórios que apenas estavam entre três e cinco metros acima do nível do mar ficaram submersos devido à excessiva exploração dos recifes de corais. Os corais eram utilizados para fornecimento de material de construção e de carbonato de cálcio.

Embora agora estas façam parte de um arquipélago de 21 formações protegidas no golfo de Mannar, Poomarichan e Villanguchalli não tinham, até 2002, regularização nesta matéria, levando a uma intensa mineração dos corais. O golfo de Mannar localiza-se entre a Índia e o Sri Lanka.

Muitos argumentam também que a subida do nível do mar, causada pelo aquecimento global, tenha sido a principal responsável por este desaparecimento. Entre esses defensores está Balaiji, chefe do serviço de proteção de florestas e vida selvagem do estado Tamil Nadu, onde foi estabelecido o protocolo de proteção ambiental. Contudo, a ciência discorda. Segundo Simin Holgate, do Laboratório Oceanográfico Proudman, em Liverpool, o nível do mar nesta região tem subido abaixo da média global.

Não é a primeira vez que ilhas de igual tamanho desaparecem. Na verdade, as "ilhas que desaparecem" são bastante comuns na costa indiana. Lohachara, uma das mais conhecidas, chegou a ser habitada por mais de 6 mil pessoas, até submergir por uns bons anos durante as décadas de 1980 e 1990. Em 2009, o Times of India anunciou que a ilha estava emergindo da água outra vez.

Adaptado de: *Duas ilhas desaparecem do mapa*. Disponível em: <www.portosdeportugal.pt/sartigo/index.php?x=5445>. Acesso em: 22 out. 2014; PARAMESWARAN, Sivaramakrishnan. *Mining to blame for islands to sink to beneath waves*. Disponível em: <www.bbc.co.uk/news/science-environment-13383182>. Acesso em: 25 nov. 2014.

Responda às questões:

1. Em que região estavam as ilhas que desapareceram?
2. O que explica o seu desaparecimento?
3. O que aconteceu com a ilha de Lohachara entre 1980 e 2009?

Capítulo 1 • Os continentes

③ Massas continentais

Olhando o mapa-múndi, percebemos que existem quatro grandes massas continentais ou porções territoriais na superfície da Terra (veja o mapa a seguir):

Planisfério: físico

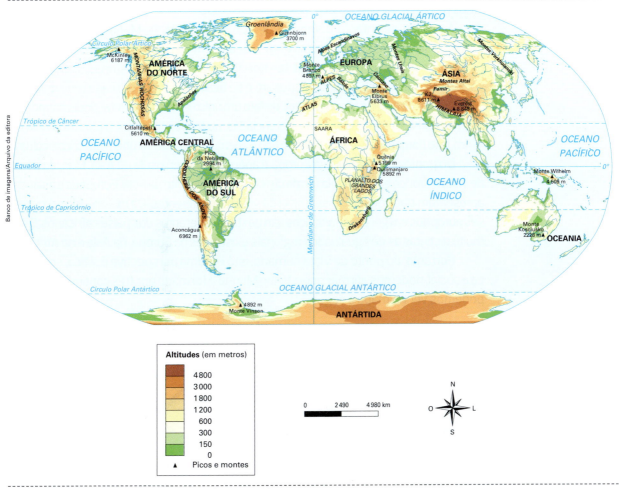

Adaptado de: IBGE. *Atlas geográfico escolar*. 6. ed. Rio de Janeiro, 2012.

- **Velho Mundo**: formada pela Ásia, Europa e África, essa enorme massa territorial tem cerca de 85 000 000 km², o que corresponde a 57% do total das terras emersas. Trata-se, portanto, da maior porção sólida da superfície do planeta.
- **Novo Mundo**: também chamado de **Novo Continente**, é formado pelo continente americano (América do Norte, América Central e América do Sul). Com uma área de aproximadamente 40 700 000 km², corresponde mais ou menos a 28% da parte sólida da Terra.
- **Novíssimo Mundo**: conhecido também por **Novíssimo Continente** ou **Oceania**, é constituído pela Austrália e por uma série de ilhas ao seu redor: a ilha de Nova Guiné, as duas principais ilhas que formam a Nova Zelândia, a ilha da Tasmânia, as ilhas Carolinas, as ilhas Marshall, as ilhas que formam o Havaí, as ilhas Salomão, Nova Caledônia e muitas outras. O Novíssimo Mundo tem quase 9 000 000 km², abrangendo mais ou menos 6% do total das terras do mundo.
- **Continente Antártico**: também conhecido por **Antártida**, tem cerca de 14 000 000 km², o que equivale mais ou menos a 9% das terras do globo.

Quantos continentes existem no Velho Mundo?

Alguns estudiosos pensam que toda a massa territorial que constitui o Velho Mundo é um só continente, pois todas as suas partes são interligadas. Outros acham que ali existem dois continentes: a África e a Eurásia (conjunto formado pela Europa e pela Ásia) e afirmam que, na realidade, trata-se de dois grandes blocos de terra, separados pelo mar Mediterrâneo e pelo mar Vermelho.

A maioria, no entanto, defende a ideia de que há no Velho Mundo três continentes: Europa, Ásia e África. Essa divisão está baseada em razões históricas e culturais. Durante milênios essas três porções territoriais foram palco de histórias diferentes, de sociedades distintas que se constituíram e se desenvolveram em cada uma delas.

Apesar de o Velho Mundo formar de fato um único bloco continental, podemos admitir que nele existem três partes bem diferenciadas, ou três continentes: a Europa, a Ásia e a África. Isso porque a ideia de continente não é apenas física, mas também histórica e cultural.

Do ponto de vista físico, a Europa é apenas uma península da Ásia. Mas, do ponto de vista histórico e cultural, ela forma um continente distinto da Ásia. Europeus e asiáticos apresentam tradições, idiomas e nível de vida bem diferentes. Da mesma forma, os países europeus em geral e os asiáticos são bastante diferentes dos países africanos. E são muito distintas as desigualdades regionais existentes na Europa, na Ásia e na África.

Portanto, do ponto de vista humano, isto é, numa perspectiva política, econômica e social, podemos afirmar que o Velho Mundo é formado por três continentes, como podemos ver no mapa a seguir.

O Velho Mundo: físico

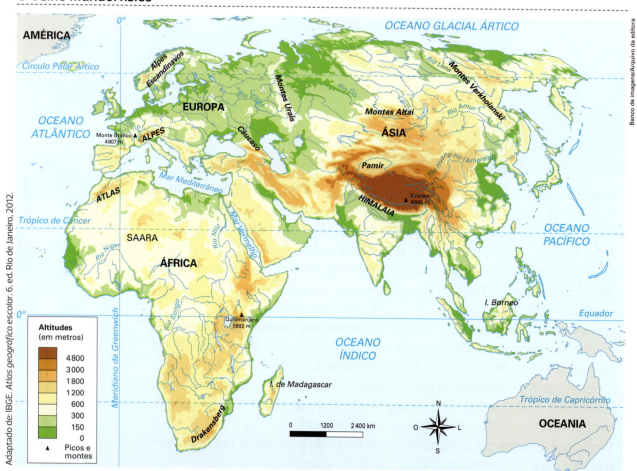

Adaptado de: IBGE. Atlas geográfico escolar. 6. ed. Rio de Janeiro, 2012.

18 Capítulo 1 • Os continentes

Texto e ação

1. Observe o mapa da página 17: identifique o título, a legenda, a distribuição espacial das cores e a localização dos continentes. Com base nessas informações, registre suas conclusões no caderno.

2. Caracterize as massas continentais.

3. Responda:
   a) Dos pontos de vista político, econômico e social, quais continentes formam o Velho Mundo?
   b) Em que massa continental localiza-se o Brasil?

4. Registre no caderno as três opiniões sobre a massa territorial que constitui o Velho Mundo. Você se identifica com alguma delas? Por quê?

Configuração atual dos continentes

Tudo o que existe teve um começo e possivelmente terá um fim. Tudo se transforma; nada permanece para sempre do mesmo jeito. Algumas coisas se modificam mais rapidamente; outras, de forma mais lenta. As sociedades humanas, por exemplo, apresentam um ritmo de mudanças muito rápido quando o comparamos com o ritmo de transformação da superfície terrestre.

Mil anos é um período de tempo muito longo para a humanidade, mas breve para a história natural do nosso planeta. Para as transformações das rochas ou a configuração dos continentes, por exemplo, mil anos é um período muito curto. Esse tipo de transformação leva mais tempo; geralmente na casa dos milhões de anos.

Dessa forma, podemos perguntar: como seriam os oceanos e os continentes milhões de anos atrás? Quando os continentes adquiriram a configuração atual?

Pangeia e Deriva Continental

Com base em dados coletados por pesquisadores, chegou-se à conclusão de que há cerca de 220 milhões de anos todos os atuais continentes eram unidos, formando uma imensa massa territorial chamada de **Pangeia**. Esse enorme continente, Pangeia, com o passar do tempo começou a se romper, e cada parte derivou (isto é, se moveu ou deslocou) para um lado. Por exemplo, a porção que hoje constitui a América do Sul aos poucos foi se deslocando para o oeste da África. Esse processo já dura milhões de anos e ainda continua ocorrendo, embora muito lentamente.

Constatou-se, por exemplo, que a cada ano a América do Sul se afasta cerca de três centímetros da África. E o formato da América do Sul, como se observa nos mapas, ajusta-se quase perfeitamente ao contorno da África, como num quebra-cabeça. Esse fato deu origem à teoria de deriva dos continentes, que hoje foi incorporada na teoria das placas tectônicas.

A teoria da deriva começou no início do século XX com o cientista alemão Alfred Wegener, que argumentou que a América, a África e a Eurásia teriam formado no passado remoto um único continente. Ele criou a teoria hoje conhecida como Deriva dos Continentes, ou Deriva Continental.

Unidade 1 • Regionalização do espaço mundial   19

Apesar de desacreditada durante muito tempo, a teoria de Wegener se fortaleceu a partir de 1960, quando surgiram vários indícios que a comprovaram. Atualmente ela é aceita, embora tenha sido aprimorada. Sabe-se que não são apenas os continentes que se movimentam lentamente, mas também as placas tectônicas, que incluem o fundo ou o assoalho dos oceanos. Observe a formação dos continentes no mapa a seguir.

Formação dos continentes

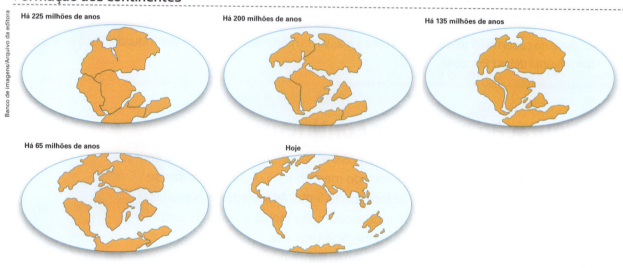

Adaptado de: IBGE. *Atlas geográfico escolar*. 6. ed. Rio de Janeiro, 2012.

Placas tectônicas

Na realidade, tanto os continentes quanto o fundo dos oceanos, isto é, as terras imersas, formam placas, imensos blocos de terra chamados placas tectônicas. Observe o mapa abaixo.

Principais placas tectônicas

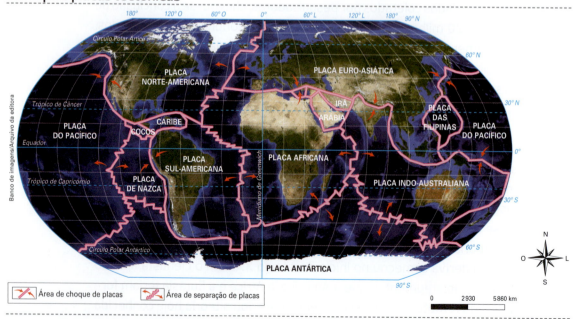

Adaptado de: IBGE. *Atlas geográfico escolar*. 6. ed. Rio de Janeiro, 2012.

O Brasil localiza-se na placa Sul-Americana. No lado ocidental da América do Sul, ao lado da cordilheira dos Andes, aparece a placa de Nazca. E, do lado oriental da América do Sul, a placa Africana. As linhas de contato entre duas placas são chamadas **zonas de atrito**. Aí são frequentes as instabilidades tectônicas, embora sejam mais frequentes a oeste do continente americano.

É por isso que as áreas mais sujeitas a terremotos e erupções vulcânicas ficam perto das linhas de contato entre duas placas. Por exemplo: na América do Sul, a região mais sujeita a violentos terremotos é a cordilheira dos Andes; na Ásia, é o conjunto de ilhas localizadas no oceano Pacífico, na linha divisória entre a placa Eurasiana, ou Euro-Asiática, e a placa do Pacífico. É aí que se localiza o Japão. Veja o mapa a seguir.

Zonas sísmicas: terremotos e vulcões

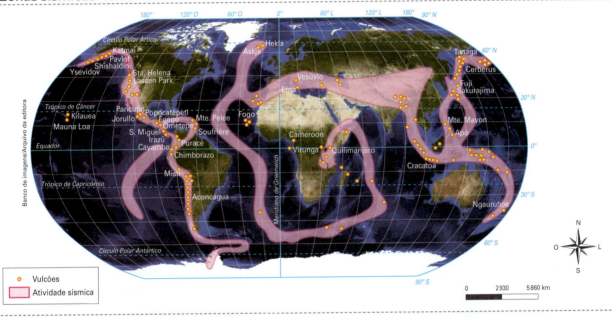

Adaptado de: IBGE. *Atlas geográfico escolar*. 6. ed. Rio de Janeiro, 2012.

Em resumo, a litosfera, ou seja, a crosta terrestre, não é um bloco de terras único e sem divisões. Ao contrário, a camada sólida do nosso planeta é fraturada, dividida em placas tectônicas. E essas placas não permanecem fixas; elas se movimentam, embora muito lentamente. Esses movimentos geram zonas de atrito nos limites de duas placas. Nessas zonas estão as principais áreas de *instabilidade tectônica* do globo terrestre. Isso significa que é nelas que frequentemente ocorrem terremotos e erupções vulcânicas.

Assim, a configuração atual da superfície terrestre começou a se formar há cerca de 220 milhões de anos, quando a América do Sul iniciou seu movimento para oeste, separando-se da África, a Antártida iniciou a sua deriva para o sul e a Austrália para o sudeste.

 Texto e ação

1. Observe os mapas do quadro da formação dos continentes na página 20 e escreva suas conclusões no caderno.
2. Explique a teoria da Deriva dos Continentes.
3. Observe os dois últimos mapas deste item e relacione a presença de vulcões no oeste americano com as linhas de contato entre as placas tectônicas.

Unidade 1 • Regionalização do espaço mundial

4 O Velho, o Novo e o Novíssimo Mundo

Na página 18 você viu o mapa físico do Velho Mundo. Por que o bloco continental formado pela Eurásia e pela África é chamado de *Velho Mundo*?

Evidentemente, não é porque ele se formou antes dos demais, e uma prova disso é que suas rochas não são mais antigas que as dos outros continentes. Na realidade, todos os continentes possuem terras recentes e terras bastante antigas. Portanto, não podemos afirmar com precisão que no aspecto físico um continente seja mais antigo que os outros. De onde vêm então os termos *Velho*, *Novo* e *Novíssimo Mundo*?

Esses termos referem-se à história humana, ao processo de descoberta e colonização das diversas regiões do planeta. Não são termos baseados na geologia, na idade dos terrenos, mas sim na história das sociedades.

A Eurásia e a África receberam o nome de *Velho Mundo* porque foi aí que surgiram as mais antigas civilizações de que se tem conhecimento. Foi em áreas ao norte da África e em partes da Ásia que se desenvolveram, há cerca de 7 mil a 3 mil anos, sociedades como a fenícia, a suméria, a assíria e a egípcia.

Também foram encontrados em certas regiões do Velho Mundo, na África principalmente, como também na China e no Oriente Médio, **fósseis** ou os esqueletos mais antigos do gênero *Homo*, em especial o *Homo sapiens* (o ser humano). Veja a foto abaixo.

Fósseis: restos ou vestígios de seres vivos de tempos remotos.

Dessa forma, tanto o aparecimento da nossa espécie, o *Homo sapiens* — há cerca de 150 mil anos —, quanto o das civilizações mais antigas — ocorrido há cerca de 7 mil anos — parecem ter ocorrido no Velho Mundo, em regiões da África e da Ásia. Segundo a teoria científica mais aceita atualmente, é provável que o *Homo sapiens* tenha surgido na África; somente há cerca de 70 mil ou 80 mil anos é que alguns grupos migraram para a Ásia e a Europa, continentes interligados com a África; em seguida, ocorreram migrações da Ásia para a América e para a Oceania. Dessa forma, todos os seres humanos têm ancestrais africanos, ou seja, nossa origem como espécie encontra-se nesse continente.

Crânio mais antigo que se conhece do *Homo sapiens*, encontrado na Etiópia, em 1997.

Influência da civilização ocidental

Entretanto, foi na Europa que surgiu a *civilização ocidental*, que, a partir do século XV, com a sua expansão marítimo-comercial por meio das chamadas Grandes Navegações e Descobertas, acabou dominando o mundo. Por isso, é conhecida como o berço da civilização ocidental.

A cultura e a civilização ocidentais começaram na Europa, com os gregos, há cerca de 2 800 anos. As realizações gregas nas áreas da filosofia, das artes, da arquitetura, da literatura e, posteriormente, a contribuição dos romanos, sobretudo na área do direito, exerceram grande influência na formação da cultura dos povos europeus e, mais tarde, de grande parte do resto do mundo. (Veja na foto da página ao lado o teatro de Epidauro, uma das realizações gregas.) O momento de maior expansão da cultura ocidental, no entanto, foi entre os séculos XI e XV, com o desenvolvimento do comércio. Após o século XV, com as chamadas Grandes Navegações, os europeus descobriram novas terras e impuseram, mesmo que parcialmente, seus costumes, sua religião, suas festas, sua economia e sua cultura aos povos dominados.

Além disso, os europeus escravizaram povos africanos, dizimaram muitos indígenas para colonizar o continente americano e impuseram aos asiáticos um sistema comercial que beneficiava apenas a Europa. Quase todos os povos conquistados foram aos poucos adotando o modo de vida típico da Europa ocidental: o lucro como objetivo principal das atividades econômicas; a divisão territorial dos continentes em países; o predomínio da ideia de competição com os outros para subir na vida; o desejo de adquirir cada vez mais novos bens.

Com base nisso, podemos compreender por que o continente americano é chamado de Novo Mundo e a Oceania, de Novíssimo Mundo, ou Novíssimo Continente. Tudo é explicado do ponto de vista dos europeus.

A América foi denominada Novo Mundo porque os europeus a ocuparam somente a partir do século XV. Até esse momento, o único "mundo" que conheciam era a grande massa continental formada pela Eurásia e pela África. Por sua vez, a colonização da Austrália e do conjunto de ilhas que pertencem à Oceania, ou Novíssimo Continente, deu-se apenas no século XVIII. Daí, então, o emprego do adjetivo *novíssimo*, pois o termo *novo* já havia sido utilizado para o continente americano, explorado pelos europeus três séculos antes.

Teatro Grego Antigo, em Epidauro, Grécia. Foto de 2013.

Texto e ação

1. De onde vêm os termos Velho, Novo e Novíssimo Mundo?
2. Por que a Eurásia e a África receberam o nome de Velho Mundo?
3. Quando e como ocorreu o momento de maior expansão da cultura ocidental?
4. Explique por que a América foi denominada Novo Mundo.
5. Em sua opinião, as Grandes Navegações contribuíram para o conhecimento do mundo? Explique.

5 Antártida

O último continente descoberto pelos navegantes europeus foi a Antártida, com espessas geleiras, temperaturas muito baixas (em 1983, atingiram −89,2 °C na base russa de Vostok) e ventos violentos, que atingem frequentemente 300 km/h.

Grandes massas de gelo, os *icebergs*, deslocam-se para os oceanos quando se desprendem da geleira polar. A espessura dessa geleira às vezes chega a 4 quilômetros. Há tanta água congelada na Antártida que, caso ela se descongelasse e fosse para os oceanos, o nível do mar subiria cerca de 60 metros em todo o planeta, inundando a maior parte das cidades litorâneas.

A vida presente na Antártida consta apenas de espécies como pinguins, focas e leões-marinhos. A única presença humana nesse continente são pesquisadores que vivem durante algum tempo em estações ou bases científicas.

Apesar dos fatores desfavoráveis, são muitos os países que disputam terras na Antártida, seja por sua posição estratégica para instalação de bases militares ou aeroespaciais, seja pelos recursos minerais contidos no subsolo, tais como petróleo, carvão e outros recursos minerais valiosos para a economia moderna — ferro, cobalto, cobre, ouro, platina, zinco, etc. (veja o mapa abaixo). Além disso, suas águas oceânicas abrigam uma rica fauna, que inclui desde baleias até várias espécies de crustáceos, especialmente o *krill* (veja a foto).

Krill, pequeno crustáceo que serve de alimento para certos tipos de baleia, peixes e aves na Antártida. Foto de 2014.

Recursos da Antártida

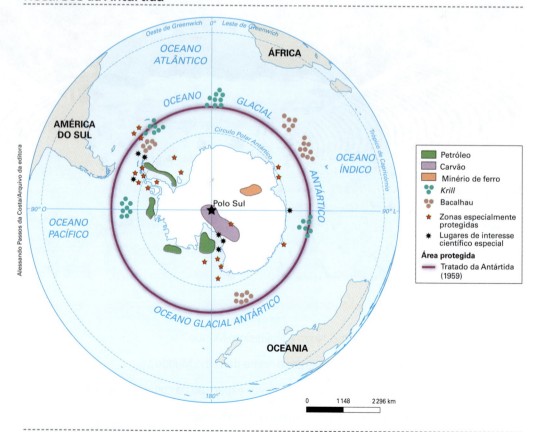

Adaptado de: SIMIELLI, Maria Elena. *Geoatlas*. São Paulo: Ática, 2012.

Tratado da Antártida

Em 1959, doze países assinaram o Tratado da Antártida, que entrou em vigor em 1961 e, posteriormente, foi aceito por vários outros, inclusive o Brasil. Embora nesse tratado tenha sido utilizada a palavra *Antártida*, com *d*, também é correta a grafia com *c*. Antártida e Antártica são formas aceitas nos países cujas línguas são de origem latina, como português, espanhol, francês, etc.

Esse tratado determinou que, até 1991, a Antártida não pertenceria a nenhum país, embora todos tivessem o direito de instalar nela bases de estudos científicos. Assim, proibiu a sua ocupação política, econômica e militar, a fim de preservar o continente de experiências nucleares, e evitar que se transformasse em depósito de resíduos nucleares.

O Tratado da Antártida de 1959 definiu que apenas os países que possuíssem bases científicas ou que tivessem realizado estudos nessas terras geladas poderiam participar de qualquer decisão sobre uma possível divisão de seu território no futuro. O Brasil realizou, em 1984, uma expedição de estudos na Antártida, com o navio Barão de Tefé. Com isso, nosso país se credenciou para participar da reunião de 1991. Com essa mesma preocupação, o Brasil instalou, em 1984, uma pequena base de pesquisas na ilha do Rei Jorge. Essa ilha faz parte das ilhas Shetland do Sul e localiza-se no extremo norte do continente antártico. Nessa área, as temperaturas não são tão baixas como no restante do continente.

Na reunião internacional de 1991, os 30 países signatários do Tratado da Antártida decidiram prorrogá-lo por mais 50 anos. Isso significa que, até 2041, a Antártida permanecerá como patrimônio de toda a humanidade. Preservar essa área ainda desabitada e sem poluição foi uma vitória dos interesses comuns da humanidade. Isso evitou uma partilha (divisão) desse imenso continente em territórios pertencentes a países, tal como almejam alguns: a Antártida norte-americana, a russa, a argentina, a chilena, a brasileira, etc. Com essa preservação e não divisão, foram por enquanto anulados ou adiados os interesses militares e os mercantis — de exploração de riquezas minerais ou da pesca e caça —, que sem dúvida modificariam radicalmente (para pior) essa imensa região do globo.

Base científica da China na Antártida, inaugurada em 2014, data da foto.

Texto e ação

1. O continente antártico, que não é chamado de *mundo*, não recebeu nenhum adjetivo como *novo* ou *novíssimo*. Em sua opinião, por que isso ocorreu?

2. Com o auxílio do texto, dos mapas e das fotos, registre as seguintes informações sobre a Antártida:
   a) superfície;
   b) recursos minerais;
   c) condições naturais para a vida humana;
   d) importância da localização;
   e) resolução da reunião internacional de 1991.

3. Comente a posição do Brasil em relação à Antártida.

Unidade 1 • Regionalização do espaço mundial

Atividades finais

+ Ação

1. No mapa-múndi a seguir é possível identificar conjuntos espaciais formados de acordo com um determinado critério. Observe o mapa e responda às questões.

Usuários de celular no mundo (2012)

Adaptado de: CIA. Disponível em: <http://www.cia.gov.library/publications/the-world-factbook/fields/2151.html>. Acesso em 19 dez. 2014.

a) Qual foi o critério utilizado?
b) Segundo a legenda, quantos conjuntos espaciais você pode observar?
c) De acordo com as informações do mapa, o que podemos dizer sobre o número de usuários de celulares no mundo?

2. Abrolhos é o nome dado a um conjunto de ilhas localizado no oceano Atlântico. Sobre ele, leia o texto e responda às questões.

> Os navegadores portugueses do século XVI alertavam sobre o litoral sul da Bahia: "Quando te aproximares de terra, abre os olhos". De tanto repetirem o aviso, criou-se a pronunciada "Abrolhos", que deu nome à região. Significava um grande perigo aos navegantes e, atualmente, identifica um destino ecoturístico dos mais privilegiados no alto-mar do extremo sul da Bahia. O arquipélago é formado por cinco ilhas: Santa Bárbara, Sueste, Redonda, Siriba e Guarita. Na porção terrestre do Parque Nacional Marinho de Abrolhos, as tartarugas desovam, enquanto atobás, fragatas, pilotos e grazinas, em diferentes épocas do ano, vão nidificar (fazer ninhos). O Parque recebe anualmente mais de 15 mil visitantes monitorados pelo Ibama e o Instituto Baleia Jubarte. O farol (fabricado na França) localizado na ilha de Santa Bárbara ilumina a noite dos navegadores.

ECOVIAGEM. Disponível em: <http://ecoviagem.uol.com.br/brasil/bahia/regiao-turistica/abrolhos>. Acesso em: 23 out. 2014.

a) De acordo com o texto, de onde vem o nome Abrolhos?
b) Onde se localiza esse arquipélago? Quais são as ilhas que o formam?
c) Identifique o principal atrativo turístico de Abrolhos.

3. Uma das frases abaixo não está de acordo com o que você aprendeu sobre a Antártida. Identifique onde está o erro e reescreva a frase com a informação correta no caderno:

a) A Antártida não foi dividida em países e ninguém reside ali de forma permanente, a não ser pesquisadores que vivem durante algum tempo em estações ou bases científicas.
b) Até o ano 2041 a Antártida não pertencerá a nenhum país, ficando como um patrimônio de toda a humanidade.
c) Segundo estudos de cientistas ingleses, a ocorrência do *krill*, o camarão antártico, diminuiu em 30% desde 1970 nas águas da península Antártica. O fato está sendo relacionado diretamente com o aquecimento das águas da região.
d) Acredita-se que no subsolo da Antártida existam petróleo, carvão e alguns recursos minerais valiosos para a economia moderna — ferro, cobalto, cobre, ouro, platina, zinco, etc.

4. Pesquise algumas informações sobre a Austrália. Onde pesquisar? Em livros, revistas, internet, jornais, etc. O que pesquisar? Veja alguns itens a seguir:
   - Nome do país
   - Capital
   - Língua oficial
   - Moeda
   - Número de habitantes
   - Principais cidades
   - Localidades turísticas
   - Cultura popular (festas, comidas, danças, lendas, músicas típicas, etc.)

   a) Escreva no caderno as informações que você pesquisou.
   b) Faça um desenho ou tire uma cópia da bandeira da Austrália para ilustrar seu trabalho.

De olho na imagem

1. Um novo livro, chamado *The Atlas of the Real World* (*O atlas do mundo real*, em tradução livre) mostra o mundo visto de outro modo.

   a) Observem a imagem e leiam o texto:

   O livro contém uma série de mapas mundiais nos quais o tamanho dos países foi alterado de acordo com as proporções de diferentes recursos que eles usam e por suas contribuições na sociedade humana.
   Os mapas podem parecer mera curiosidade em princípio, mas depois que você passa a observá-los deduz que eles podem ser muito úteis na tomada de decisões de empresas e governos nacionais.
   O livro foi publicado pela editora Thames and Hudson e foi criado pelos pesquisadores do Wordmapper.

   KRAMER, Miguel. *O atlas do mundo real*. Disponível em: <http://hypescience.com/o-atlas-do-mundo-real/>. Acesso em: 19 set. 2014.

   b) Respondam às questões:
      - Vocês acharam esse mapa estranho? Que fator causou maior estranhamento?
      - Vocês já viram outros mapas-múndi que lhes pareceram estranhos? Como eram esses mapas?
   c) Se possível, acessem o site <http://hypescience.com/o-atlas-do-mundo-real/> e conheçam outros mapas publicados em *O atlas do mundo real*.

2. O Programa Antártico Brasileiro (Proantar) tem como atribuição planejar e executar as atividades logísticas e científicas relacionadas ao continente antártico mantendo o foco nas questões ambientais.
   a) Observem a imagem e, se possível, pesquisem o *site* do programa.
   b) Comentem o símbolo do Proantar.

Símbolo do Proantar

Unidade 1 • Regionalização do espaço mundial

Conexões

ATIVIDADES INTERDISCIPLINARES

HISTÓRIA E LÍNGUA PORTUGUESA

1. Muitos povos possuem diferentes histórias para explicar a origem do Sol e da Lua. Conheça uma lenda de esquimós que vivem na ilha da Groenlândia:

> Há muitos e muitos anos, em uma pequena aldeia da costa, viviam um homem e sua mulher. Depois de um longo período, o casal teve dois filhos: um menino e uma menina. Os irmãos se davam muito bem, para alegria dos pais. Um não se separava do outro.
>
> O tempo foi passando e as crianças crescendo. Quando os dois irmãos se tornaram adultos, aconteceu algo surpreendente: eles não paravam de brigar. Os pais dos jovens ficaram tristes e espantados. Não conseguiam entender como os filhos, de uma hora para outra, tornaram-se inimigos.
>
> Na verdade, quem se transformou foi o filho, que tinha inveja da beleza da irmã e por isso vivia a persegui-la. A menina, por sua vez, já estava cansada das implicâncias do irmão e não sabia mais o que fazer para escapar de suas maldades. Mas um dia ela teve uma ideia:
>
> – Vou fugir para o céu. Só assim escaparei do meu irmão.
>
> A menina então se transformou em Lua.
>
> Quando o rapaz descobriu que a irmã tinha fugido, ficou muito triste e arrependido.
>
> – Se ela foi para o céu, eu irei também. Não posso ficar sem a minha irmã.
>
> E foi isso que aconteceu. O rapaz conseguiu ir para o céu, só que em forma de Sol, e não parou de correr atrás da menina. Às vezes, ele a alcança e consegue abraçá-la, causando então um eclipse lunar.

CASTRO, Daniela. Lenda esquimó: a origem do Sol e da Lua. *Ciência Hoje das Crianças*. Rio de Janeiro: SBPC, n. 41. Disponível em: <http://chc.cienciahoje.uol.com.br/noticias/astronomia-e-exploracao-espacial/lenda-esquimo-a-origem-do-sol-e-da-lua>. Acesso em: 19 set. 2014.

a) Responda às questões:
- Segundo a lenda, como a menina se transformou em Lua e o menino em Sol?
- Quando os dois irmãos se encontram, que fenômeno ocorre no céu?

b) Pesquise outras histórias e lendas que envolvem as terras geladas do polo norte e traga sua descoberta para a sala de aula.

HISTÓRIA E LÍNGUA PORTUGUESA

2. Observe o mapa e leia o texto. Depois faça o que se pede.

A quarta parte do mundo (1562), de Diego Gutiérrez.

Uma descrição moderna e bastante precisa da América (ou a quarta parte do mundo)

Em 1554, Diego Gutiérrez foi nomeado o principal cosmógrafo do rei da Espanha na Casa de la Contratación. A coroa incumbiu a Casa de produzir um mapa do hemisfério ocidental em larga escala, frequentemente chamado de "a quarta parte do mundo." O objetivo do mapa era confirmar o direito de posse da Espanha quanto aos novos territórios descobertos contra as reivindicações rivais de Portugal e da França. A Espanha reivindicou todas as terras ao sul do trópico de Câncer, o que é notoriamente mostrado. O mapa foi estampado pelo famoso gravador antuérpio Hieronymus Cock, que acrescentou inúmeros floreados artísticos, inclusive os brasões de armas de três forças rivais, um serpenteado rio Amazonas que atravessa a região norte da América do Sul, sereias e lendários monstros marinhos, além de um elefante, um rinoceronte e um leão, na costa ocidental da África. O nome "Califórnia" está inscrito perto da Baixa Califórnia, logo acima do trópico de Câncer, a primeira vez que aparece em um mapa impresso. Sabe-se que existem apenas dois exemplares do mapa: este das coleções da Biblioteca do Congresso e outro da Biblioteca Britânica.

BIBLIOTECA Digital Mundial. Disponível em: <www.wdl.org/pt/item/32/>. Acesso em: 19 set. 2014.

a) Procure no dicionário o significado da palavra *cosmógrafo*.

b) Responda às questões:
- Segundo o texto, qual é o objetivo da produção do mapa?
- Há relação entre o mapa, o texto e o tema do capítulo? Qual?

Capítulo

2 Grandes paisagens naturais

Neste capítulo, vamos estudar outra forma de regionalizar o mundo que também se fundamenta em fatores físicos ou naturais: a divisão por paisagens naturais. Os estudiosos a utilizam há muito tempo porque ela permite, entre outras possibilidades, mostrar como os fatores naturais se relacionam uns com os outros em determinadas áreas do espaço geográfico da Terra. Cada uma dessas áreas caracteriza-se como uma paisagem natural.

Ricardo Azoury/Pulsar Imagens

Essa regionalização foi muito mais utilizada até o final do século XIX, época em que se acreditava que era o clima, principalmente, que determinava as condições econômicas e sociais da vida humana sobre uma área qualquer do globo. Muitos autores divulgavam ideias como estas: o clima determinaria o caráter das pessoas; os climas quentes (tropicais) fariam as pessoas preguiçosas (daí existirem inúmeros países pobres nessa paisagem natural); os climas temperados ou frios levariam as pessoas a trabalhar e estudar mais (daí existirem países desenvolvidos nas paisagens temperadas); etc.

Nos dias atuais, porém, essas ideias preconceituosas não são mais aceitas. Em todo o caso, as paisagens naturais existem e constituem diferentes meios ambientes na superfície terrestre, como veremos em seguida.

Vista aérea da Reserva Indígena Ingarikó; destacando a cachoeira Arongarem, em Uiramutã (RR). Foto de 2014.

 Para começar, observe a foto acima e responda às seguintes questões:

1. Imagine que você estivesse sobrevoando o mundo. Que paisagem natural chamaria mais a sua atenção? Por quê?
2. Em sua opinião, quais são as paisagens naturais mais ocupadas pela população do mundo?
3. Você sabe quais são as paisagens naturais do Brasil? E qual é a paisagem natural predominante no lugar onde você vive?

29

1 O que é uma paisagem natural?

As paisagens naturais são um resultado da ação dinâmica da natureza em nosso planeta: a circulação atmosférica, o clima e as relações deste com o relevo, os solos, as águas e os seres vivos em geral.

Robert Cicchetti/Alamy/Latinstock

Portanto, **paisagem natural**, ou **meio natural**, é o conjunto formado pelos elementos mais importantes da natureza para a vida humana, como o clima, o relevo, a vegetação original, o solo e a hidrografia (as águas). Veja a foto ao lado.

Todos esses elementos estão interligados. Quando um deles se altera, todos os demais também se alteram.

A tundra é uma das grandes paisagens naturais do planeta. Na foto, a tundra alpina, um tipo de tundra que se situa no topo das altas montanhas, na fronteira do Colorado e Wyoming, nos Estados Unidos. Foto de 2014.

Clima e relevo

Sabemos que o clima é o conjunto das condições meteorológicas de uma área: as chuvas, a neve, os ventos, a pressão do ar, a umidade atmosférica e a temperatura. Resulta das condições do **tempo** em determinado período — um dia, uma semana ou uma estação — e se repete regularmente por séculos ou milênios.

O clima é muito influenciado pelo relevo, pois as áreas de maiores altitudes geralmente são mais frias que as de menores altitudes. Além disso, certos elementos, ou unidades do relevo, também podem exercer influência sobre o clima.

As cadeias de montanhas, por exemplo, podem impedir que os ventos carregados de umidade cheguem até uma região, tornando seu clima mais seco.

Se o clima é influenciado pelo relevo, o inverso também é verdadeiro: o relevo também depende do clima. Muitas unidades do relevo, com o passar do tempo, foram desgastadas pelas chuvas ou pelos ventos, tornando-se então mais baixas e mais planas. Portanto, o clima é um dos agentes que modificam o relevo, mesmo que sua ação nesse sentido seja lenta.

Tempo: condições do clima (umidade, vento, temperatura) em um período curto, como um dia ou uma semana.

Vegetação e solo

A cobertura vegetal de uma região depende sempre do clima e do solo. As plantas precisam de água, algumas mais, outras menos; precisam também de luz e de calor em quantidades apropriadas. Certos tipos de vegetais são mais adaptados a climas úmidos; outros vivem em climas áridos. Da mesma forma, os elementos minerais fornecidos pelo solo, como o cálcio, o ferro, o potássio, o fósforo e o nitrogênio, são indispensáveis para a vegetação.

30 Capítulo 2 • Grandes paisagens naturais

Por sua vez, a cobertura vegetal é importante tanto para o solo como para o clima. As plantas com raízes longas, por exemplo, dificultam a erosão do solo causada pelas chuvas. Quando essa vegetação é destruída, o solo fica mais pobre, pois a erosão diminui sua fertilidade natural. Além disso, as folhas e os frutos das árvores, quando caem no chão, se decompõem, transformando-se num ótimo fertilizante. Veja a foto ao lado de erosão do solo causada pelas chuvas.

Alguns tipos de vegetação, como a floresta Amazônica, por exemplo, são importantes para manter os altos índices pluviométricos, isto é, de precipitações (chuvas), da região. Quando essa cobertura vegetal é destruída, as chuvas vão diminuindo com o passar do tempo.

A vegetação densa protege o solo da erosão causada pelos ventos e pelas chuvas. No entanto, é a vegetação o primeiro elemento da paisagem natural que o ser humano modifica. A destruição da cobertura vegetal expõe o solo à erosão e provoca seu empobrecimento.

Erosão do solo provocada pelas chuvas, em Ritápolis (MG). Foto de 2013.

Hidrografia

Na paisagem natural, a hidrografia influencia outros elementos e, ao mesmo tempo, é influenciada por eles. A direção dos rios, por exemplo, depende do relevo, pois eles caminham das áreas mais altas para as mais baixas e sofrem desvios diante de montanhas e, geralmente, deságuam nos oceanos. Mas os rios também alteram o relevo. Por onde passam, vão erodindo o terreno e, com o tempo, provocam a formação de vales.

Alimentados pelas chuvas ou pelo derretimento da neve ou das geleiras, os rios, por sua vez, contribuem para a umidade do ar com a evaporação de suas águas. Afinal, as águas da Terra estão sempre em movimento: as águas oceânicas evaporam e formam nuvens, que são muitas vezes carregadas pelos ventos até os continentes, onde caem sob a forma de chuva ou de neve. No continente se formam os rios, que geralmente seguem até o oceano. O movimento das águas é, pois, cíclico e contínuo.

Assim, os rios, mesmo indiretamente, também são importantes para o clima. Já foi comprovado que em certas áreas a formação de um grande lago artificial, pelo represamento de rios, sempre aumenta os índices pluviométricos nas redondezas. Veja a foto abaixo.

Lago Igapó, um lago artificial, em Londrina (PR). Foto de 2015.

Texto e ação

1. Responda às questões:

   a) Como estão interligados os elementos da paisagem natural observados nas fotos da página 29 e da página 31 (erosão)?

   b) Podemos afirmar que a cobertura vegetal de uma região depende sempre do clima e do solo? Justifique sua resposta.

   c) Em sua opinião, como a ação humana transforma as paisagens? Cite três exemplos.

   d) De que maneira a vegetação do município onde você mora foi transformada pela ação da sociedade?

2. Explique o trabalho realizado pelos rios no desenho das paisagens naturais.

Quando o sertão era floresta

A existência de mamíferos típicos de florestas na caatinga, como os macacos guaribas, chama a atenção dos biólogos para uma questão intrigante: por que esses animais da Amazônia e da mata Atlântica, ou seja, de áreas mais úmidas, estão no semiárido brasileiro? A presença dessas espécies indica que, no passado, havia florestas onde hoje existe a caatinga!

Alguns cientistas acreditam que, há cerca de dez mil anos, o clima no Nordeste era diferente do atual. Nessa época, a caatinga seria menor e grande parte dos atuais estados nordestinos estaria coberta por matas com numerosos rios. Do litoral ao Amazonas, existiriam florestas habitadas por várias espécies de animais, que se distribuíam livremente.

Com o passar dos anos, mudanças na temperatura e umidade da região teriam favorecido o crescimento da caatinga e a redução das florestas. Por isso, hoje existem apenas pedaços de matas dentro do semiárido. Os mamíferos que permanecem juntos aos restos de florestas, como os macacos guaribas, provavelmente habitavam áreas mais extensas no passado.

Alguns pesquisadores creem que a ação do ser humano acelerou o processo de expansão das caatingas. Por causa do desmatamento intenso e da exploração de madeira, que começou na época do descobrimento do Brasil, rios teriam desaparecido e o clima, tornado-se mais seco. Essas mudanças seriam a causa do crescimento da caatinga.

No entanto, os biólogos ainda precisam debater e pesquisar muito sobre esse assunto para chegar a uma conclusão. De qualquer maneira, de uma coisa eles têm certeza: os mamíferos da caatinga merecem ser mais bem estudados. Afinal, apenas dessa forma será possível saber o que aconteceu e o que está ocorrendo com o meio ambiente no Nordeste do Brasil.

CIÊNCIA Hoje das Crianças. Disponível em: <http://chc.tangrama.com.br/revista/revista-chc-2002/124/os-bichos-da-seca/quando-o-sertao-era-floresta>. Acesso em: 19 set. 2014.

Responda às questões:

1. Que fenômeno indica que, no passado, havia florestas onde hoje existe a caatinga?

2. Quais as diferenças entre o ambiente da caatinga e o da floresta em que viviam os mamíferos típicos da floresta?

3. Como os cientistas explicam essa mudança na paisagem?

4. A transformação da floresta em sertão já acabou ou ainda ocorre no Nordeste brasileiro?

❷ As paisagens naturais da Terra

Como vimos, os elementos que compõem a paisagem natural — clima, relevo, solo, vegetação e hidrografia, além da fauna original dessa paisagem — não existem isoladamente: um interfere no outro. Por isso, podemos estudá-los juntos, verificando quais são as grandes paisagens que eles formam na superfície da Terra.

Podemos dizer que todos esses elementos, apesar de variarem muito de um lugar para outro, podem ser classificados em cinco principais conjuntos:

- paisagens temperadas;
- paisagens tropicais;
- paisagens polares;
- paisagens desérticas; e
- paisagens de altas montanhas.

Vamos detalhar essas cinco grandes paisagens naturais, desmembrando-as em dez formações vegetais (veja o infográfico das páginas seguintes), pois, entre os elementos que compõem as paisagens naturais, a vegetação é o primeiro elemento que chama a atenção. E, como você acaba de aprender, também é o primeiro elemento que o ser humano modifica quando se estabelece em algum lugar. Assim, podemos identificar a tundra no interior das paisagens polares, a floresta boreal e a vegetação mediterrânea em paisagens temperadas, a savana em paisagens tropicais, as estepes e as pradarias em paisagens desérticas e a vegetação de altas montanhas nas paisagens de mesmo nome. Observe que várias formações vegetais se localizam na transição de um tipo de paisagem natural para outro. Na Ásia, há estepes e pradarias que se encontram entre paisagens temperadas e paisagens desérticas, por exemplo.

Dessas paisagens naturais, as temperadas e as tropicais são as mais aproveitadas pela humanidade. Quase dois terços da população mundial vivem atualmente em paisagens temperadas, e cerca de um terço vive em paisagens tropicais. As paisagens de altas montanhas, as paisagens polares e as paisagens desérticas são pouco habitadas, embora nas últimas décadas o ser humano venha, gradativamente, ocupando-as.

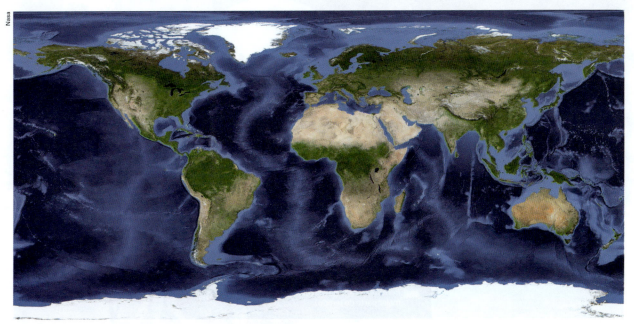

Mapa da Terra obtido com imagens aéreas e de satélite combinadas com o mapeamento de radar e sonar. Mostra a superfície terrestre, sem nuvens, e os oceanos (as partes mais rasas estão em azul-claro, as mais profundas, em azul-escuro). A imagem é de 2004.

Unidade 1 • Regionalização do espaço mundial

INFOGRÁFICO
Formações vegetais

A vegetação destaca-se visualmente numa paisagem natural. Ela resulta da interação de elementos naturais, como clima, solo, relevo, luminosidade e água; varia de acordo com o tipo e a presença maior ou menor desses elementos e pode influir neles. Aliás, é notável como a distribuição da vegetação terrestre está intimamente relacionada com os tipos de clima. Por tudo isso, as formações vegetais podem variar, por exemplo, de uma abundante floresta tropical a uma escassa vegetação de desertos e abrigar diferentes formas de vida.

Vamos conhecer dez formações vegetais do planeta e suas principais características.

Floresta boreal (de coníferas ou taiga)

- Norte da Europa, da Ásia e do Canadá.
- Continental frio e polar.
- Pouca variedade de plantas; muito devastada para a produção de celulose, utilizada na fabricação do papel, e para a confecção de móveis.
- Congelado no inverno. Pobre em nutrientes.
- Lobos, linces, ursos, lebres, raposas e aves.

Sylvie Bouchard/Alamy/Glow Images

Banco de imagens/Arquivo da editora

Tundra

- Região Ártica, ao redor do polo norte; alto das grandes cadeias montanhosas.
- Frio polar.
- Rasteira de áreas polares. No verão, o degelo das geleiras permite o florescimento de uma vegetação composta de musgos, liquens, capins e gramíneas.
- *Permafrost* (congelado quase a maior parte do tempo).
- Coruja-das-neves, rena, urso-polar e lobo-ártico.

Carr Clifton/Biosphoto/Minden Pictures/Agência France-Presse

Floresta temperada

- Europa, Ásia, América do Norte e pequenas partes da América do Sul e da Oceania.
- Temperado e subtropical. Apresenta as quatro estações do ano bem definidas.
- Carvalhos, nogueiras e faias.
- Rico, constituído de material orgânico e bactérias, protozoários, fungos, vermes e artrópodes.
- Esquilos, lobos, raposas, répteis e aves diversas.

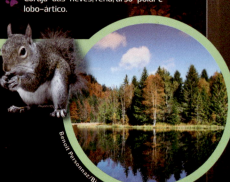
Benoit Personnaz/Biosphoto/Agência France-Presse

Vegetação de deserto frio

- Antártida, Alasca e Groenlândia.
- Frio polar.
- Quase escassa, rasteira, aparece no verão quando há o degelo.
- *Permafrost* (congelado quase a maior parte do tempo).
- Raposa-do-ártico, pinguins, lagópode-branco, urso-polar, focas e baleias.

Pierre Vernay/Biosphoto/Agência France-Presse

Morenovel/Alamy/Glow Images

34

Estepes e pradarias

- Região central dos Estados Unidos, leste da Europa, Argentina, Brasil e Uruguai. No Brasil são chamadas de *campos* (nos *pampas gaúchos*) e na Ásia, de *estepes*.
- Temperado ou subtropical.
- Herbácea (de ervas).
- Fértil, rico em húmus (matéria orgânica). Maiores cultivos de trigo do mundo encontram-se nas pradarias. Forte criação de gado.
- Aves (gaviões, corujas), búfalos, bovinos, antílopes e coiotes.

Tuul and Bruno Morandi/Alamy/Glow Images

Vegetação de alta montanha

- Andes, montanhas da América Central e Himalaia.
- Subtropical.
- Em altitudes mais elevadas, os solos são mais rasos e a vegetação mais esparsa. Surgem, então, florestas nas áreas mais baixas e campos de altitude nas mais altas.
- Quanto maior a altitude, geralmente menor a profundidade dos solos.
- Mamíferos (camurça, cabrito-montês, marmota, lebre, arganaz e iaque), aves (ptármiga, águia e abutre).

Jesse Kraft/Alamy/Glow Images

Vegetação mediterrânea

- Estados Unidos, Chile, África do Sul e Austrália, sul da Europa e norte da África.
- Mediterrâneo. Verões quentes e secos e invernos amenos com chuvas moderadas.
- Predominam espécies rasteiras e arbustivas, como as oliveiras.
- Ácidos e graníticos em algumas regiões; calcários, alcalinos e pedregosos em outras.
- Coelhos, lebres, lobos, raposas, veados, javalis, roedores, corvos, corujas, tentilhões, falcões, águias, lagartos, cobras.

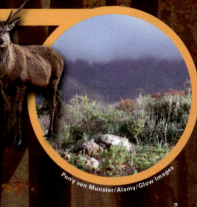
Perry van Munster/Alamy/Glow Images

LEGENDA
- Floresta tropical
- Floresta temperada
- Floresta boreal (de coníferas ou taiga)
- Vegetação mediterrânea
- Savana
- Estepes e pradarias
- Vegetação desértica
- Vegetação de alta montanha
- Tundra
- Vegetação de deserto frio

Floresta tropical

- Entre os trópicos: norte e leste da América do Sul (Amazônia e mata Atlântica), golfo da Guiné e bacia do Congo; Indonésia, Malásia e Mianmá.
- Quente e úmido (equatorial e tropical úmido); inverno frio e seco.
- Heterogênea, com plantas muito próximas uma das outras e de vários portes arbóreas, herbáceas, cipós, etc.
- Camada superior muito rica em matéria orgânica; camadas inferiores mais pobres.
- Grande variedade de animais: antas, macacos, tigres, insetos, répteis, peixes.

Marc Dozier/Hemis/Alamy/Glow Images
Infográfico: Banco de imagens/Arquivo da editora

Vegetação desértica

- Zona intertropical (Chile, Austrália, Namíbia e norte da África) e zona temperada (Argentina, Estados Unidos, Mongólia e China).
- Seco, com baixo índice pluviométrico. Alta amplitude térmica podendo atingir 50 °C de dia e 0 °C à noite.
- Xerófilas (cactos). Vegetação rala e esparsa.
- Arenoso ou pedregoso.
- Camelos, lagartos, cobras, ratos e escorpiões.

Arthur Greenberg/Alamy/Glow Images

Savana

- América do Sul e África. No Brasil, corresponde ao *cerrado*.
- Tropical semiúmido: verão quente e chuvoso, inverno ameno e seco.
- Espécies rasteiras e arbustivas e pequenas árvores.
- Desmatamentos para expansão da agropecuária geram desertificação (perda da capacidade produtiva do solo).
- Na África: leões, rinocerontes, zebras, girafas e antílopes; na América do Sul: capivara, lobo-guará, tamanduá e anta.

Legenda dos ícones

 localização   clima   vegetação   solo   fauna

Fontes: STANLEY, Steven M. *Earth System History*. New York: W. H. Freeman, 1999; FARIAS, Marcus Vinicius Castro. Climas e formações vegetais. Disponível em: <http://educacao.globo.com/geografia/assunto/geografia-fisica/climas-e-formacoes-vegetais.html>. Acesso em: 10 maio 2015.

35

Paisagens temperadas

As paisagens temperadas localizam-se em latitudes médias, isto é, entre os trópicos (clima quente) e os círculos polares (clima frio).

Existem, porém, algumas exceções. Em áreas de médias latitudes, por exemplo, pode haver também desertos ou altas montanhas. Da mesma forma, às vezes podemos encontrar paisagens temperadas em áreas que ultrapassam os trópicos ou os círculos polares.

Uma característica marcante desse "mundo" temperado é que ele apresenta as quatro estações do ano bem definidas. Nas paisagens temperadas, a primavera é de fato a estação em que as árvores ganham folhas, as flores se abrem e os rios se descongelam. O verão é quente. O outono é o período em que a vegetação vai ficando sem folhas, preparando-se para o inverno. E, finalmente, o inverno é o período do frio, da neve, dos rios congelados.

As condições climáticas das áreas temperadas do planeta variam muito. O norte da Europa, por exemplo, onde ficam a Suécia e a Finlândia, é bem mais frio do que o sul, região onde se localizam Portugal, Espanha e Itália.

As paisagens temperadas têm outra característica comum: são intensamente povoadas. São também as mais modificadas pela ação humana. É muito difícil, por exemplo, encontrar em países temperados grandes áreas onde ainda exista vegetação original. As duas únicas exceções — que são em parte temperadas e em parte glaciais — são o norte do Canadá (veja foto abaixo, à esquerda) e a parte oriental da Rússia, regiões onde há imensas florestas de coníferas. O mais comum é haver na paisagem temperada vegetações cultivadas, como plantações agrícolas, pastagens ou florestas formadas artificialmente para extração de madeira.

Existem certos gêneros agrícolas que podem ser considerados tipicamente temperados. São produtos como trigo, centeio, aveia, cevada, beterraba, uva, linho, girassol, ervilha e azeitonas (foto abaixo, à direita). Com o atual desenvolvimento da tecnologia agrícola, porém, já é possível cultivar esses produtos em outras paisagens naturais.

Floresta de coníferas no Canadá. Foto de 2014.

Plantação de oliveiras, cujos frutos são as azeitonas, na região do Alentejo, em Portugal. Foto de 2014.

Presença dos países desenvolvidos

Em grande parte dos países temperados a população tem um elevado padrão de vida. São predominantemente temperados: Estados Unidos, Japão, Grã-Bretanha, Suíça, França, Alemanha, Rússia, Suécia e Austrália, entre outros.

O fato de quase todos os países desenvolvidos estarem localizados em paisagens temperadas tem razões históricas. Os elementos que usamos para caracterizar o desenvolvimento, como a industrialização e a grande produção de **bens de consumo**, são frutos da civilização ocidental, que, como veremos no próximo capítulo, nasceu na Europa.

Bens de consumo: produtos consumidos diretamente pelas pessoas. Por exemplo: alimentos, calçados, roupas, automóveis, eletrodomésticos, etc.

Paisagens tropicais

De forma geral, as paisagens tropicais estão localizadas em latitudes baixas, ou seja, próximas à linha do equador. São também chamadas **intertropicais**, pois estão situadas entre os dois trópicos: o de Câncer e o de Capricórnio. Mas existem exceções: algumas paisagens tropicais ficam acima dos trópicos. E, mesmo dentro da zona intertropical, às vezes surgem áreas com outro tipo de paisagem, como as desérticas e de altas montanhas ou paisagens subtropicais, que são semelhantes às temperadas.

As paisagens tropicais são caracterizadas por climas quentes e geralmente úmidos, com apenas duas estações bem definidas: o verão e o inverno. No verão, as temperaturas são elevadas e chove muito. No inverno, o clima é mais frio e geralmente seco. Durante o inverno, nas paisagens tropicais, não ocorre queda de neve nem congelamento de rios, o que é comum nas paisagens temperadas.

Como o calor e a umidade favorecem a vida vegetal e de microrganismos, as paisagens tropicais possuem flora e fauna muito mais variadas que as paisagens temperadas, as paisagens desérticas ou as paisagens polares. As florestas tropicais, mesmo já estando muito devastadas, apresentam a maior quantidade de espécies vegetais (e até de insetos e outros animais) do planeta. Veja a foto ao lado.

Aspecto da mata Atlântica, com samambaias e bromélias, no município de Cunha (SP), em 2014. Nas paisagens tropicais, as estações do ano não são tão definidas como nas paisagens temperadas. Favorecida pelos altos índices de chuva e pela umidade, a vegetação é exuberante. Daí a grande riqueza da flora e da fauna, comuns nas florestas tropicais.

Presença dos países subdesenvolvidos

São formados por paisagens tropicais a maior parte dos países localizados na América Latina, muitos países africanos e uma boa parte dos asiáticos. Todos eles foram colônias europeias e, atualmente, em sua maioria, são países subdesenvolvidos.

Houve época em que povos da zona tropical eram muito mais desenvolvidos que os da zona temperada. Basta lembrar os egípcios, sumérios e assírios, que viviam em paisagens tropicais e desérticas. Esses povos, que constituíram as primeiras civilizações do mundo, habitavam áreas onde atualmente há países subdesenvolvidos. Portanto, não é a paisagem natural que determina o nível de vida dos habitantes ou o grau de desenvolvimento tecnológico, mas sim a história de cada sociedade e de toda a humanidade. E a História é complexa, não depende somente de fatores naturais, mas também de interesses econômicos e políticos, de conflitos ou da cooperação entre indivíduos e sociedades.

Unidade 1 • Regionalização do espaço mundial

Paisagens polares

As paisagens polares são aquelas vizinhas aos polos norte e sul. Elas estão localizadas em altas latitudes, ou seja, acima dos círculos polares Ártico e Antártico.

A principal característica dessas paisagens é o clima frio polar, com um inverno rigorosíssimo e um verão brando. Os ventos são intensos e muito frios. A queda de neve é constante.

Existem duas zonas polares (veja os mapas abaixo):

- **Paisagem ártica:** é formada pelo oceano Glacial Ártico, que ocupa a maior parte da área, e por vários trechos de terras: o norte da Rússia, do Canadá, da Noruega, da Finlândia e da Suécia, o Alasca, a Groenlândia e muitas ilhas menores.
- **Paisagem antártica:** é bem mais fria que a região Ártica, pois apresenta altitudes mais elevadas. Por isso, enquanto as terras árticas são povoadas, embora escassamente, na Antártida não existe ocupação humana permanente, mas apenas bases científicas.

Base científica argentina na Antártida. Foto de 2014.

Paisagem polar ártica

Paisagem polar antártica

Adaptado de: IBGE. *Atlas geográfico escolar*. 6. ed. Rio de Janeiro, 2012.

Capítulo 2 • Grandes paisagens naturais

Paisagens desérticas

A principal característica de um deserto é o clima seco. Chove pouquíssimo nas paisagens desérticas — menos de 500 mm por ano —, e as chuvas são irregulares, isto é, não ocorrem em períodos fixos.

A temperatura varia muito no decorrer do dia. Em geral, faz muito calor durante o dia (chegando a 50 °C) e muito frio à noite (0 °C ou menos). Os rios e a vegetação dos desertos são extremamente pobres. Os rios são intermitentes, ou seja, secam totalmente durante alguns meses do ano. A vegetação é constituída por plantas adaptadas à pouca umidade, com raízes longas e folhas atrofiadas, como os cactos.

Alguns países que possuem grande parte de seus territórios em paisagens desérticas são: Arábia Saudita, Israel, Síria, Egito, Iêmen. Mas sempre há áreas férteis em um deserto, como os oásis, os litorais e os vales fluviais. O vale do rio Nilo se destaca desde a Antiguidade por permitir a agricultura e a existência de várias cidades importantes no interior do maior deserto do planeta, o Saara. Também é possível praticar a irrigação e tornar os solos arenosos bons para a agricultura: é o que ocorre no vale do Neguev, em Israel (foto ao lado).

Árvores plantadas no deserto de Neguev, em Israel, para ajudar a cultivá-lo. Foto de 2014.

Lençóis Maranhenses

Uma imensidão de dunas no formato de lua crescente e lagoas doces cor de esmeralda — esta é a descrição mais sucinta para os Lençóis Maranhenses, em Barreirinhas. Como chove muito durante vários meses do ano, as areias ficam saturadas e passam a água para o lençol freático. Como o subsolo argiloso não permite que a água vá para zonas mais profundas, a drenagem ocorre horizontalmente, aflorando em depressões entre as dunas brancas. Caminhar pelo lugar exige fôlego e preparo físico, mas vale a pena — algumas destas lagoas têm mais de 90 metros de comprimento e até 3 metros de profundidade!

VINHAS, Tânia. Disponível em: <http://viajeaqui.abril.com.br/materias/dunas-do-brasil-fotos#2>. Acesso em: 23 out. 2014.

Lençóis Maranhenses, em Barreirinhas (MA). Foto de 2013.

Paisagens de altas montanhas

Orófita: planta adaptada às porções mais altas das montanhas.

Nas altas cadeias de montanhas, como os Andes (América do Sul), os Alpes (Europa), as montanhas Rochosas (América do Norte) e o Himalaia (Ásia), as paisagens naturais são sempre diferentes das áreas próximas.

Sabemos que a altitude influi na temperatura: as áreas mais baixas são em geral mais quentes que as mais altas. Assim, nas altas montanhas o clima é frio e há geleiras no seu topo. As chuvas e a neve são abundantes.

Blickwinkel/Alamy/Latinstock

Vila no alto das montanhas, no Nepal. Foto de 2014.

A vegetação divide-se em "andares":
- nas partes baixas, de 0 m a 300 m, é comum encontrarmos matas e pastos;
- de 300 m a 1000 m há florestas de folhas caducas;
- entre 1000 m e 2 400 m surgem os pinheirais;
- entre 2 400 m e 3 000 m costuma haver campos alpinos, um tipo de vegetação rasteira **orófita**;
- acima dos 3 000 m existem apenas rochas nuas e geleiras.

Os países que se destacam por ter boa parte de seus territórios e cidades em paisagens montanhosas, com altitudes relativamente elevadas, são o Nepal (veja a foto ao lado) e o Butão, na Ásia, e alguns países andinos, na América do Sul, em especial a Bolívia.

 Texto e ação

1. Responda às questões:
    a) A paisagem natural é o conjunto dos elementos mais importantes da natureza para a vida humana. Que elementos são esses?
    b) Vários estudos procuram explicar as desigualdades e as diferenças econômicas entre os países com base em fatores naturais. Qual o papel do processo histórico-social nesse contexto?

2. Observe os mapas da página 38 e responda: o que eles revelam sobre a paisagem polar ártica e a paisagem polar antártica?

3. As paisagens polares, as paisagens desérticas e as de altas montanhas sempre foram vistas como paisagens que não serviam para moradia. Prestavam-se apenas a esportes ou a aventuras, como alpinismo, corridas de carro no deserto, etc. Sobre essas paisagens, responda:
    a) Você concorda com as afirmações feitas? Justifique sua resposta.
    b) Onde se localizam as paisagens polares? Qual é a sua principal característica?
    c) O clima seco é a principal característica de um deserto. Como se apresentam as chuvas e as temperaturas nesse tipo de clima?
    d) Como é a vegetação nas paisagens de altas montanhas?

4. Analise o mapa da página seguinte: observe o título, a legenda, a distribuição espacial das cores, a escala e a rosa dos ventos. Depois, responda às questões no caderno:
    a) Quais são as áreas climáticas da América do Sul?
    b) Cite as áreas climáticas do Brasil.

c) Há alguma relação entre a distribuição das áreas climáticas no Brasil com suas grandes paisagens naturais? Por quê?
d) Cite um lugar onde a relação entre a distribuição mundial do clima e a distribuição das grandes paisagens naturais da Terra pode dificultar a ocupação humana. Justifique sua escolha.

Distribuição climática no mundo

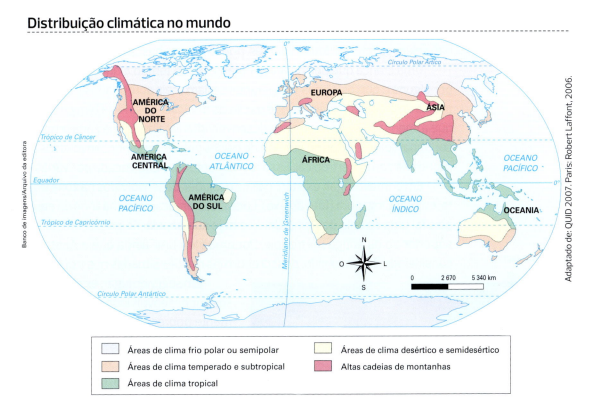

Adaptado de: QUID 2007. Paris: Robert Laffont, 2006.

5. Pesquise em jornais e revistas fotos de paisagens naturais do Brasil e cole-as no caderno. Faça uma legenda para cada foto.

6. Em 2007, depois de um jogo na Bolívia entre o Flamengo e o Real Potosí, começou a chamada "controvérsia das altitudes" no futebol brasileiro e mundial. Pesquise o tema em revistas, jornais e internet e escreva sua conclusão.

❸ Paisagem natural e desenvolvimento

Desde a Antiguidade até o século XIX, os pensadores em geral — com raríssimas exceções — acreditavam que os elementos naturais, particularmente o clima e a raça, seriam os fatores determinantes para o progresso ou o atraso de um povo.

Hoje sabemos que não existem raças humanas e que toda a espécie humana forma uma única raça. Há muito tempo o racismo — isto é, a crença na existência de raças "superiores" e "inferiores" entre os seres humanos — encontra-se superado. Mas a ideia de que a paisagem natural — o clima e os recursos naturais — influencia as sociedades humanas permanece. Todavia ninguém mais acredita que o meio ambiente *determina* de forma inescapável o destino de uma sociedade. Ele apenas o *influencia*, junto com inúmeros outros fatores, pela localização e as características do território, sobretudo pela presença ou ausência de recursos naturais, como água potável, solos férteis, minérios, etc.

Unidade 1 • Regionalização do espaço mundial   41

Na verdade, o maior ou menor desenvolvimento de um povo nunca depende apenas de um elemento, mas da interligação de inúmeros fatores: nível e qualidade da escolaridade, Estado e governos eficientes, um clima de liberdade e de incentivos à inovação tecnológica, políticas de combate às desigualdades e à corrupção, etc. Mas é lógico que uma localização favorável e a existência de riquezas (petróleo, carvão, minérios, solos férteis e boa disponibilidade de água potável, por exemplo), embora não sejam os fatores determinantes, podem ajudar bastante.

Uma crença que permaneceu durante muito tempo e que ainda é levada a sério por alguns é que os climas temperados seriam mais apropriados para o desenvolvimento econômico e social do que os climas tropicais. Essa ideia tem por base o fato de que a imensa maioria dos países desenvolvidos localiza-se na zona temperada e, em contrapartida, um enorme número de países pobres ou subdesenvolvidos possui territórios na zona intertropical. Essa teoria, contudo, é equivocada por várias razões.

Em primeiro lugar, existem países e regiões desenvolvidos na zona tropical. Basta lembrar Cingapura (foto abaixo). Localizado praticamente na linha do equador, esse país foi uma colônia do Reino Unido e hoje sua população possui um padrão de vida superior ao da antiga metrópole. Podemos lembrar ainda que a Austrália, um país considerado desenvolvido, possui enormes regiões situadas nos trópicos.

Aspecto de Cingapura. Foto de 2013.

Manfred Gottschalk/Alamy/Glow Images

Em segundo lugar, existem inúmeros países subdesenvolvidos e até mesmo extremamente pobres na zona temperada: Mongólia, Coreia do Norte, Afeganistão, Turcomenistão, Quirguízia, Irã, Síria e vários outros.

Em terceiro lugar, o desenvolvimento é um processo dinâmico que varia muito com o passar do tempo: basta lembrar que os países que mais crescem atualmente no mundo são a China e a Índia, países que possuem grande parte de seus territórios nos trópicos e que eram considerados pobres há algumas décadas. Hoje eles estão entre as maiores economias do globo: a China já é a segunda, atrás (por enquanto) apenas dos Estados Unidos, e a Índia em poucas décadas deverá alcançar a terceira colocação, ultrapassando a Alemanha, o Japão e outros países.

Texto e ação

1. Por que a ideia de que a raça de um povo determina o seu desenvolvimento é considerada equivocada?

2. O meio ambiente determina ou apenas influencia o desenvolvimento de uma sociedade? Explique de que forma.

3. A crença segundo a qual a paisagem temperada é mais apropriada para o desenvolvimento econômico e social está correta ou errada? Explique por quê.

4. Em sua opinião, os fatores que realmente atrapalham o desenvolvimento do Brasil são os naturais (clima tropical, solos pobres, carência de carvão mineral, etc.) ou os sociais (escolaridade, corrupção, ineficiência política, etc.)? Justifique sua resposta.

Capítulo 2 • Grandes paisagens naturais

Atividades finais

+ Ação

1. Para organizar seu conhecimento sobre as grandes paisagens naturais da superfície terrestre, faça as atividades.

a) Reproduza o quadro no caderno e preencha-o com o apoio dos textos, dos mapas e das fotos das páginas 33 a 41.

Paisagens naturais	Principais características
Paisagens temperadas	
Paisagens tropicais	
Paisagens polares	
Paisagens desérticas	
Paisagens de altas montanhas	

b) Consulte um mapa-múndi e cite dez países localizados em paisagens temperadas, dez em paisagens tropicais, três em paisagens polares, três em paisagens de altas montanhas e três em paisagens desérticas.

2. Uma das maneiras de ajudar a proteger as florestas é comprar apenas madeira credenciada pelo FSC. Isso também é válido para a compra de móveis e outros produtos derivados dessa matéria-prima. Vamos conhecer o significado dessa sigla? Leia o texto a seguir.

O FSC, sigla em inglês do Conselho de Manejo Florestal (Forest Stewardship Council), é um sistema de certificação independente integrado por representantes de empresas madeireiras, organizações ambientalistas e do setor social. A instituição FSC não certifica, mas credencia e monitora entidades certificadoras que se comprometem a aplicar os princípios e critérios adotados pelo FSC.

Mundialmente reconhecido, o FSC é o único sistema que tem apoio das grandes ONGs por atender a rígidos padrões ecológicos internacionais, incorporando de forma razoavelmente equilibrada os interesses de grupos sociais, econômicos e ambientais. A certificação é, atualmente, a melhor forma de atestar que o manejo de florestas nativas ou de plantações é realizado de maneira eficaz, ambientalmente adequada, transparente e economicamente viável. O selo FSC – também conhecido como selo verde – assegura transparência em todo o processo – desde a extração da madeira na floresta, passando pelo processamento na indústria, até chegar ao consumidor final.

GREENPEACE Brasil. Disponível em: <www.greenpeace.org/brasil/PageFiles/3854/mapa_florestas.pdf>. Acesso em: 14 out. 2014.

Responda às questões:

a) Segundo o texto, quais os benefícios que o uso do selo verde proporciona ao meio ambiente?
b) Você ou sua família já compraram um produto com o selo verde? Qual?
c) Em sua opinião, além do uso do selo verde, o que mais poderia ser feito para diminuir o desmatamento das florestas no Brasil e no mundo?

3. Examine o quadro abaixo e escolha uma das paisagens naturais para pesquisar.

Na data marcada e sob a orientação do professor, formem grupos para realizar as seguintes atividades:

a) Combinem como organizar e apresentar as informações pesquisadas.
b) Apresentem os resultados da pesquisa para os demais grupos.

Unidade 1 • Regionalização do espaço mundial — 43

De olho na imagem

■ Gramado, no estado do Rio Grande do Sul, recebe visitantes de todo o Brasil atraídos pelo seu clima e por suas paisagens naturais e culturais.

a) Observem as imagens e leiam o texto:

Morador remove neve da calçada em Gramado (RS). Foto de 2013.

Termômetro assinala queda de temperatura em São José dos Ausentes (RS). A neve tingiu de branco esse município da Serra Gaúcha. Foto de 2013.

Inverno em Gramado — que roupa levar na mala

Temperaturas próximas de zero, neblina e dias curtos (durante o inverno anoitece antes mesmo das 19h na Serra Gaúcha) são traços típicos da estação. Precisa trazer bastante agasalho! Roupas de lã e couro são a melhor alternativa para espantar o frio. Não podem faltar luvas, gorros e mantas, ainda mais para quem está menos acostumado a enfrentar baixas temperaturas. Se faltam opções no seu guarda-roupas, aproveite as lojas da cidade — que não são poucas! Certamente você vai encontrar a compra certa para ficar quentinho no inverno da região das Hortênsias. As temperaturas chegam perto de zero e podem inclusive ficar abaixo disso, mas a média fica entre 5 °C e 10 °C. Os dias costumam ser mais úmidos no inverno serrano, dê preferência a roupas e calçados impermeáveis e, se puder, traga um guarda-chuva ou até mesmo capas de chuva.

GRAMADOSITE. Disponível em: <http://gramadosite.com.br/estilo/turismo/id/15536>. Acesso em: 22 set. 2014.

b) Caracterizem a estação do inverno nos municípios de Gramado e São José dos Ausentes, no Rio Grande do Sul.

c) Respondam às questões:
- Segundo o texto, o que não deve faltar na mala do turista que visita Gramado no período do inverno?
- No inverno, que tipos de roupa são usados no município onde você mora?

ATIVIDADES INTERDISCIPLINARES

ARTE, HISTÓRIA E LÍNGUA PORTUGUESA

1. No século XIX, dois grandes artistas retrataram com talento muitas paisagens e o povo do Brasil. São eles: Jean-Baptiste Debret e Johann Moritz Rugendas.

   Observe esta litogravura de uma floresta nativa do Brasil. Ela foi feita com base em um desenho de Rugendas.

   a) Procure no dicionário o significado da palavra *litogravura*.
   b) Pesquise outras obras de Rugendas sobre o Brasil em livros de História ou de Arte.
   c) Pesquise a situação atual das florestas tropicais no Brasil.
   d) Na data marcada, traga sua pesquisa e conheça também a de seus colegas.

Floresta virgem perto de Mangaratiba, c. 1830.

CIÊNCIAS DA NATUREZA E LÍNGUA PORTUGUESA

2. Leia o poema e responda às questões:

   Meu verde ambiente

   Vejo o verde da floresta
   bem no chão se acumular...
   Lá vai lenha, vai madeira...
   Animais fogem a voar.

   Quantas espécies nativas
   ficamos sem conhecer...
   Novos remédios e alimentos
   nós vamos então perder.

   E os bichos que lá moravam
   logo vão desaparecer...
   E mais uma vez nossa biodiversidade
   a consequência vai sofrer.

   Vem mais gente e logo as vilas
   as cidades vão formar.
   Mas do verde não se esqueçam
   de sempre tentar conservar.

   Mas alimento é preciso...
   Novas áreas se formar...
   Mas sem boas práticas há risco
   do meio ambiente danificar.

   Muitas vezes a queimada
   a fumaça faz chegar;
   e a saúde das pessoas
   ela vai prejudicar...

   Solo nu ficando exposto
   a chuva pode chegar...
   e pedaços dessa terra
   com ela vai arrastar.

Unidade 1 • Regionalização do espaço mundial   45

Logo fica um vazio
que em erosão vai se transformar.
E lá na frente o rio
assoreado vai ficar.

Logo a água com outro gosto
para outra cor vai se mudar;
e então sua qualidade
vai deixar a desejar.

Nem mais peixes nessa área
vamos poder então criar
e também a agricultura
numa enrascada vai ficar.

Pode o solo carreado
o agrotóxico levar
e a praga da cultura
sem controle ele deixar.

Ele também pode nas águas
de poças e rios se depositar;
e se em grande quantidade
a saúde atrapalhar.

Pra saúde o verde é bom
deixa o ar bem mais limpinho;
no passeio é tão bonito
achar um jardim arrumadinho.
É morada de animais
do solo a segurança...
Barreira do lixo no rio;
da água também esperança.

PESSOA, Maria Conceição P. Y.; FERRACINI, Vera L.; FILIZOLA, Heloisa F. Embrapa Meio Ambiente. Disponível em: <www.cnpma.embrapa.br/cidadania/cartilha3.txt>. Acesso em: 22 set. 2014.

a) De acordo com o poema, quais as principais ameaças ao meio ambiente?
b) Em sua opinião, qual o futuro das paisagens naturais?
c) Que outro título você daria ao poema? Justifique sua resposta.

ARTE, CIÊNCIAS DA NATUREZA E LÍNGUA PORTUGUESA

3. Leia a letra da canção e faça o que se pede.

As árvores

As árvores são fáceis de achar
Ficam plantadas no chão
Mamam do sol pelas folhas
E pela terra
Também bebem água
Cantam no vento
E recebem a chuva de galhos abertos
Há as que dão frutas
E as que dão frutos
As de copa larga
E as que habitam esquilos
As que chovem depois da chuva
As cabeludas, as mais jovens mudas
As árvores ficam paradas
Uma a uma enfileiradas
Na alameda
Crescem pra cima como as pessoas
Mas nunca se deitam
O céu aceitam
Crescem como as pessoas
Mas não são soltas nos passos
São maiores, mas
Ocupam menos espaço
Árvore da vida
Árvore querida
Perdão pelo coração
Que eu desenhei em você
Com o nome do meu amor.

ANTUNES, Arnaldo. *As árvores*. Disponível em: <http://letras.terra.com.br/arnaldo-antunes/91402/>. Acesso em: 22 set. 2014.

a) Responda às questões:
- Em sua opinião, que mensagem o poema transmite?
- A letra da canção combina com o que você estudou no capítulo? Por quê?

b) Faça de conta que você é um ilustrador. Com as informações dos versos, faça desenhos numa folha avulsa para ilustrar a letra da canção.

CIÊNCIAS DA NATUREZA

4. "As frutas vêm sendo cada vez mais recomendadas como parte essencial de uma alimentação saudável. Sugere-se que sejam ingeridas várias frutas por dia."
Você concorda com essa afirmação? Justifique sua resposta.

Capítulo

3

Grandes regiões culturais

Neste capítulo, vamos estudar a regionalização do mundo fundamentada em um critério social: a cultura e a civilização. Cultura é uma noção que inclui tudo o que, ao longo da história da humanidade, os grupos sociais constroem do ponto de vista material (seus objetos, sua tecnologia) e espiritual (seus valores, suas crenças). Civilizações são grandes culturas ou o agrupamento de várias culturas com traços comuns.

Essa forma de regionalizar ou dividir o espaço mundial tornou-se mais utilizada a partir do final do século XX com a crise do antigo mundo socialista e uma revalorização da religião (ou de valores tradicionais) em várias partes do mundo. Vamos entender as grandes civilizações do mundo atual: a ocidental, a islâmica, a hinduísta, a sínica e as negro-africanas. Estudaremos seus traços principais e as regiões do globo onde cada uma delas predomina.

Bluejean/Diomedia

Ricardo teles/Pulsar Imagens

Acima, família chinesa fazendo uma refeição (2012). Ao lado, indígenas na aldeia Kamayurá, no Parque Indígena do Xingu, em Canarana (MT). Foto de 2014.

 Para começar, vamos reflitir sobre a seguinte frase:

"A cultura está presente em nosso dia a dia desde a primeira refeição".

1. Você concorda com essa afirmação ou discorda dela? Justifique sua resposta.
2. Considerando os gêneros alimentícios que você e sua família consomem, cite um ou mais desses gêneros procedentes de outras culturas. O seu preparo segue os hábitos da cultura original ou foi adaptado à maneira brasileira de cozinhar? Explique sua resposta.
3. De que povos a atual cultura brasileira revela maior influência? O que você conhece da cultura desses povos?
4. Em sua opinião, os brasileiros são receptivos às influências culturais de outros grupos sociais? Dê exemplos.

1 Culturas e civilizações

No senso comum, cultura significa ter estudo e uma pessoa culta é aquela que sabe muitas coisas. Mas esse não é o significado científico do termo. Do ponto de vista científico, **cultura** é o conjunto de técnicas, artesanato, costumes, crenças, normas, idiomas, etc. de um agrupamento humano. Assim, todos os povos têm a sua cultura, e todo indivíduo, mesmo iletrado ou analfabeto, participa da cultura de seu povo, portanto tem uma cultura.

Também o termo *civilização* tem dois significados principais. É entendido como uma cultura mais aprimorada, que já conhece a escrita, a vida urbana e a metalurgia. Nesse sentido, falamos que as primeiras civilizações — isto é, culturas que desenvolveram a escrita, edificaram cidades e já fabricavam o bronze ou o cobre — surgiram na Mesopotâmia, região do atual Oriente Médio, por volta de 4500 a.C. (veja a figura abaixo). No entanto, um grande agrupamento de culturas com traços comuns é, igualmente, entendido como civilização.

Ampla identidade cultural

A identidade cultural de cada pessoa vai além do grupo social mais próximo, que pode ser uma tribo, uma etnia, uma minoria étnica, uma nação ou um país. Exemplificando, podemos verificar a identidade cultural de um brasileiro hipotético. Ele pode ser:

- membro de uma cultura local, isto é, da comunidade local onde nasceu e com a qual se identifica: por exemplo, piracicabano, olindense, soteropolitano, curitibano, manauense, etc.;
- pertencente a uma cultura estadual ou regional. Nesse sentido, ele pode se identificar como carioca, mineiro, gaúcho, baiano, capixaba, etc. E também pode se assumir como nordestino, sulista, amazônico, etc.;
- brasileiro, o que lhe confere uma identidade cultural nacional;
- latino-americano, desde que ele se identifique com a região do continente americano na qual vivem os argentinos, brasileiros, colombianos, mexicanos e outros povos.

Exemplos de escrita suméria e egípcia

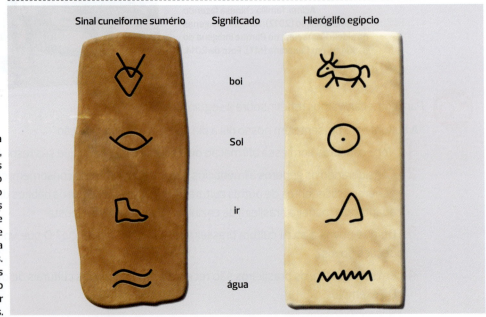

A Mesopotâmia, considerada um dos berços da civilização, situava-se entre os rios Eufrates e Tigre, numa região que constitui hoje o território do Iraque. Aí os sumérios desenvolveram o sistema de escrita mais antigo que se conhece, a escrita cuneiforme, há 5 000 anos. Um pouco mais tarde, os egípcios criaram um outro sistema, representado por sinais chamados hieróglifos.

Finalmente, ele pode ainda se identificar como alguém que faz parte da civilização ocidental, como um ocidental — isto é, alguém mais semelhante culturalmente aos europeus ou aos norte-americanos do que aos chineses, aos indianos ou aos persas.

Uma **civilização**, portanto, constitui uma identidade cultural que vai além das diversidades entre localidades, etnias, nações ou países. É a mais ampla identificação cultural de uma pessoa ou de um povo.

Os bascos que vivem no norte da Espanha, por exemplo, têm uma forte identidade cultural local ou regional, mas não uma identidade cultural espanhola. Embora a Constituição espanhola de 1978 tenha reconhecido a sua autonomia (assim, suas crianças aprendem o basco e o espanhol nas escolas), até hoje os bascos têm conflitos importantes com a nacionalidade espanhola. Mas se sentem ocidentais.

O fato de ingleses e alemães terem se colocado em campos opostos durante as duas guerras mundiais que eclodiram na Europa no século XX não eliminou o sentimento de pertencerem à mesma civilização.

É por isso que as civilizações são os maiores agrupamentos culturais. E abrangem, geralmente, vários povos, etnias ou nações. Elas constituem agrupamentos de sociedades nacionais com determinados traços culturais comuns: origem dos idiomas, crenças religiosas, tipo de organização das famílias, relações entre os indivíduos e o Estado, etc.

Texto e ação

1. Explique o significado do termo *cultura*, do ponto de vista científico.
2. O termo *civilização* tem dois significados principais. Comente cada um deles.
3. Comente as fotos desta página. No seu comentário inclua os elementos das fotos e algumas informações do texto.

Acima, mercado de produtos alimentícios em Isfahan, no Irã, em 2013. Abaixo, praia de San Sebastian, no País Basco, Espanha, em 2014.

49

❷ Grandes civilizações da atualidade

No mundo atual, cinco grandes civilizações exercem importantes influências no destino da humanidade, especialmente pela quantidade de pessoas que abrangem: a ocidental, a islâmica, a indiana, a chinesa e as negro-africanas. A ocidental se caracteriza por sua universalização ou espalhamento no planeta, embora mais concentrada na Europa, nas Américas e na Oceania. As demais, pelo contrário, embora abarquem centenas de milhões de pessoas (a chinesa e a islâmica, mais de 1 bilhão cada), estão mais confinadas em regiões ou continentes específicos.

Um fato importante a destacar é que nenhuma dessas cinco civilizações é rigidamente unitária; em todas há subtipos e também conflitos ou tendências internas opostas. Contudo, elas apresentam fortes laços de coesão e unidade e, por esse motivo, cada uma delas pode ser estudada como um conjunto.

Observe o mapa abaixo.

As grandes civilizações do mundo atual

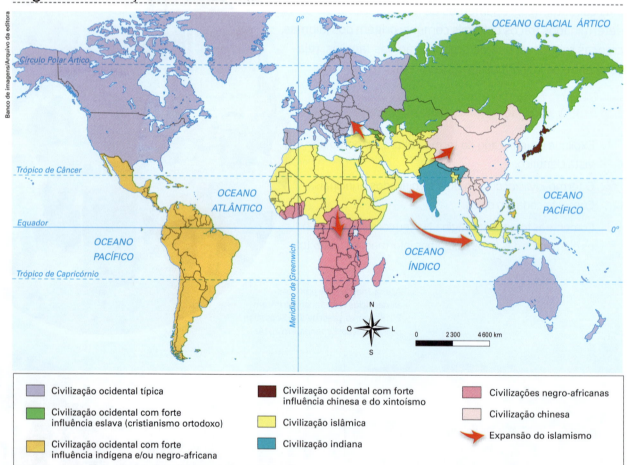

Adaptado de: History of the world, 1998.

 Texto e ação

■ Comente a frase: estudar as grandes civilizações do mundo atual também é importante no que se refere à formação de lideranças mundiais para redefinir os rumos da humanidade, que tende a privilegiar uma mentalidade tecnológica e consumista em detrimento da universalização do princípio da dignidade humana na Terra.

Civilização ocidental

A civilização ocidental é herdeira dos antigos gregos e romanos. Dos gregos recebeu principalmente a filosofia; dos romanos, o direito e o alfabeto latino. Nasceu na Europa e atualmente é dominante em vários continentes. Na Europa (principalmente a ocidental), na América Anglo-Saxônica, na Austrália e na Nova Zelândia, essa civilização existe em sua forma pura ou inquestionável.

Também predomina na Europa oriental, na Rússia e em outras nações europeias da Comunidade dos Estados Independentes (Ucrânia, Belarus, Armênia, etc.), em Israel, na América Latina e talvez também no Japão. Nesses casos, porém, coexistem outras culturas que ainda hoje têm grande peso. Assim, a civilização ocidental convive:

- no Japão, com a cultura chinesa e o xintoísmo, um conjunto de práticas da espiritualidade japonesa;
- na América Latina, com culturas indígenas ou pré-colombianas (notadamente no México, na Bolívia, no Paraguai, etc.) e negro-africanas, advindas do grande número de escravizados trazidos na época colonial (especialmente no Haiti, na República Dominicana, na Jamaica, etc.), e cujo peso varia muito de um país para outro;
- no Brasil, com a influência das culturas dos povos indígenas e de algumas culturas de povos das civilizações negro-africanas, aqui escravizados entre os séculos XVI e XIX;
- na Europa oriental em geral (salvo algumas exceções, como a Polônia, a República Tcheca, a Eslovênia e a Croácia, que são tipicamente ocidentais) e na Ásia Central, com culturas eslavas cristãs ortodoxas, que durante séculos estiveram muito próximas da cultura islâmica.

Papel da religião

As principais religiões ocidentais são monoteístas (que creem em um só deus): o judaísmo e o cristianismo, este representado pela igreja católica, pelas igrejas ortodoxas orientais e pelas diversas igrejas protestantes ou evangélicas — luteranas, presbiterianas, batistas, adventistas, pentecostais, etc.

Contudo, o papel da religião na cultura ocidental nos dias de hoje é relativamente pequeno: existe aí um grande número de ateus e **agnósticos**, provavelmente muito maior do que em qualquer outra civilização. Na realidade, o Ocidente só passou a conhecer a democracia e os direitos do ser humano quando se libertou do domínio da religião, no século XVIII.

Agnósticos: pessoas que adotam o agnosticismo, doutrina que só aceita o que pode ser demonstrado logicamente; assim, a religião é algo ilógico, pois sua base é a fé, e não a razão.

Valorização do indivíduo

A partir do século XVIII, adotou-se a ideia de que o futuro das nações ou dos indivíduos pertence a (e é determinado por) eles próprios, às suas ações e opções, e não mais a Deus ou qualquer outra forma de destino predeterminado (astros, linhas da mão, santos, etc.).

O ser humano surgiu como *indivíduo*, como agente de direitos democráticos, que ele próprio conquista por meio de conflitos e lutas, no mundo ocidental. A valorização do indivíduo é um elemento original e específico da civilização ocidental: a maioria das demais culturas desvaloriza o indivíduo em favor da comunidade, do coletivo, o que impede a valorização da democracia e da cidadania.

Ideia materialista de progresso

Uma ideia materialista de progresso — entendido como o acúmulo incessante de bens e obras — é básica para a civilização ocidental, na qual surgiu o sistema capitalista que atualmente domina todo o mundo. A partir do século XV, com a expansão marítimo-comercial europeia, essa civilização unificou o planeta, interligando todos os continentes e, com o tempo, encurtando as distâncias pelo desenvolvimento dos meios de transporte e comunicação.

Essa expansão aprimorou o padrão de consumo dos povos, especialmente dos atuais países desenvolvidos, e expandiu a chamada modernidade — a atividade industrial e a urbanização — por praticamente todo o globo. Mas ela também gerou a maioria dos problemas que atualmente afetam a humanidade: a poluição gigantesca, as armas atômicas, as enormes desigualdades de nível de vida entre as pessoas e de desenvolvimento entre as nações, etc. Veja as fotos ao lado.

O peso da tradição é muito forte nas culturas em geral. Na ocidental, o contínuo desejo de mudanças, de inovações, de aventuras é mais intenso. Esse fato — embora não apenas ele — ajuda a explicar por que essa civilização se expandiu por todo o globo, ao contrário, por exemplo, da chinesa, que, no século XV, tinha um maior conhecimento da arte de navegar e havia sido a primeira a usar explosivos.

Naquele momento, os chineses preferiram voltar-se para si mesmos, preocupados em manter ou conservar o que já existia, sem aspirar a inovações e conquistas. Mas é bom recordar que nenhuma civilização, como também nenhuma cultura, é estática. Elas mudam com o tempo, aprendem com os seus erros e com o contato com outras culturas, e, logicamente, hoje a cultura chinesa é cosmopolita e procura se expandir para todo o mundo.

O consumismo, que gera um enorme acúmulo de lixo, é típico da civilização ocidental, com seu ideal de progresso material, de inovação constante, de moda, de frequente troca de bens. Mas esses ideais hoje encontram-se também difundidos por quase todo o mundo. Nas fotos, um *shopping center* (1) em Manaus (AM), em 2014, e lixão (2) com queimada e catadora de lixo em Aparecida do Taboado (MS), em 2014.

Texto e ação

1. O que é a civilização ocidental? O que ela procura levar, às vezes até pela força, ao restante do mundo?
2. Afirma-se que os portugueses, ao se estabelecerem, gradativamente, em Macau (China), no século XVI, deram início à crescente expansão da civilização europeia na Ásia. Assim como no Brasil colônia, missionários católicos logo se implantaram em Macau; depois, também se fizeram presentes em outras áreas desse continente. Sobre isso, responda:
   a) Qual é a relação entre essa afirmação e o tema estudado neste capítulo?
   b) Em sua opinião, a comparação do que ocorreu em Macau com a situação do Brasil colônia no mesmo período, mostra a importância da religião para cada civilização humana? Explique.

Civilização islâmica

Islã ou *islão* são nomes utilizados para designar a cultura muçulmana ou islâmica.

O islã abrange atualmente uma imensa região que vai da Turquia, no leste da Europa, até o Paquistão e Bangladesh, no sul da Ásia, incluindo o norte da África. A área onde a cultura islâmica é mais forte e estabelecida, contudo, é o Oriente Médio ou Sudoeste Asiático.

O elemento unificador dessa civilização é a religião maometana ou muçulmana. Além dos países árabes (Egito, Líbia, Argélia, Iraque, Arábia Saudita, Jordânia, etc.), outros países e povos são islâmicos: Irã (povo persa), Turquia, Sudão, Paquistão, Indonésia, Casaquistão, Afeganistão, etc. Veja a foto ao lado.

Durante vários séculos, o mundo islâmico rivalizou com o Ocidente, não apenas conquistando terras e povos, mas também desenvolvendo uma rica cultura. Os povos islâmicos alcançaram progressos notáveis em Matemática, Astronomia, Literatura, Filosofia, construção naval, etc. No século XV, os turcos otomanos construíram um imenso império às margens do Mediterrâneo, e os persas dominaram a porção leste do atual Oriente Médio. Esses impérios sempre foram dominados pela cultura islâmica.

Iranianas jogando futebol em Bam, no Irã, em 2013.

A partir do século XIX, a dominação europeia — particularmente a britânica — atingiu o mundo muçulmano, desmembrando o Império Turco Otomano. No início do século XX, foram criados os atuais países árabes: o povo árabe foi dividido em dezesseis países diferentes, cada um dominado por uma elite privilegiada. Até hoje existe uma aspiração popular de união e criação de uma imensa nação árabe. Muitas vezes essa aspiração é manipulada por políticos interessados em promoção pessoal ou aumento de poder.

A civilização islâmica é mais forte nos países árabes, no Irã e em algumas nações vizinhas ao Oriente Médio, como Tajiquistão, Quirguízia, Sudão, etc. Ela pode predominar também nas suas áreas de expansão ou atuais periferias — o sudeste da Europa (península Balcânica), o centro da África, o sul e o sudeste da Ásia. Mas é contrabalançada ou por uma ocidentalização que produziu resultados significativos (na Turquia, por exemplo) ou por outras culturas que amenizam o islamismo. Este é o caso do sul e do sudeste da Ásia, com forte influência indiana e chinesa, e de países não árabes no norte e no centro da África, com culturas africanas ainda muito significativas.

Na Turquia, a ocidentalização, ou adoção de costumes ocidentais — forma de escrever (uso do alfabeto latino) e de vestir, a separação entre Estado e religião, etc. —, vem ocorrendo desde a década de 1930 e é conduzida pelas autoridades do país, interessadas em promover seu ingresso na União Europeia.

No entanto, em 1979, o Irã, que estava se ocidentalizando rapidamente, foi sacudido por uma revolução de cunho religioso e tradicionalista. Costumes tradicionais ressurgiram como normas obrigatórias, e assim:

- as mulheres viram-se obrigadas a usar novamente o véu para lhes cobrir o rosto quando estão em público e foram proibidas de dirigir automóveis, de frequentar praias ou piscinas com os homens, de fazer perguntas e olhar diretamente para o professor na sala de aula, etc.;

- ressurgiu a obrigatoriedade de as pessoas orarem cinco vezes ao dia, ajoelhando-se com o rosto voltado para Meca;
- a venda de bebidas alcoólicas foi oficialmente proibida, embora exista clandestinamente, como em quase todos os países islâmicos;
- os homens viram retornar seu direito de terem até quatro esposas.

A partir dos anos 1980, esses e outros costumes tradicionais voltaram a vigorar, pois houve um novo fortalecimento da cultura islâmica nos países árabes (com raras exceções) e em outros povos islâmicos não árabes, como no Sudão e no Paquistão.

Islamismo

A religião muçulmana foi fundada por Maomé no início do século VII. A adoção da nova fé deu início à união dos povos árabes, primeiro na área próxima às cidades de Meca e Medina, na atual Arábia Saudita (fotos abaixo). Depois, ao longo dos séculos VII e VIII, expandiu-se para regiões distantes, na Ásia, na África e na Europa, em um processo de conquista e dominação político-cultural de outros povos.

Meca e Medina são consideradas cidades sagradas no islamismo. Meca, ao lado, é o local mais sagrado, na direção do qual se ora e para onde o fiel deve procurar fazer uma peregrinação pelo menos uma vez na vida. Medina, abaixo, é a cidade para onde Maomé fugiu e onde se refugiou em 622 por causa das perseguições que sofreu em Meca.

Os princípios fundamentais dessa religião são:
- a profissão de fé em Alá e no seu profeta Maomé;
- a oração obrigatória cinco vezes ao dia, de joelhos e com o rosto voltado em direção a Meca, a cidade sagrada;
- a peregrinação ou ida pelo menos uma vez na vida a Meca;
- o jejum obrigatório durante o **ramadã**, o mês sagrado no qual vários alimentos são proibidos e a alimentação só pode ser feita depois que o sol se põe;
- a contribuição obrigatória de uma parte da renda — por volta de 2,5% — para ser distribuída aos pobres.

Existem também a *jihad* ou "guerra santa" contra os infiéis (enfatizada pelos fundamentalistas islâmicos, isto é, aqueles que radicalizam os princípios tradicionais da religião muçulmana), a submissão da mulher ao homem (algo que as feministas muçulmanas começam a questionar, embora timidamente), os castigos exemplares aos ladrões e criminosos (tais como chicotear ou decepar a mão em público), etc.

A religião islâmica tem várias seitas ou correntes. As mais conhecidas são o **sunismo**, que predomina na maioria das nações islâmicas, e o **xiismo**, que é majoritário no Irã, no Azerbaijão e no Iraque e tem grande influência nas populações do Iêmen, do Líbano e do Paquistão. Pode-se dizer que a corrente sunita é mais moderada. Os xiitas são mais radicais: a política deve estar a serviço da expansão da fé, dos ensinamentos da religião. Os fiéis são estimulados a combater, numa luta de morte em que valem todas as armas, todos aqueles (pessoas ou nações) que representarem um obstáculo ao desenvolvimento da religião muçulmana.

O islamismo também se expande no sul e no sudeste da Ásia, gerando conflitos com o hinduísmo, e no centro do continente africano, onde entra em choque com religiões **animistas**. Ele atrai principalmente pessoas humildes, que formam a grande maioria nessas regiões, pois fornece a ilusão de um igualitarismo: os ricos, na doutrina maometana, são obrigados a dar parte de seus rendimentos como esmola.

Além disso, os mulás (o clero islâmico) com frequência levam uma rede de assistência social — creches, escolas religiosas, hospitais — às áreas carentes e onde o Estado pouco investe, formando assim um novo poder, uma nova forma de autoridade.

Animistas: doutrinas ou religiões, também chamadas de fetichistas ou totemistas, que admitem que todas as coisas da natureza têm espírito, cultuam alguns animais como deuses e acreditam em "encantos" ou trabalhos para influenciar pessoas.

Atualidade do princípio da dignidade humana: os direitos das crianças e mulheres

O Prêmio Nobel da Paz de 2014 laureou uma adolescente paquistanesa, Malala Yousafzay (17 anos), e um indiano, Kailash Satyarthi (60 anos). Malala Yousafzay luta em prol do direito à educação para todas as meninas e é a pessoa mais jovem a receber esse prêmio mundialmente reconhecido. Ela quase morreu em 2012, quando radicais islâmicos tentaram assassiná-la no lugar onde nasceu. Kailash Satyarthi combate a exploração do trabalho das crianças e das mulheres, frequentemente escravizadas nas fábricas da Índia.

Documento pelo qual o comitê norueguês confere o Prêmio Nobel da Paz de 2014 a Kailash Satyarthi e Malala Yousafzay.

Texto e ação

1. Qual é o elemento básico da civilização islâmica? Por quê?

2. Leia o texto e faça o que se pede.

Quais são as diferenças entre sunitas e xiitas?

A divisão do islamismo em sunismo e xiismo se iniciou quando Maomé faleceu, em 632. Era necessário escolher um sucessor para seus seguidores. Alguns fiéis indicaram Ali, genro e filho espiritual do profeta, em razão de laços de sangue; esse grupo corresponde aos atuais xiitas. Outros seguidores do profeta sugeriram um homem do povo, Abu Bakr, para manter as tradições tribais; esse grupo corresponde aos atuais sunitas.

A maioria preferiu Abu Bakr, que se tornou o primeiro califa (soberano muçulmano). Desde então, os sunitas se tornaram majoritários. Atualmente, representam 85% dos muçulmanos de todo o mundo.

Os sunitas escolhem o imã (ministro da religião muçulmana), que faz a ponte entre o fiel e Alá. Os xiitas entendem que esse ministro, descendente da família de Maomé, recebe sua autoridade diretamente de Alá. Por essa razão, "[...] enquanto os sunitas aceitam que as autoridades religiosa e política sejam fundidas na mesma pessoa, os xiitas pregam uma separação clara". Assim, o rei dirige os fiéis no Marrocos, onde predominam os sunitas; no Irã, majoritariamente xiita, "os aiatolás (autoridades religiosas superiores) são independentes do poder executivo".

<small>Adaptado de: VAUDANO, Maxime. Quelles sont les différences entre sunnites et chiites. Disponível em: <www.lemonde.fr/les-decodeurs/article/2014/06/20/au-fait-quelle-difference-entre-sunnites-et-chiites_4442319_4355770.html?xtmc=sunisme&xtcr=5>. Acesso em: 26 nov. 2014.</small>

a) Quando começou a divisão do islamismo? Por quê?

b) Qual é o grupo de muçulmanos predominante no mundo?

c) Identifique os três títulos do mundo muçulmano mencionados no texto pelo autor.

d) De acordo com o autor, como é denominado o ministro da religião muçulmana entre os sunitas? E entre os xiitas? Exemplifique, citando países.

Civilização hindu ou indiana

A área sob o domínio da civilização hindu abrange, em primeiro lugar, a Índia e, em segundo lugar, alguns países vizinhos — Sri Lanka, Mianmar, Nepal, Butão e Tailândia. Em outras nações — como Paquistão, Bangladesh, Malásia e Indonésia —, a cultura indiana também exerce alguma influência, embora nelas o islamismo seja mais forte. Em grande parte do Sudeste Asiático (Vietnã, Camboja, Laos), a civilização indiana disputa a supremacia cultural com a civilização chinesa, que predomina.

No decorrer de sua história milenar, a região ocupada pela civilização indiana foi palco de sucessivas invasões por povos diversos. Essas invasões originaram uma mistura étnica e cultural, constituindo um sistema social complexo e aberto, que busca constantemente incorporar e absorver outras ideias ou valores.

O hinduísmo, uma mistura de religião e filosofia, é o elemento unificador dessa cultura bastante diversificada. Para alguns especialistas, o hinduísmo não é propriamente uma filosofia nem uma religião bem definida. Seria, antes de qualquer coisa, um conjunto de ideias e de costumes que organiza ou cimenta uma sociedade extremamente complexa e hierarquizada. De fato, o hinduísmo tem uma enorme importância para manter a coesão social da Índia, onde convivem numerosos grupos étnicos. Veja na página ao lado um templo hinduísta na Índia.

56 Capítulo 3 • Grandes regiões culturais

Templo de Brihadisvara, na cidade de Tanjore, Índia, um dos três Grandes Templos Vivos de Chola incluídos na lista do Patrimônio Mundial da Unesco. Foto de 2013.

A fonte espiritual do hinduísmo encontra-se nos *Vedas*, uma coleção de antigas preces, hinos e poemas, provavelmente elaborados por sábios anônimos e transmitidos durante muito tempo apenas oralmente, antes de serem escritos. Em síntese, os *Vedas* ensinam que todas as coisas e acontecimentos são manifestações diversas de uma mesma realidade, que existe dentro de cada um e no Universo como um todo. O conhecer a si mesmo, dessa maneira, passa a ser uma forma de conhecer o mundo. A introspecção, a reflexão sobre si próprio em busca do equilíbrio, é essencial nessa cultura.

Também a crença na transmigração da alma ou do **carma** de cada pessoa — isto é, a existência como ser humano de uma casta numa época, ou de outra casta na geração seguinte, como peixe ou vaca em outra encarnação, etc. — é fundamental nessa cultura, razão pela qual a própria vida humana não é tão valorizada como no Ocidente.

Na tentativa de absorver todas as religiões e filosofias importantes nessa imensa região, o hinduísmo chegou mesmo a considerar Buda — e também Alá e Cristo — como mais uma das facetas de seu Deus ou essência última de todas as coisas. Essa mescla, em alguns casos, criou graves conflitos: entre os siques e os hinduístas, por exemplo. Os siques habitam uma região ao norte da Índia e lutam pela sua independência há várias décadas. E o islamismo vem se expandindo no sul da Ásia, exercendo uma crescente influência nas populações mais pobres, especialmente nos párias, que constituem a camada da população sem muitos direitos, considerada inferior pelo hinduísmo.

Sistema de castas

A hierarquia é fundamental na cultura indiana, na qual assume a forma de castas. As **castas** são grupos de famílias que possuem determinadas tradições que as classificam hierarquicamente como mais "puros" ou "impuros" dentro da sociedade hinduísta.

O conceito de pureza, portanto, é fundamental no sistema de castas; ele se refere não à higiene, e sim a hábitos e valores espirituais. Essas tradições são complexas

Unidade 1 • Regionalização do espaço mundial

e abrangem a alimentação, as vestimentas, as profissões, etc. Comer carne de vaca, por exemplo, é considerado um hábito impuro, que só os povos sem casta ou uma casta extremamente inferior faria. Algumas profissões são tradicionalmente identificadas com certas castas, tais como a de sacerdotes, guerreiros, comerciantes, agentes funerários, etc. Não existe nenhuma possibilidade de passar de uma casta para outra, nem por casamento nem por qualidades pessoais ou profissionais.

Isso, no entanto, não significa que as desigualdades econômicas entre as pessoas nas sociedades hinduístas — na Índia e no Nepal, notadamente — sejam exageradas. Ao contrário, elas são bem menores que no Brasil ou no restante da América Latina em geral. Isso porque hierarquia não significa, necessariamente, desigualdade. Por exemplo: quando somos destros, nossa mão direita é hierarquicamente superior à esquerda, e numa família os pais são hierarquicamente superiores aos filhos; mas em ambos os casos isso não implica desigualdade: nossa mão esquerda recebe tantos cuidados de nossa parte como a direita, e em muitas famílias os pais se sacrificam em prol do futuro dos filhos.

Em ordem de posição social, são estas as principais castas tradicionais indianas, que possuem inúmeras subdivisões: os **brâmanes**, sacerdotes; os **xátrias**, guerreiros; os **vaixás**, comerciantes, artesãos, camponeses; e os **sudras**, trabalhadores manuais. Mas, nos dias de hoje, o significado de cada casta ou das centenas de subcastas que existem depende muito da região do país: em algumas áreas, os brâmanes ainda são a elite dominante; em outras, esse papel é desempenhado por outra casta ou subcasta, por exemplo.

A camada mais baixa, pobre e que exerce as atividades desvalorizadas na sociedade indiana nem sequer está incluída no sistema de castas. São os **párias**, sem profissão definida, sem qualquer tipo de privilégio. São os "intocáveis"; inspiram apenas desprezo de todos os outros membros da sociedade. Nem sequer podem banhar-se no rio Ganges, considerado sagrado, tampouco ler os *Vedas*. Veja a foto abaixo.

Pessoas banhando-se nas águas do rio Ganges, em Varanasi, na Índia. Foto de 2014.

Texto e ação

- Responda às questões:
  a) O que significa *Vedas* para a religião hindu?
  b) Por que se afirma que o hinduísmo é um fator de coesão de uma sociedade diversificada e hierarquizada?

Civilização oriental ou sínica

A área dominada pela civilização sínica ou chinesa abrange, além da China, alguns países vizinhos no continente asiático: Mongólia, Coreia do Norte, Coreia do Sul, Taiwan (ou Formosa), a cidade de Hong Kong e, com menor intensidade (por causa da influência da cultura indiana e do islamismo), o Sudeste Asiático.

A civilização chinesa, uma das mais antigas, desenvolveu um rico sistema de linguagem, especialmente a escrita, e filosofias com grande significado religioso, político e até ecológico. A escrita chinesa, baseada em ideogramas, expandiu-se para amplas áreas da Ásia e chegou até o Japão. O idioma chinês abrange seis dialetos principais; o falante de um deles não consegue entender os outros. Mas a escrita os unifica, pois todos compreendem os ideogramas.

Ao longo dos milênios, a população chinesa, formada predominantemente por camponeses, teve de lutar contra um ambiente muitas vezes difícil e árido. A civilização chinesa foi a que mais desenvolveu sistemas de irrigação, transportando água dos rios para áreas longínquas com secas periódicas. É por isso que ela é chamada de **civilização hidráulica milenar**.

A cultura chinesa engloba três principais correntes de pensamento, que, para o povo chinês, não se excluem, mas se completam: o **confucionismo**, o **taoismo** e o **budismo** — as três religiões (ou filosofias) que formam uma "única família", o **Sankiao**. O chinês típico em geral é ao mesmo tempo budista, taoista e confucionista (e algumas vezes cristão).

Essa é uma diferença essencial entre a cultura chinesa ou "oriental" e a ocidental. A própria ideia cultural de Oriente é uma invenção do Ocidente, pois há várias civilizações diferentes na Ásia, e os escritores que idealizaram um Oriente único, especialmente no século XIX, misturavam a civilização chinesa com a hinduísta e a islâmica. Vejamos as três principais correntes de pensamento da civilização sínica.

Confúcio, em imagem existente na parede de seu templo em Pequim. Foto de 2013.

Confucionismo

O confucionismo deriva dos ensinamentos de Confúcio, do século V a.C. Prega uma série de regras éticas ou virtudes. Advoga um grande respeito às tradições e aos idosos, à família e à pátria, especialmente ao Estado, valoriza bastante o ensino e apregoa que os sábios ou letrados ocupem o primeiro lugar na sociedade. Foi e continua sendo básico para a organização da burocracia chinesa — a classe dirigente do país há milênios, mesmo depois da introdução da República (1911) e da "revolução socialista" de 1949.

Taoismo

Fundado por Lao-tsé, no século V a.C., advém da palavra *tao*, que significa 'caminho' ou 'processo do Universo', a ordem da natureza. O mundo é visto como um processo dinâmico e cíclico, com frequentes oposições de lados contrários que se complementam: o *yin* e o *yang*, ou seja, o feminino e o masculino, o intuitivo e o racional, o complexo e o simples, o receptivo e o expansivo, o repouso e o movimento.

A vida, dizia Lao-tsé, é a harmonia combinada do *yin* e do *yang*, a busca do equilíbrio, mesmo que às vezes um dos dois lados prevaleça momentaneamente. A tradicional medicina chinesa, que usa acupuntura, alimentação especial e outras técnicas muito diferentes da medicina ocidental, baseia-se numa imagem do corpo em união com o espírito, que seria essa combinação dos elementos *yin* e *yang*.

Diagrama representativo de *yin* e *yang*, existente na parede de um templo de Baoji, província de Shaanxi, na China. Foto de 2014.

Budismo

Chegou tardiamente à China, no século I d.C., vindo da Índia. O budismo chinês (como também o japonês e o tibetano) é diferente do primitivo budismo indiano, pois foi reelaborado no contato com a cultura chinesa. O fundamental no budismo é a ideia de "despertar" ou **nirvana**, um estágio de meditação profunda que conduz ao conhecimento último das coisas e à ausência de todo sofrimento. Tudo é mutável, está em movimento, se transforma, dizia Buda. Não devemos, portanto, nos apegar às coisas transitórias, a fatos e pessoas, nem ao próprio "eu", pois seriam formas de ilusão. Buda nem sequer acreditava na vida após a morte, ou na reencarnação (ao contrário do budismo tibetano ou lamaísmo, por exemplo, que pensa que todo Dalai Lama, seu chefe espiritual, é uma reencarnação de um antepassado iluminado do século XIV).

A civilização "oriental" valoriza muito a nação e o Estado, a família, a cultura (os letrados), a relatividade das coisas (tudo é transitório e tudo é aceitável, desde que na medida certa) e a história vista como ciclos, como fases que vão ora em uma direção, ora em outra. É por isso que a história da China é plena de reviravoltas. Por exemplo, do socialismo mais fechado dos anos 1960 à maior abertura para o capitalismo a partir de 1975.

A solidariedade dos tradicionais clãs (grupos de famílias) com sua pátria de origem vem ajudando muito a atual expansão econômica da China. Isso porque os chineses que vivem no exterior — cerca de 55 milhões, especialmente em Taiwan, Cingapura, Malásia, Tailândia, Hong Kong, etc. — criaram uma vasta rede de investimentos nesse país, que vem apresentando o maior crescimento em todo o mundo desde os anos 1990.

A extrema valorização da escola e do professor, típica dessa cultura, muito ajudou na modernização não apenas da China, mas também de outras economias mais industrializadas do leste e do sudeste da Ásia (Japão, Coreia do Sul, Cingapura, Taiwan e Hong Kong). Esses países e a cidade de Hong Kong incorporaram, em maior ou menor grau, elementos da civilização chinesa, especialmente o confucionismo. Em todos eles existe um forte nacionalismo e uma efetiva valorização da educação de boa qualidade para todas as pessoas.

Buda Dourado, estátua existente em Xian, na província de Shaanxi, China. Foto de 2014.

Stefan Huwiler/ImageBroker/Alamy/Glow Images

Texto e ação

- Descreva sucintamente a civilização sínica ou chinesa.

Civilizações negro-africanas

As civilizações negro-africanas abrangem toda a região ao sul do deserto do Saara, portanto a maior parte do continente africano. São culturas diversificadas, produzidas por povos africanos com a cor da pele negra. Alguns especialistas calculam que existam nessa área oito civilizações principais, cada uma delas abrangendo inúmeros povos de idiomas e costumes diferenciados, mas com características comuns importantes.

Geralmente, as culturas negro-africanas têm por base comunidades tribais — grupos de base rural e com redes de parentesco comuns, com códigos de conduta, com seus chefes, príncipes, curandeiros, etc. — e religiões fetichistas ou animistas. A família desempenha um papel fundamental nessa civilização. Veja a foto abaixo.

Mulheres turkanas usando roupas tradicionais no Quênia. Foto de 2014.

No entanto, a família nas civilizações negro-africanas não é nuclear (pais e filhos) como a família ocidental. Ela é formada por um conjunto de centenas de indivíduos que inclui os primos e seus parentes, avós e seus primos, sobrinhos, cunhados e seus parentes, etc. É muito frequente um ocupante de cargo público importante se cercar de vários parentes. Dessa forma, o nepotismo (isto é, a colocação de parentes em cargos públicos) é algo considerado normal nas culturas negro-africanas, embora venha sendo combatido por alguns regimes mais democráticos.

A África foi palco de grandes civilizações, a começar pela egípcia, às margens do rio Nilo. Também Cartago, que durante muito tempo rivalizou com o Império Romano, localizava-se nesse continente, na área onde hoje se situam a Tunísia, o Marrocos e parte da Argélia.

Quando, no século XVI, os europeus iniciaram o tráfico de escravos, levando à força mão de obra para a América, inclusive para o Brasil, existiam alguns grandes impérios na África negra (especialmente em Gana, Mali e Songai). Esses impérios conheciam a metalurgia do ferro, do cobre e do ouro e foram desagregados com a dominação ocidental.

Unidade 1 • Regionalização do espaço mundial

Crise das culturas negro-africanas

As culturas negro-africanas, na realidade, encontram-se em crise. Por um lado, elas ainda sofrem os efeitos da longa dominação ocidental, que recortou arbitrariamente o mapa político do continente e continua a provocar fortes mudanças: urbanização acelerada em todas as sociedades, industrialização em algumas áreas, novos valores e hábitos gerados pela publicidade ou pela globalização, etc. E, por outro lado, elas são ameaçadas pela recente expansão do islamismo, que vem do Oriente Médio e do norte da África e, frequentemente, conquista novos adeptos no centro e no sul do continente.

Com a urbanização, as comunidades tradicionais, de origem rural, se desfazem aos poucos, e as pessoas nas grandes cidades vão perdendo suas referências culturais. Na sua comunidade ou sociedade tribal interiorana, um indivíduo pode ser um príncipe, alguém com prestígio (mas não riqueza), e, na grande cidade, com frequência ele se torna apenas um mendigo ou um peão que ganha salário mínimo.

Se a migração prosseguir até as grandes cidades da Europa, como às vezes acontece, então a perda de identidade será completa: no lugar de ser reconhecido como um ibo, um hauçá ou um ioruba, ou membro de outra comunidade cultural, tal como ocorre nas cidades africanas, ele passa a ser visto somente como um negro. Daí a atração exercida pelo islamismo, pois esta cultura possui uma longa tradição de confronto com o Ocidente, que é, ao mesmo tempo, admirado e odiado. Além disso, o islamismo unifica as pessoas, não as diferencia pela cor da pele e apregoa a igualdade racial de todos nas suas obrigações e deveres.

Feira de rua em Lagos, na Nigéria, onde se pode encontrar de tudo: de sandálias a fotos instantâneas para passaporte.

 **Texto e ação**

- O que são as culturas negro-africanas?

3 Etnocentrismo e diferenças culturais

Vimos que as civilizações apresentam diferenças muito profundas entre si. Um exemplo é a decisiva influência da religião no islamismo e o peso marcante da economia, do ideal de progresso material na civilização ocidental.

É apenas estudando cada uma das culturas detalhadamente, sem modelos ou esquemas já prontos, que se pode de fato compreendê-las. Utilizar valores ou esquemas prévios na maior parte das vezes é uma atitude preconceituosa, que vê as demais culturas do ponto de vista de uma cultura, que acaba servindo de modelo privilegiado.

Etnocentrismo

O procedimento de avaliar as demais culturas pelos valores da nossa denomina-se **etnocentrismo** (*etno*, 'cultura'; *centrismo*, 'ter como centro'). Um exemplo de atitude etnocêntrica ocorre quando se diz que os indígenas são incultos e atrasados porque não têm escolas, ou que os muçulmanos não têm fé porque não rezam para Cristo. Nesses dois casos, os valores da cultura ocidental são adotados como se fossem absolutos, inquestionáveis: cultura como sinônimo de escolarização, e não de um saber adquirido pela experiência e pelo ensinamento dos mais velhos (que os indígenas evidentemente possuem), e fé significando exclusivamente adotar o cristianismo.

Da mesma forma, quando um muçulmano diz que os cristãos são infiéis porque não seguem os ensinamentos de Maomé, também está incorrendo em etnocentrismo. O etnocentrismo é uma atitude preconceituosa que não reconhece o outro, aquele que é diferente de nós, procurando somente desvalorizá-lo. É fruto do desconhecimento de que a humanidade apresenta enorme diversidade cultural e que não existem civilizações superiores ou inferiores, melhores ou piores.

Diversidade cultural

A troca de experiências entre as culturas parece constituir o bem maior da história das civilizações. Toda civilização que se fechou às influências externas acabou decaindo, e aquelas que ascenderam em geral não deixaram de utilizar elementos ou invenções de outras. A diversidade cultural é uma riqueza, é um bem a ser preservado e estimulado, pois permite caminhos e experiências distintos, que costumam cruzar-se, estimulando uns aos outros, gerando inovações e aperfeiçoamentos.

Desde a década de 1980, vem ocorrendo uma revalorização das religiões — e das culturas tradicionais em geral — em quase todo o mundo, impulsionada pelo agravamento de problemas socioambientais decorrentes do capitalismo no seu afã de progresso, pelo aprofundamento das desigualdades humanas, pela crise do socialismo, entre outros elementos. O islamismo é a religião que mais se expande e é provável que, na terceira ou quarta década deste século, supere o cristianismo quanto ao número total de adeptos.

Adaptação de culturas

No Brasil, vale assinalar, desde fins do século XX, reconheceu-se publicamente a importância e a influência das civilizações negro-africanas, aqui representadas principalmente pelas realizações dos povos banto e sudanês (predominantes durante a escravidão africana) e das várias culturas indígenas desta parte do continente americano. Todas as suas obras, materiais ou não, se mesclaram com as características culturais do colonizador português durante o período colonial e, nos séculos XIX e XX, com as obras dos imigrantes procedentes de outros países da Europa e da Ásia, inclusive do Oriente Médio, que também forneceram uma contribuição cultural importante. Alguns desses povos introduziram elementos de outras civilizações, a exemplo da civilização chinesa, e, igualmente, variantes da civilização ocidental (judaísmo, cristianismo ortodoxo, cultura japonesa).

Em outras palavras: embora integre a civilização ocidental, a cultura brasileira insere predominantemente traços das culturas negro-africanas e indígenas na sua constituição e, por conseguinte, na definição de sua identidade nacional. Atualmente, é cada vez maior a presença do Estado brasileiro em alguns países da África. Isso não decorre somente dos interesses econômicos dos dois lados, mas é, também, uma decorrência dos fortes vínculos culturais entre o Brasil e a África. Veja a foto abaixo.

Em síntese, o estudo das civilizações permite compreender melhor o mundo atual e aponta para as culturas e civilizações como um critério importante de regionalização, embora não exclusivo ou melhor que os demais critérios.

Traços das culturas negro-africanas na cultura brasileira: festa de Iemanjá, em Salvador. Foto de 2015.

Muitos elementos criados pelo Ocidente, como a tecnologia avançada, os armamentos nucleares e o conhecimento científico, são importantes realidades ou aspirações para quase todos os povos do mundo contemporâneo. Mas esses elementos geralmente são adaptados pela cultura que os recebe. Não modificam radicalmente essas culturas, mas encaixam-se nelas e, mesmo suscitando transformações, são absorvidos. Além disso, podem até tornar-se uma faca de dois gumes: podem ajudar na destruição do Ocidente e, talvez, de toda a humanidade, por exemplo.

Compreender a civilização e a cultura específica de cada sociedade é importantíssimo para avaliar seus potenciais para o futuro da humanidade e, por conseguinte, mudanças no que se refere aos países que poderão exercer liderança político-econômica no mundo.

Igreja de Santo Antônio, na Ilha de Moçambique, em Moçambique, país de colonização portuguesa. Por causa de sua rica história, retratada em seu patrimônio arquitetônico, a cidade de Ilha de Moçambique foi considerada pela Unesco Patrimônio Mundial da Humanidade. Foto de 2012.

 Texto e ação

1. Se você tivesse de explicar para alguém o que é etnocentrismo, que palavras você usaria?
2. Cite um exemplo de atitude etnocêntrica.
3. O etnocentrismo é um atitude preconceituosa. A frase é falsa ou verdadeira? Explique sua resposta.

Unidade 1 • Regionalização do espaço mundial

Atividades finais

+ Ação

1. A Declaração Universal dos Direitos Humanos, adotada pela Assembleia Geral das Nações Unidas em 10 de dezembro de 1948, defende a liberdade de crença, que inclui a liberdade religiosa de uma pessoa ou de um grupo social, qualquer que seja sua situação política no mundo, ou da população de um país. Sobre isso, o Artigo II desse documento assim se expressa:

   > Toda pessoa tem capacidade para gozar os direitos e as liberdades estabelecidas nesta Declaração, sem distinção de qualquer espécie, seja de raça, cor, sexo, língua, religião, opinião política ou de outra natureza, origem nacional ou social, riqueza, nascimento, ou qualquer outra condição.
   >
   > Não será tampouco feita qualquer distinção fundada na condição política, jurídica ou internacional do país ou território a que pertença uma pessoa, quer se trate de um território independente, sob tutela, sem governo próprio, quer sujeito a qualquer outra limitação de soberania.

   a) O que você sabe da Declaração Universal dos Direitos Humanos?
   b) Das palavras citadas no Artigo II desse documento, qual delas chamou mais a sua atenção? Por quê?
   c) Há relação entre o texto que você leu e o capítulo estudado? Qual?
   d) Em sua opinião, o direito de liberdade religiosa está sendo respeitado no mundo atual? Justifique sua resposta.

2. Leia as perguntas e as respostas abaixo e depois responda às questões.

   De onde vem o termo islã?

   Em árabe, islã significa 'rendição' ou 'submissão' e se refere à obrigação do muçulmano de seguir a vontade de Deus. O termo está ligado a outra palavra árabe, salam, que significa 'paz' – o que reforça o caráter pacífico e tolerante da fé islâmica. O termo surgiu por obra do fundador do islamismo, o profeta Maomé, que dedicou a vida à tentativa de promover a paz em sua Arábia natal.

   Todos os muçulmanos são árabes?

   Esta é uma das mais famosas distorções a respeito do islã. Na verdade, o Oriente Médio reúne somente cerca de 18% da população muçulmana no mundo – sendo que turcos, afegãos e iranianos (persas) não são sequer árabes. Outros 30% de muçulmanos estão no subcontinente indiano (Índia e Paquistão), 20% no norte da África, 17% no sudeste da Ásia e 10% na Rússia e na China. Há minorias muçulmanas em quase todas as partes do mundo, inclusive nos Estados Unidos (cerca de 6 milhões) e no Brasil (entre 1,5 milhão e 2 milhões). A maior comunidade islâmica do mundo vive na Indonésia.

   [...]

   Como alguém se torna muçulmano?

   Não é preciso ter nascido muçulmano ou ser casado com um praticante da religião. Também não é necessário estudar ou se preparar especialmente para a conversão. Uma pessoa se torna muçulmana quando proferir, em árabe e diante de uma testemunha, que "não há divindade além de Deus, e Mohammad é o Mensageiro de Deus". O processo de conversão extremamente simples é apontado como um dos motivos para a rápida expansão do islamismo pelo mundo. A jornada para a prática completa da fé, contudo, é muito mais complexa. Nessa tarefa, outros muçulmanos devem ajudar no ensinamento.

   Os muçulmanos praticam uma religião violenta ou extremista?

   Uma minoria entre os cerca de 1,3 bilhão de praticantes da religião é adepta de interpretações radicais dos ensinamentos de Maomé. Entre eles, a violência contra outros povos e religiões é considerada uma forma de garantir a sobrevivência do islã em seu estado puro. Para a maioria dos seguidores do islamismo, contudo, a religião muçulmana é de paz e tolerância.

   EM PROFUNDIDADE – islamismo. Contexto. Perguntas e respostas. *Veja on-line*. Disponível em: <http://veja.abril.com.br/idade/exclusivo/islamismo/perguntas.html>. Acesso em: 24 set. 2014.

   a) Você conhece algum seguidor do islamismo?
   b) Em sua opinião, o mapa existente no capítulo apresenta algumas informações citadas nas perguntas e respostas acima? Quais?

3. Você já tinha ouvido falar no Prêmio Nobel da Paz? Descubra a história desse prêmio e conheça a história de vida dos laureados de 2014, consultando livros, revistas, jornais e sites da internet. Em seguida, escreva suas conclusões e opinião a respeito.

4. Em algumas religiões, acredita-se em vários deuses. Em outras, acredita-se em um único deus: são as religiões monoteístas. Pesquise alguns ritos das religiões monoteístas — como o batismo no cristianismo, o ramadã no islamismo e o casamento no judaísmo — e traga suas descobertas para a sala de aula.

5. Uma das frases abaixo não está de acordo com o que você aprendeu sobre a civilização oriental. Identifique onde está o erro e reescreva a frase com a informação correta no caderno:

a) O budismo chinês, como também o japonês e o tibetano, é diferente do primitivo budismo indiano, pois foi reelaborado no contato com a cultura chinesa.
b) O idioma chinês abrange seis dialetos principais; o falante de um deles não consegue entender os outros. Mas a escrita os unifica, pois todos compreendem os ideogramas, mesmo que as palavras que eles representam variem bastante.
c) A cultura chinesa engloba três principais correntes de pensamento, que, para o povo chinês, não se excluem, mas se completam: o *confucionismo*, o *taoismo* e o *xamanismo*.
d) A civilização "oriental" valoriza muito a nação e o Estado, a família, a cultura, a relatividade das coisas (desde que na medida certa) e a história vista como ciclos, como fases que vão ora em uma direção, ora em outra.

De olho na imagem

1. Observem a imagem e leiam o texto.

Demonstração de capoeira no Recife (PE), em 2014.

> A capoeira é a única modalidade de luta marcial que se faz acompanhada por instrumentos musicais. No início, esse acompanhamento era feito apenas com palmas e toques de tambores. Posteriormente, foi introduzido o berimbau, instrumento composto de uma haste tensionada por um arame, tendo por caixa de ressonância uma cabaça cortada. O som é obtido percutindo-se uma haste no arame; pode-se variar o som abafando-se o som da cabaça e (ou) encostando uma moeda de cobre no arame; complementa o instrumento o caxixi, uma cestinha de vime com sementes secas no seu interior.

CAPOEIRA. A luta. Bahia! Disponível em: <http://bahia.com.br/viverbahia/cultura/capoeira/>. Acesso em: 23 out. 2014.

Unidade 1 • Regionalização do espaço mundial 67

a) Respondam às questões:
- O que a imagem e o texto revelam sobre a riqueza cultural que o Brasil herdou dos povos africanos?
- Vocês conhecem alguma academia ou clube onde é praticada a capoeira?

b) Sobre os povos africanos, escolham um dos temas abaixo para pesquisar.
- Religião
- Culinária
- Expressão artística
- Música e dança
- Brincadeiras e lendas
- Esportes
- Comunidades quilombolas

No dia combinado com o professor, apresentem suas pesquisas.

2. Do ponto de vista científico, cultura é o conjunto de técnicas, artesanato, costumes, crenças, normas, idiomas, etc. de um agrupamento humano.

No artesanato indiano são muito apreciadas as esculturas de madeira e marfim, tecidos de algodão, miniaturas, reprodução de deuses, etc.

a) Observem as imagens.

Mulheres indianas em uma exposição anual, em Haidarabad, Índia. Foto de 2015.

Xiva dançando dentro de um círculo de fogo.

Camelo indiano de madeira feito à mão.

Estátua de Ganexa feita de metal fundido.

Máscara e adorno de um guerreiro indiano.

b) Comentem cada uma das imagens.
c) Elaborem um pequeno texto sobre o artesanato indiano.
d) Respondam às questões:
- Vocês já viram peças do artesanato indiano no município onde moram?
- Vocês possuem alguma peça artesanal indiana? Qual?

Capítulo 3 • Grandes regiões culturais

3. As imagens abaixo (A e B) possuem um forte conteúdo de crítica à nossa sociedade de consumo. Escrevam um pequeno texto para cada uma das charges. Neles vocês devem comentar as críticas que as charges fazem e estabelecer relações entre elas e o texto do intertítulo *Civilização ocidental* (página 51).

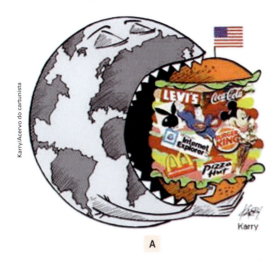

A

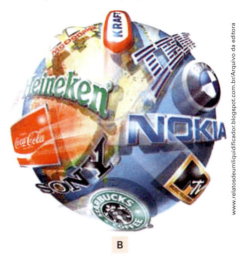

B

Conexões

ATIVIDADES INTERDISCIPLINARES

ARTE, HISTÓRIA E LÍNGUA PORTUGUESA

1. A identidade cultural de cada pessoa vai além do grupo social mais próximo, que pode ser uma tribo, uma etnia, uma minoria étnica, uma nação ou um país, etc.

   a) Leia a letra da canção.

   Apenas um rapaz latino-americano

   Eu sou apenas um rapaz
   Latino-americano
   Sem dinheiro no banco
   Sem parentes importantes
   E vindo do interior...

   Mas trago, de cabeça
   Uma canção do rádio
   Em que um antigo
   Compositor baiano
   Me dizia
   Tudo é divino
   Tudo é maravilhoso...
   Tenho ouvido muitos discos
   Conversado com pessoas
   Caminhado meu caminho
   Papo, som, dentro da noite
   E não tenho um amigo sequer
   Que ainda acredite nisso
   Não, tudo muda!

   E com toda razão...
   Eu sou apenas...

   Mas sei
   Que tudo é proibido
   Aliás, eu queria dizer
   Que tudo é permitido
   Até beijar você
   No escuro do cinema
   Quando ninguém nos vê...
   Não me peça que eu lhe faça
   Uma canção como se deve
   Correta, branca, suave
   Muito limpa, muito leve
   Sons, palavras, são navalhas
   E eu não posso cantar como convém
   Sem querer ferir ninguém...

   Mas não se preocupe, meu amigo
   Com os horrores que eu lhe digo
   Isso é somente uma canção
   A vida realmente é diferente
   Quer dizer!
   A vida é muito pior...

   E eu sou apenas um rapaz
   Latino-americano

Unidade 1 • Regionalização do espaço mundial 69

Sem dinheiro no banco
Por favor
Não saque a arma no saloon
Eu sou apenas o cantor...
[...]
Eu sou apenas...

Mas sei que nada é divino
Nada, nada é maravilhoso
Nada, nada é sagrado
Nada, nada é misterioso, não...
Na na na na na na na na...

BELCHIOR. Apenas um rapaz latino-americano. Disponível em: <http://letras.terra.com.br/belchior/44449/>. Acesso em: 25 set. 2014.

b) Identifique no capítulo e reproduza no caderno o trecho que se relaciona diretamente com a letra da canção.
c) Em sua opinião, o que a letra da canção tem a ver com o tema do capítulo?

ARTE, HISTÓRIA E LÍNGUA PORTUGUESA

2. A Festa de Iemanjá expressa a forte influência das religiões afro-brasileiras. Adeptos da umbanda e do candomblé costumam oferecer flores e presentes à rainha do mar. Na fé católica, Iemanjá corresponde a Nossa Senhora da Conceição.
a) Leia a letra da canção.

Iemanjá, Rainha do Mar

Quanto nome tem a Rainha do Mar?
Quanto nome tem a Rainha do Mar?

Dandalunda, Janaína,
Marabô, Princesa de Aiocá,
Inaê, Sereia, Mucunã,
Maria, Dona Iemanjá.

Onde ela vive?
Onde ela mora?

Nas águas,
Na loca de pedra,
Num palácio encantado,
No fundo do mar.

O que ela gosta?
O que ela adora?

Perfume,
Flor, espelho e pente
Toda sorte de presente
Pra ela se enfeitar.

Como se saúda a Rainha do Mar?
Como se saúda a Rainha do Mar?

Alodê, Odofiaba,
Minha-mãe, Mãe-d'água,
Odoyá!

Qual é seu dia,
Nossa Senhora?

É dia dois de fevereiro
Quando na beira da praia
Eu vou me abençoar.

O que ela canta?
Por que ela chora?

Só canta cantiga bonita
Chora quando fica aflita
Se você chorar.

Quem é que já viu a Rainha do Mar?
Quem é que já viu a Rainha do Mar?

Pescador e marinheiro
que escuta a sereia cantar
é com o povo que é praieiro
que dona Iemanjá quer se casar.

AMORIM, Pedro; PINHEIRO, Paulo César. Iemanjá Rainha do Mar. Disponível em: <http://letras.terra.com.br/maria-bethania/836829/>. Acesso em: 25 set. 2014.

b) Responda às questões:
• Em que dia é comemorada a Festa de Iemanjá, na Bahia?
• Segundo a letra da canção, onde mora e que presentes gosta de receber a rainha do mar?
• Em sua opinião, as festas populares são importantes para a vida em comunidade? Explique sua resposta.
c) Pesquise imagens sobre a Festa de Iemanjá na Bahia e cole no caderno.

Capítulo 4

Regiões geoeconômicas: o Norte e o Sul

Neste capítulo, vamos estudar a regionalização do mundo com base em outro critério: o desenvolvimento econômico e social dos países. Vamos entender o que são economia e produção econômica e examinar alguns indicadores importantes para avaliar o desenvolvimento econômico e também humano de cada sociedade nacional.

A divisão ou regionalização do mundo em Norte e Sul geoeconômicos passou a ser bastante utilizada no final do século XX. Considera-se que o Norte é constituído por países desenvolvidos há bastante tempo — pelo menos desde o final do século XIX — e o Sul, por países subdesenvolvidos ou — em poucos casos — desenvolvidos recentemente.

Vamos estudar quais são os critérios que permitem avaliar o desempenho da economia de um país, se há relação entre a situação econômica e o bem-estar da população e quais critérios utilizamos para avaliar o bem-estar ou o desenvolvimento humano. Veremos ainda que esta forma de regionalização nos permite compreender melhor as desigualdades internacionais.

QUINO. *Toda Mafalda*. São Paulo: Martins Fontes, 2012. p. 385.

 Para começar, observe a tirinha e responda às seguintes questões:

1. O que você entende por desenvolvimento e subdesenvolvimento?
2. Em sua opinião, que critérios podem ser utilizados para classificar os países em desenvolvidos e subdesenvolvidos?
3. É possível afirmar que em um mesmo país há regiões mais desenvolvidas e outras menos desenvolvidas?
4. E o Brasil, de que forma você o classificaria? Por quê?

1 Países ricos e países pobres

Observe o mapa abaixo, que divide o mundo em Norte e Sul geoeconômicos. A regionalização geoeconômica é relativamente recente. Surgiu nos anos 1980, mas foi após a Segunda Guerra Mundial (1939-1945) que se descobriu ou se constatou a existência no mundo de dois grupos bastante diferentes:

- os países desenvolvidos (países ricos);
- os países subdesenvolvidos (países pobres).

Essa enorme diferença entre uma minoria de países muito ricos (como a Suécia, a Noruega ou o Canadá) e uma maioria de países extremamente pobres (como Gana, Costa do Marfim, Haiti ou Bangladesh) já ocorria anteriormente. Podemos dizer que ela existe desde pelo menos a Revolução Industrial, iniciada em meados do século XVIII, no Reino Unido, e disseminada no século XIX, atingindo os atuais países desenvolvidos: Estados Unidos, Japão, Alemanha, França, etc.

Essa revolução provocou o desenvolvimento de uma pequena parte do mundo com a chamada modernidade: industrialização, urbanização, diminuição das taxas de mortalidade geral e infantil, intenso uso de energia, aumento na **produtividade** do trabalho, etc. Mas, até o final da Segunda Guerra Mundial, não se falava em dois mundos, o desenvolvido e o subdesenvolvido, porque em sua grande parte os atuais países pobres — especialmente na África e na Ásia — eram colônias das potências europeias. Como as metrópoles diziam estar "civilizando" ou "modernizando" as suas colônias, logicamente não admitiam o uso do termo *subdesenvolvimento*, principalmente porque as colônias não eram países independentes, e sim áreas sob a sua responsabilidade.

Produtividade: é o mesmo que eficiência produtiva, ou seja, a relação entre a produção e fatores como máquinas, terra ou trabalhadores. Quanto maior for a produção em relação a um fator — por exemplo, a quantidade de trabalhadores —, maior será a produtividade e vice-versa. O uso de máquinas e de tecnologia modernas aumenta a produtividade do trabalho, o que significa que com o mesmo número de trabalhadores se produz muito mais.

Divisão do mundo em Norte e Sul geoeconômicos

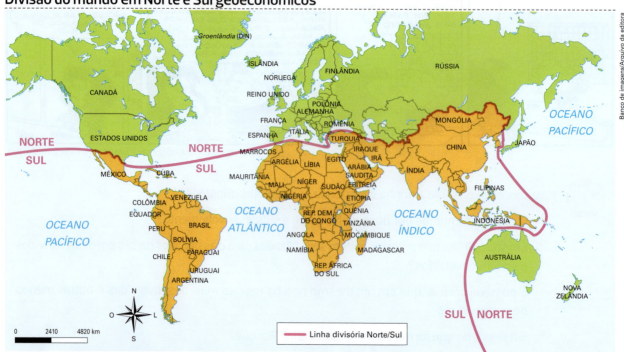

Adaptado de: ATLANTE Geografico Metodico De Agostini 2006-2007. Novara: Istituto Geografico De Agostini, 2006.

Popularização do termo *subdesenvolvimento*

O termo *subdesenvolvimento* se popularizou somente após a Segunda Guerra Mundial por causa da descolonização e do enfraquecimento das potências europeias. Arrasadas pela guerra, essas potências deixaram de ser o centro econômico e militar do globo, posição assumida pelos Estados Unidos.

Os Estados Unidos não tinham interesse em omitir ou camuflar as grandes desigualdades internacionais porque não foram metrópole das ex-colônias que iam se tornando países independentes e pobres. Dessa forma, com a criação da Organização das Nações Unidas (ONU) e de seus organismos que pesquisam e estudam o desenvolvimento econômico e social dos países-membros, logo se difundiu a ideia da existência de dois "mundos": os países desenvolvidos e os subdesenvolvidos.

Descolonização: nome que se dá ao processo de independência política das colônias europeias da África e da Ásia (Índia, Argélia, Congo, Tailândia, Líbia, etc.), que ocorreu após a Segunda Guerra Mundial, principalmente na década de 1950.

A ONU e seus organismos — como a Organização das Nações Unidas para a Educação, Ciência e Cultura (Unesco) ou o Banco Mundial (foto ao lado) — logo começaram a produzir e divulgar estatísticas sobre os diversos países do mundo mostrando as enormes diferenças de renda *per capita*, de distribuição social da renda, de taxas de mortalidade geral e infantil, de índices de alfabetização, de subnutrição, de expectativa de vida, etc. Esses dados, que passaram então a ser atualizados praticamente todos os anos, mostraram que existe uma grande diferença entre o conjunto dos países ricos e o dos países pobres ou subdesenvolvidos.

Sede do Banco Mundial, em Washington, Estados Unidos, 2013.

Países do Norte e países do Sul

No final do século XX, o conjunto dos países desenvolvidos passou a ser chamado de *Norte* e o conjunto das nações subdesenvolvidas, de *Sul*. São denominações mais neutras que países *desenvolvidos* e *subdesenvolvidos*. Na verdade, essa ideia de países do Norte e do Sul é um agrupamento que simplifica a realidade.

Reveja o mapa "Divisão do mundo em Norte e Sul geoeconômicos" (p. 72). Perceba que não é o equador que divide a superfície terrestre em Norte e Sul, mas uma linha imaginária que separa a Europa da África, os Estados Unidos do México (e de toda a América Latina) e, no oriente, faz uma curva para o sul para incluir a Austrália e a Nova Zelândia no Norte geoeconômico. O grupo de países considerados ricos ou desenvolvidos há bastante tempo, chamado de Norte, inclui pouco mais de trinta Estados nacionais; o conjunto de países considerados não desenvolvidos — ou desenvolvidos há pouco tempo — possui mais de 150 Estados-Nações. São países desenvolvidos há pouco tempo: Coreia do Sul, Cingapura, Taiwan, Hong Kong e, mais recentemente, a China, embora esta continue a ter extensas regiões com populações vivendo em extrema pobreza.

Desigualdades entre os países de cada grupo

Os países de cada conjunto não são iguais. Existem vários estágios de riqueza e de pobreza. Entre os países do Norte, alguns são bem ricos ou desenvolvidos, como a Dinamarca, a Noruega, os Estados Unidos, o Japão ou a Alemanha, e outros são bem menos desenvolvidos, como Portugal, Grécia, Ucrânia, Rússia, Romênia e outros. O mesmo ocorre no Sul geoeconômico, onde existem enormes diferenças entre os países. Alguns deles são extremamente pobres, como Haiti, Uganda, Angola, Moçambique, Costa do Marfim, Bangladesh, Mongólia, Sudão, etc. Outros são bem mais industrializados e sua população tem um padrão de vida melhor, como México, Brasil e África do Sul.

Há também países do Sul geoeconômico que são praticamente desenvolvidos, embora isso tenha ocorrido mais recentemente (a partir dos anos 1970); é o caso dos chamados Tigres Asiáticos: Coreia do Sul, Taiwan, Cingapura e Hong Kong, que, desde 1997, é a primeira Região Administrativa Especial da República Popular da China. Por sua vez, a China já tem a segunda maior economia do mundo — e é a primeira em produção industrial —, mas ainda possui um padrão médio de vida considerado baixo, além de regiões bastante pobres ou carentes.

Contrastes entre um país rico e um país pobre: à esquerda, pessoas vivendo em tendas, em Porto Príncipe, Haiti, em 2013, três anos após a ocorrência do terremoto que devastou o país; à direita, consumidores em uma loja de Nova York experimentando um novo modelo de celular no dia de seu lançamento, 19 de setembro de 2014.

Texto e ação

1. Observe o mapa da página 72 e responda às questões.
    a) De acordo com a legenda do mapa, a qual grupo de países o Brasil pertence?
    b) Com o auxílio de um mapa-múndi político, diferencie a divisão do mundo em Norte geoeconômico e Sul geoeconômico da divisão do globo em dois hemisférios delimitados pela linha do equador.

2. Explique por que, até o final da Segunda Guerra Mundial, não se falava em dois mundos, o desenvolvido e o subdesenvolvido.

3. Observe as fotos acima e leia a legenda. Em seguida, responda: O que você consegue perceber sobre as condições de vida nos países ricos e nos países pobres?

Capítulo 4 • Regiões geoeconômicas: o Norte e o Sul

❷ Como medir as desigualdades

Quais são os principais índices ou indicadores usados para medir as desigualdades internacionais? A seguir, vamos analisar alguns indicadores utilizados pelos estudiosos e pelas organizações internacionais com bastante frequência.

Produto Interno Bruto e renda *per capita*

A quantidade total de bens e serviços produzidos num país durante um período de tempo (um mês, um trimestre e principalmente um ano) constitui o **Produto Interno Bruto** (**PIB**). É a produção econômica de um país, a sua produção de riquezas.

O PIB refere-se apenas à produção interna, isto é, realizada dentro do território nacional; não leva em conta os recursos que saem (por exemplo, pagamento pelas importações) e os que entram (tais como o recebimento pelas exportações). Se levarmos em consideração os bens e serviços produzidos no país mais os recursos que entram e menos os que saem, teremos então o **Produto Nacional Bruto** (**PNB**). Na prática, contudo, a diferença em valor entre o PIB e o PNB de um país é pequena. Em síntese, o PIB leva em conta a produção interna total, e somente ela, e o PNB tira dessa produção o que saiu (dinheiro remetido ao exterior, pagamento de dívida, pagamento das importações, etc.) e acrescenta o que entrou (recursos enviados do exterior, recebimento pelas exportações, etc.).

Portanto, o PNB é igual à produção interna mais os recursos vindos do exterior menos os que saem do país. O valor anual do PNB corresponde à **renda nacional** de um país, que resulta da soma de todos os rendimentos percebidos pelas empresas e pelas pessoas durante um ano: salários, lucros, **juros**, **honorários**, aluguéis, etc.

Outro indicador econômico de um país é a sua **renda *per capita*** ("por pessoa"), que nada mais é que a renda média da população. Ela é calculada dividindo-se a renda nacional (ou o PNB) pelo número de habitantes. Geralmente os países desenvolvidos têm uma renda *per capita* maior que a dos países subdesenvolvidos, embora possam existir algumas exceções. A tabela a seguir mostra esses números em alguns países do Norte e do Sul em 2013.

Juros: lucros ou rendimentos que se obtêm sobre dinheiro emprestado.

Honorários: vencimento ou remuneração daqueles que exercem profissões liberais (advogados, médicos, dentistas, etc.).

PIB e renda *per capita* em alguns países (2013)

País	PIB (em bilhões de dólares)	Renda *per capita* (em dólares)
Estados Unidos	16 967,7	53 670
China	8 905,30	6 560
Japão	5 875,0	46 140
Alemanha	3 716,8	6 100
Noruega	521,7	102 610
Luxemburgo	55,1	108 747
Brasil	**2 342,60**	**11 690**
Argentina	368,8	9 067
Bangladesh	140,4	900
Nigéria	478,5	2 760
República Democrática do Congo	26,9	400

Adaptado de: THE WORLD BANK, 2014. Disponível em: <http://data.worldbank.org/indicator>. Acesso em 17 out. 2014.

Renda *per capita* no mundo (2013)

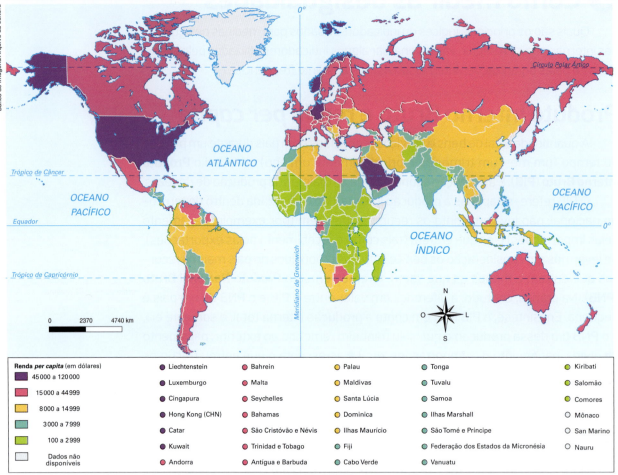

Adaptado de: WORLD Bank. Disponível em: <data.worldbank.org/indicator/NY.GNP.PCAP.CD>. Acesso em: 23 mar. 2015.

Como observamos na tabela, os Estados Unidos possuem uma economia gigantesca, a maior do mundo, com um PIB de quase 17 trilhões de dólares, ao passo que a República Democrática do Congo tem um PIB de apenas 26,9 bilhões de dólares. Todavia, mais importante que o valor do PIB ou do PNB — isto é, da produção econômica anual — é o valor da renda *per capita*, ou seja, do rendimento médio dos habitantes do país.

Distribuição social da renda

Para medir o desenvolvimento socioeconômico de um país, não basta saber qual é a sua renda *per capita*; é necessário saber também como a renda nacional está distribuída entre seus habitantes. Uma renda nacional mal distribuída resulta em riqueza para uma minoria e pobreza para a maioria da população.

Essa é mais uma diferença entre os países desenvolvidos e os subdesenvolvidos: enquanto nos desenvolvidos em geral a distribuição social da renda nacional é bem mais equilibrada, sem grandes desigualdades, nos países pobres geralmente existe uma maior concentração na distribuição da renda pelo conjunto da população. Isso significa que, nos países do Sul em geral, os ricos são proporcionalmente mais ricos e os pobres bem mais pobres.

Como mostra a tabela, entre os países desenvolvidos em geral há menos desigualdades sociais que entre os subdesenvolvidos, isto é, o índice de Gini geralmente é menor: os 10% mais ricos têm proporcionalmente menos renda e os 60% mais pobres dispõem de uma parcela maior da renda nacional. Os países da América Latina em geral — e o Brasil, infelizmente, se destaca neste quesito — possuem as maiores desigualdades na distribuição social da renda em todo o mundo.

Distribuição social da renda em alguns países (2010)

País	Renda nacional nas mãos dos 10% mais ricos (em %)	Renda nacional nas mãos dos 60% mais pobres (em %)	Renda nacional nas mãos dos 30% intermediários (em %)	Índice de Gini*
Japão	21,7	42,4	35,9	24,9
Noruega	23,0	40,8	36,2	25,8
China	33,1	27,9	39,0	44,7
México	41,0	24,0	35,0	52,0
Brasil	**42,5**	**22,4**	**35,1**	**53,0**
Moçambique	36,7	30,1	33,2	46,0
Índia	27,4	35,7	36,9	32,5

THE WORLD Bank, *Database*. Disponível em: <http://data.worldbank.org/indicator>. Acesso em: 23 dez. 2011.

* *O índice ou coeficiente de Gini* é uma medida de desigualdade social utilizada pelas organizações internacionais. Consiste em um número entre 0 e 1, em que 0 corresponde à completa igualdade (todos têm a mesma renda) e 1 corresponde à completa desigualdade (uma pessoa tem toda a renda e as demais não têm nada). Para facilitar a compreensão, nesta tabela substituímos o 1 por 100, ou seja, em vez de 0 a 1, o índice ficou de 0 a 100. Logo, quanto mais próximo de 0 for esse coeficiente, maior será a igualdade econômica entre as pessoas; inversamente, quanto mais distante de 0 (ou mais próximo de 100), maior a desigualdade social.

Outros indicadores

Existem outros indicadores para avaliar o desenvolvimento social e humano de um país: expectativa de vida, índice de alfabetização, taxa de mortalidade infantil, anos de estudo de um adulto, leitura de livros pelas pessoas, participação das mulheres no trabalho e na renda, número de médicos e de leitos hospitalares por grupos de cem mil habitantes, índice de corrupção, etc. Vamos deixar isso tudo para outros capítulos deste livro, pois o assunto é vasto e deve ser estudado passo a passo.

O importante neste capítulo é a compreensão do que são o Norte e o Sul geoeconômicos, uma classificação ou regionalização do mundo que, em grande parte (embora não totalmente), passou a substituir, principalmente nos meios diplomáticos e nas organizações internacionais, as expressões *países desenvolvidos* e *países subdesenvolvidos*.

Texto e ação

1. Responda às questões:
   a) O que é o PIB de um país?
   b) Para medir as desigualdades de desenvolvimento entre os países, são utilizados indicadores como o valor do PIB ou do PNB, a renda *per capita*, a distribuição da renda nacional e outros. Em sua opinião, esses índices são discutíveis? Justifique.
   c) O que se pode concluir ao comparar os indicadores socioeconômicos do Brasil com os dos demais países das tabelas deste capítulo?

2. Explique o que é renda *per capita* e, com base na tabela "PIB e renda *per capita* em alguns países (2013)", da página 75, cite a renda média anual no Brasil.

3. Observe o mapa "Renda *per capita* no mundo", da página 76, e responda:
   a) Que cor representa as maiores rendas *per capita* no mundo? O que isso significa?
   b) Com o auxílio de um mapa-múndi político, cite o nome dos países da América do Sul que estão representados no mapa com a mesma cor do Brasil.
   c) Em que moeda a renda *per capita* costuma ser calculada nas estatísticas internacionais?

Atividades finais

+ Ação

1. Leia o texto.

   [...] Os ricos brasileiros são pobres de tanto medo. Por mais riquezas que acumulem no presente, são pobres na falta de segurança para usufruir o patrimônio no futuro. E vivem no susto permanente diante das incertezas em que os filhos crescerão. Os ricos brasileiros continuam pobres de tanto gastar dinheiro apenas para corrigir os desacertos criados pela desigualdade que suas riquezas provocam: em insegurança e ineficiência.

   [...] Na verdade, a maior pobreza dos ricos brasileiros está na incapacidade de verem a riqueza que há nos pobres. Foi esta pobreza de visão que impediu os ricos brasileiros de perceberem, cem anos atrás, a riqueza que havia nos braços dos escravos libertos se lhes fosse dado direito de trabalhar a imensa quantidade de terra ociosa de que o país dispunha. Se tivesse percebido essa riqueza e libertado a terra junto com os escravos, os ricos brasileiros teriam abolido a pobreza que os acompanha ao longo de mais de um século. Se os latifúndios tivessem sido colocados à disposição dos braços dos ex-escravos, a riqueza criada teria chegado aos ricos de hoje, que viveriam em cidades sem o peso da imigração descontrolada e com uma população sem miséria.

   A pobreza de visão dos ricos impediu também de verem a riqueza que há na cabeça de um povo educado. Ao longo de toda a nossa história, os nossos ricos abandonaram a educação do povo, desviaram os recursos para criar a riqueza que seria só deles, e ficaram pobres: contratam trabalhadores com baixa produtividade, investem em modernos equipamentos e não encontram quem os saiba manejar, vivem rodeados de compatriotas que não sabem ler o mundo ao redor, não sabem mudar o mundo, não sabem construir um novo país que beneficie a todos. Muito mais ricos seriam os ricos se vivessem em uma sociedade onde todos fossem educados.

   [...] Há um grave quadro de pobreza entre os ricos brasileiros. E esta pobreza é tão grave que a maior parte deles não percebe. Por isso a pobreza de espírito tem sido o maior inspirador das decisões governamentais das pobres ricas elites brasileiras.

   Se percebessem a riqueza potencial que há nos braços e nos cérebros dos pobres, os ricos brasileiros poderiam reorientar o modelo de desenvolvimento em direção aos interesses de nossas massas populares. Liberariam a terra para os trabalhadores rurais, realizariam um programa de construção de casas e implantação de redes de água e esgoto, contratariam centenas de milhares de professores e colocariam o povo para produzir para o próprio povo. Esta seria uma decisão que enriqueceria o Brasil inteiro — os pobres que sairiam da pobreza e os ricos que sairiam da vergonha, da insegurança e da insensatez.

   Mas isso é esperar demais. Os ricos são tão pobres que não percebem a triste pobreza em que usufruem suas malditas riquezas.

   BUARQUE, Cristóvam. A pobreza da riqueza. Disponível em: <www.portalbrasil.net/reportagem_cristovambuarque.htm>. Acesso em: 25 set. 2014.

   Agora responda às questões:
   a) Qual é a ideia central do texto?
   b) Você concorda com a visão do autor? Qual é seu ponto de vista sobre o assunto?
   c) Em um trecho do texto, o autor diz: "Os ricos brasileiros continuam pobres de tanto gastar dinheiro apenas para corrigir os desacertos criados pela desigualdade que suas riquezas provocam: em insegurança e ineficiência". Você percebe isso no lugar onde mora? Explique.
   d) Em sua opinião, há relação entre o conteúdo do texto e os dados do Brasil na tabela "Distribuição social da renda em alguns países (2010)"? Qual?
   e) Você concorda com as observações do autor a respeito da educação? Explique.

2. Identifica-se o chamado ciclo da miséria nos países do Sul geoeconômico com baixa escolaridade, baixa renda, fome, desnutrição, desemprego, subemprego de grande parte de sua população, entre outros aspectos.
   a) Você concorda com essa afirmação? Por quê?
   b) Em sua opinião, que medidas podem ser tomadas pelo governo para que a miséria seja reduzida no Brasil? Explique.

3. Leia o texto a seguir e faça o que se pede.

[...]

Finalmente, há os "elementos" do jargão policial, cidadãos de terceira classe. São a grande população marginal das grandes cidades, trabalhadores urbanos e rurais sem carteira assinada, posseiros, empregadas domésticas, biscateiros, camelôs, menores abandonados, mendigos. São quase invariavelmente pardos ou negros, analfabetos, ou com educação fundamental incompleta. [...]

CARVALHO, José Murilo de.
Cidadania no Brasil: o longo caminho.
Rio de Janeiro: Civilização Brasileira, 2001. p. 216.

- É possível estabelecer relações entre o que o autor desse texto afirma sobre a cidadania no Brasil e o conteúdo que você aprendeu neste capítulo? Explique.

4. Apesar das diferenças entre um país subdesenvolvido e outro, há entre eles semelhanças fundamentais. Um bom exemplo disso é a grande concentração de renda, um dos elementos responsáveis pela situação de pobreza em que vive grande parte da população desses países.

a) Pesquise em jornais, revistas ou na internet imagens que comprovem essa afirmação.
b) Identifique todas as imagens com uma legenda explicativa. Depois, cole as imagens em uma folha de cartolina.
c) Na data combinada com o professor, apresente seu trabalho aos colegas da classe.

De olho na imagem

1. Observem as imagens e façam o que se pede.

Disponível em: <http://economiaclara.wordpress.com/2010/02/page/2/>.
Acesso em: 25 maio 2015.

Disponível em: <http://portaldoprofessor.mec.gov.br/fichaTecnicaAula.html?aula=28723>.
Acesso em: 25 maio 2015

Disponível em: <http://ziraldo.blogtv.uol.com.br/2010/11/15/a-charge-no-tempo-paises-ricos-pobres>.
Acesso em: 15 nov. 2010

a) Baseando-se no que foi trabalhado neste capítulo, comentem cada uma das imagens acima.
b) Respondam: se vocês fossem chargistas, que tipo de desenho utilizariam para criticar as diferenças entre ricos e pobres? Façam suas representações em uma folha de papel sem linhas e as apresentem aos demais colegas da classe.

2. Observem as imagens e leiam os textos. Depois, registrem no caderno o que mais chamou a atenção de vocês.

O Brasil participa dos processos de tomada de decisão e do trabalho das Nações Unidas principalmente por meio de quatro representações permanentes — nas cidades de Nova York (Estados Unidos), Genebra (Suíça), Roma (Itália) e Paris (França). [...]

Em Nova York

Na sede da ONU, em Nova York, o Brasil mantém a Missão Permanente junto às Nações Unidas, que é chefiada pelo embaixador Antonio de Aguiar Patriota. O quadro de serviço exterior — diplomatas, oficiais de chancelaria e assistentes de chancelaria brasileiros — é composto de cerca de trinta pessoas, sem contar os funcionários de outras nacionalidades.

A missão é responsável pela participação do Brasil em todos os eventos da ONU que interessem ao país, nas reuniões da Assembleia Geral e, periodicamente, do Conselho de Segurança, onde o Brasil ocupa um assento não permanente.

Sede da ONU em Nova York, Estados Unidos, em 2014.

Em Genebra

No segundo maior escritório da ONU, em Genebra, a Delegação Permanente do Brasil é composta, também, de cerca de trinta pessoas. A equipe participa das ações da sede suíça, responsável, fundamentalmente, por trabalhos relativos à África, ao Oriente Médio e à Ásia.

Escritório da ONU em Genebra, Suíça, em 2014.

Em Roma

Na representação brasileira junto à Organização das Nações Unidas para Agricultura e Alimentação (FAO), sediada em Roma, o quadro de serviço trabalha integrado à agência para aumentar o nível de nutrição das pessoas, ampliar a produtividade agrícola dos países e melhorar a qualidade de vida das populações rurais.

Sede da FAO em Roma, Itália, em 2015.

Sede da Unesco em Paris, França, em 2014.

Em Paris

Na Organização das Nações Unidas para a Educação, a Ciência e a Cultura (Unesco), em Paris, a Delegação Permanente do Brasil trabalha, assim como toda a equipe da agência, para promover a educação, a paz e os direitos humanos.

NAÇÕES UNIDAS NO BRASIL. Brasil na ONU. Disponível em: <www.onu.org.br/conheca-a-onu/brasil-na-onu>. Acesso em: 29 set. 2014.

Conexões

ATIVIDADE INTERDISCIPLINAR

ARTE, HISTÓRIA E LÍNGUA PORTUGUESA

- Leia a notícia divulgada em 20 de abril de 2009 e faça o que se pede.

A Unesco lançou oficialmente, nesta terça-feira, o site da Biblioteca Digital Mundial, em que é possível navegar pelo excepcional acervo de livros, manuscritos e documentos visuais e sonoros procedentes de bibliotecas e arquivos do mundo todo. Reproduções das mais antigas grafias e fotografias estão entre os vários documentos raros apresentados em sete idiomas (árabe, chinês, espanhol, francês, inglês, português e russo). O lançamento aconteceu na sede parisiense da Unesco, na presença de seu diretor-geral Koichiro Matsuura e de James H. Billington, diretor da Biblioteca do Congresso Nacional dos Estados Unidos, idealizador do projeto.

BIBLIOTECA DIGITAL MUNDIAL. Disponível em: <http://veja.abril.com.br/noticia/variedade/biblioteca-digital-mundial-450681.shtml>. Acesso em: 25 set. 2014.

a) Responda às questões:
- Em qual momento do capítulo a Unesco foi citada? Por quê?
- A notícia acima se relaciona com a ideia de que o acesso da humanidade à cultura e à educação é necessário para a realização do princípio da dignidade humana? Explique.

b) Se possível, acesse o site <www.wdl.org> para conhecer o acervo da Biblioteca Digital Mundial.

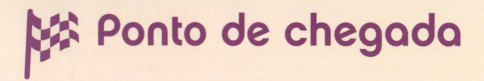

Ponto de chegada

O que você estudou

Nesta Unidade, você utilizou várias habilidades, entre as quais:

- aplicar critérios naturais e sociais na regionalização do mundo atual;
- comparar a divisão do mundo por critérios naturais e sociais;
- reconhecer a inter-relação dinâmica entre natureza e sociedade na regionalização do mundo;
- identificar e localizar as paisagens naturais de maior ocupação humana;
- expressar a interligação entre os elementos da natureza na definição de paisagens naturais;
- problematizar as relações entre paisagem natural e desenvolvimento econômico-social;
- identificar, localizar e caracterizar as cinco grandes civilizações da atualidade;
- identificar consequências do intercâmbio entre as culturas no seu dia a dia e no de sua família;
- detectar e avaliar as diferenças culturais;
- associar a definição de identidade brasileira às diferenças culturais;
- diferenciar a divisão do mundo em dois hemisférios da regionalização geoeconômica;
- identificar, localizar, caracterizar e comparar os países do Norte e os países do Sul;
- identificar e aplicar os principais indicadores do desenvolvimento econômico-social dos países nas desigualdades internacionais.

Mix cultural

 Biblioteca

***África eterna*, de Rui de Oliveira, FTD.** O continente africano é o tema do livro, que busca apresentar a região em seus aspectos territoriais, humanos, econômicos e culturais. Mostrando sua relação dinâmica com o resto do mundo e com o Brasil, contrapõe-se à visão simplista sobre o continente.

***Como conviver com as cheias dos rios?*, de Ricardo Dreguer e Eliete Toledo, Moderna.** Por meio de uma abordagem interdisciplinar, os autores estudam a questão da convivência humana com as cheias dos rios, ciclo hidrológico, ações humanas, impactos ambientais e o estudo de caso da civilização egípcia e do rio Nilo.

***Contos budistas*, de Sherab Chodzin, Martins Fontes.** Coletânea de contos budistas ilustrados, que oferecem ao leitor o contato com o pensamento e a filosofia budistas por meio de histórias que exploram e promovem a reflexão sobre conceitos importantes para a religião oriental, como a generosidade.

***Geoatlas*, de Maria Elena Simielli, Ática.** Contém mapas, incluindo temáticos e do Brasil, fotos, imagens de satélites, climogramas, perfis topográficos, glossário geográfico ilustrado e curiosidades geográficas.

***Mudanças no clima*, de Steve Parker, Ciranda Cultural.** O clima do mundo sempre esteve em constantes transformações. Mas é preciso saber o quanto a ação humana pode interferir na aceleração de processos como o aquecimento global. O livro traz uma rica iconografia, informações sobre as mudanças climáticas, exemplos de ações que podem ser tomadas para conter o aumento de temperatura do planeta.

***O livro do contador de histórias chinês*, de Michael David Kwan, Martins Fontes.** Nove contos que oferecem ao leitor o contato com o universo do folclore tradicional chinês, imaginário repleto de seres sobrenaturais, deuses e criaturas fantásticas.

***Poluição das águas*, de Luiz Roberto Magossi e Paulo Henrique Bonacella, Moderna.** Os autores analisam a dinâmica da água na Terra e as formas pelas quais a humanidade fez uso desse importante recurso natural. Com foco na poluição das águas, são propostas algumas medidas para combater o problema.

Geografia nos *sites*

- **<www.dudh.org.br/>** — *Site* da Declaração Universal dos Direitos Humanos. Acesso aos principais documentos sobre direitos humanos, informações sobre como denunciar violações e ações de proteção.
- **<www.fao.org>** — Nesse *site* você encontrará informações sobre a Organização das Nações Unidas para a Agricultura e a Alimentação (FAO).
- **<www.ibama.gov.br>** — Com informações sobre monitoramento da qualidade ambiental e do uso dos recursos naturais, avaliação de impactos ambientais, prevenção e controle de desmatamentos, queimadas e incêndios florestais e educação ambiental.
- **<www.sdh.gov.br/>** — *Site* da Secretaria de Direitos Humanos da Presidência do Brasil.
- **<www.sosma.org.br/>** — *Site* da Fundação SOS Mata Atlântica. Informações sobre preservação e defesa dos remanescentes da mata Atlântica, biodiversidade, florestas, água, clima, legislação ambiental e políticas públicas.
- **<www.unesco.org.br>** — *S*ite da Unesco, instituição da Organização das Nações Unidas para a educação, a ciência e a cultura.
- **<www.worldmapper.org/>** — Coleção de mapas mundiais temáticos, em que o tamanho dos territórios é redimensionado de acordo com a concentração de um dado.

Geografia nas telas

***A marcha do imperador*. Direção: Luc Jacquet. Estados Unidos, 2005.** Narra a jornada de milhares de pinguins que viajam milhares de quilômetros pela Antártida, todos os anos, enfrentando animais ferozes e o clima hostil da região para se reproduzir.

***Amyr Klink:* mar sem fim. Direção: Breno Silveira. Brasil, 2005.** Documentário sobre o grande navegador brasileiro e sua viagem pelos mares da Antártida. O filme também traz depoimentos de Amyr e imagens das etapas de preparação e de volta para casa.

***Yasuní, o bem viver*, de Arturo Hortas. Equador e Espanha, 2012.** O documentário apresenta a questão existente no Equador sobre as reservas de petróleo, que ocupam áreas de cobertura vegetal com grande biodiversidade, habitadas por povos indígenas cujos modos de vida buscam preservar a floresta.

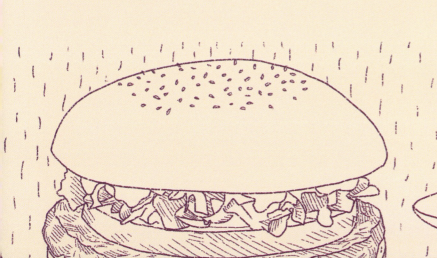

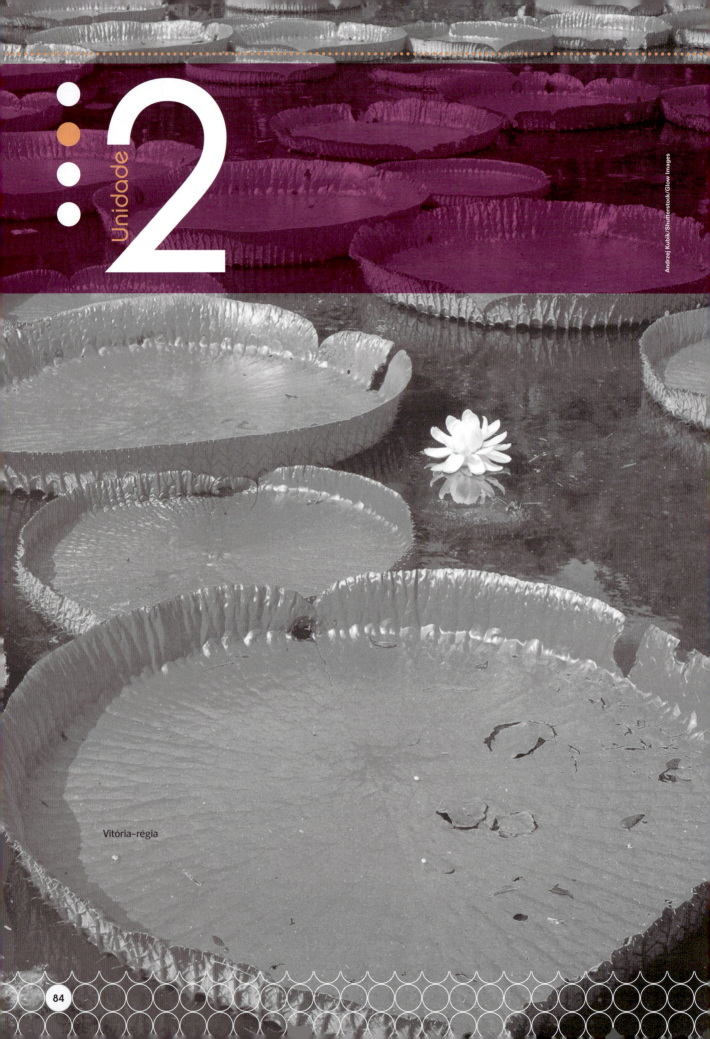

Unidade 2

Vitória-régia

América Latina

Nesta Unidade, vamos estudar uma das regiões do Sul geoeconômico — a América Latina — e o papel do Mercosul nessa região. Com isso, você desenvolverá, entre outras, as seguintes competências:

- *compreender as relações políticas, econômicas e culturais que explicam as desigualdades sociorregionais da América Latina;*
- *interpretar os indicadores de dependência e subdesenvolvimento latino-americano;*
- *entender que o autoritarismo político e o populismo dificultam o aparecimento e a consolidação do regime democrático na América Latina;*
- *detectar e avaliar as diferenças sociais entre os países latino-americanos;*
- *reconhecer os esforços em prol da integração latino-americana;*
- *avaliar o papel do Mercosul na proposição de alternativas para a América Latina atualmente.*

 Ponto de partida

Observe a foto desta abertura e converse com o professor e os colegas sobre as seguintes questões:
1. Qual é a diferença entre o Norte e o Sul geoeconômicos?
2. Por que a América Latina é considerada uma região do Sul?
3. Cite o nome de seis países latino-americanos. Você conhece algum deles? Qual?
4. Como você definiria a América Latina?

Capítulo 5
O que é a América Latina?

América Latina é o nome que recebe a parte do continente americano que vai do México, no norte, à Argentina e ao Chile, no sul. Em síntese, são todos os países do continente americano menos os Estados Unidos e o Canadá. Estes dois países são considerados desenvolvidos. Logo, fazem parte do Norte geoeconômico, ao contrário dos países da América Latina, todos do Sul ou do mundo subdesenvolvido. Neste capítulo você vai aprender, entre outras coisas, que o continente americano costuma ser compreendido sob dois pontos de vista: o histórico e social e o físico ou geológico.

Escultura representando a América Latina (em vermelho), no Memorial da América Latina, em São Paulo (SP). Foto de 2013.

Para começar, observe a foto e procure responder às seguintes questões:

1. De certo ponto de vista, a América é dividida em América Latina e América Anglo-Saxônica. Em sua opinião, que critério é usado pra fazer essa divisão?

2. Existe outro critério bem difundido que divide a América em três partes.
   a) Em sua opinião, em que se baseia essa divisão?
   b) Qual o nome de cada uma dessas partes?
   c) Onde se localiza o Brasil nessa divisão?

1 Introdução

Existem pelo menos duas maneiras de regionalizar o continente americano:

A forma mais adotada atualmente é a regionalização que se baseia no ponto de vista histórico-social e divide a América em duas unidades ou regiões (veja o mapa abaixo):

- **América Anglo-Saxônica**: abrange os Estados Unidos e o Canadá, países desenvolvidos e onde predomina o inglês, uma língua de origem anglo-saxônica.
- **América Latina**: inclui todos os países do continente tidos como não desenvolvidos e onde em geral predominam o espanhol e o português, línguas originadas do latim.

América Anglo-Saxônica e América Latina

Adaptado de: DUBY, Georges. *Grand Atlas Historique*. Paris: Larousse, 2006.

Unidade 2 • América Latina 87

Outra forma de regionalizar o continente americano é dividi-lo em três partes ou unidades considerando os aspectos físicos ou geológicos e também o formato (ou a forma) e a localização de cada área (veja o mapa abaixo):

- **América do Norte**: compreende o Canadá, os Estados Unidos e o México;
- **América Central**: onde se localizam países como Panamá, Guatemala, Cuba, Haiti, Nicarágua, etc.;
- **América do Sul**: onde estão o Brasil, a Argentina, o Chile, a Venezuela e outros países.

América: físico

Adaptado de: IBGE. *Atlas geográfico escolar*. 6. ed. Rio de Janeiro, 2012.

O idioma como diferença

À primeira vista, a diferenciação entre a América Anglo-Saxônica e a América Latina estaria no idioma: nos Estados Unidos e no Canadá, o predomínio da língua inglesa; na América Latina, o predomínio do espanhol e do português. Dizemos predomínio porque existe, por exemplo, uma importante região no Canadá — Quebec (foto abaixo) — onde a imensa maioria da população não utiliza o inglês, e sim o francês, um idioma de origem latina. Aliás, embora a maioria da população fale o inglês, o Canadá é uma nação bilíngue, com duas línguas oficiais: o inglês e o francês. Além disso, há no país minorias que fazem uso do italiano, do ucraniano e do alemão.

Quebec é a maior província do Canadá e a segunda mais populosa desse país. Cerca de 80% de sua população tem o francês como sua primeira língua. Na foto, vista de Montreal, a maior cidade da província de Quebec, em 2014.

Da mesma forma, nos Estados Unidos a presença do espanhol é cada vez maior em certas áreas, apesar de o inglês ser a língua mais utilizada no país. Mas não existe nenhum idioma oficial, no nível federal, nos Estados Unidos: cada estado tem o seu ou os seus, pois às vezes são mais de um. Na maioria dos estados, o idioma oficial é o inglês, porém, em alguns deles o espanhol também é considerado língua oficial. Na realidade, em determinados locais, como em certos bairros de Nova York ou de Los Angeles, e em algumas regiões ao sul desse país, quase só se fala o espanhol, mesmo nas escolas.

Assim, percebemos que a chamada América Anglo-Saxônica não é inteiramente anglo-saxônica do ponto de vista da língua falada pelo povo. Podemos dizer que ela é predominantemente anglo-saxônica, mas não exclusivamente (veja o mapa da página seguinte).

Estátua existente em Los Angeles, Estados Unidos, em homenagem a Antonio Aguilar, um cantor e ator mexicano.

Unidade 2 • América Latina

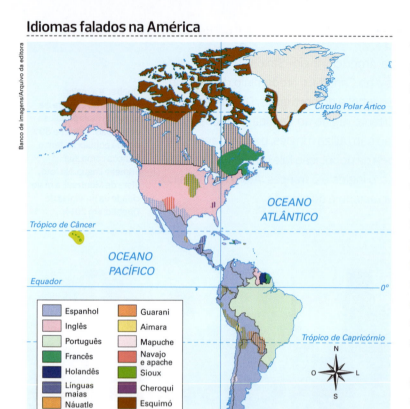

Idiomas falados na América

Adaptado de: ISTITUTO GEOGRAFICO DE AGOSTINI. *Atlante Geografico metodico De Agostini*. Novara, 2011.

A colonização da América Latina não foi feita exclusivamente por espanhóis e portugueses, mas também por holandeses, franceses e ingleses. Além desses povos, veio para cá grande número de africanos, trazidos como mão de obra escrava. Por isso, podemos observar nos países latino-americanos a presença marcante dos idiomas desses ex-colonizadores e a sua mesclagem com línguas africanas e indígenas. Assim, na Guiana e em vários países da América Central — como Bahamas, Jamaica, Barbados e outros —, o inglês é o idioma oficial. No Suriname, o holandês e o espanhol são os idiomas oficiais do país. O francês é a língua oficial no Haiti (junto com o crioulo) e na Guiana Francesa.

Por todos esses exemplos, vemos que a chamada América Latina não é exclusivamente latina. Ao contrário, constitui uma multiplicidade de nações ou países com a presença de inúmeras línguas. A variedade de línguas, às vezes, ocorre até dentro de um mesmo país. Mas, no conjunto, pode-se dizer que predominam os idiomas espanhol e português.

Outras diferenças

Se os países dessa região estão apenas parcialmente unidos pela língua, qual é realmente o elemento unificador desse conjunto chamado América Latina?

A resposta é bastante complexa, porque a América Latina é formada por um conjunto de países muito diferentes entre si. Os elementos que dão certo sentido a esse conjunto, ao próprio nome América Latina, são basicamente estes: a formação histórica, o subdesenvolvimento e a existência como regra geral (podem existir algumas exceções) de regimes políticos autoritários, como estudaremos a seguir.

Em todo caso, é importante ressaltar que a própria denominação *América Latina* é alvo de polêmicas. Muitos estudiosos — e a Organização das Nações Unidas (ONU) — preferem utilizar dois nomes para essa parte do continente: *América Latina* para as nações de fato latinas (México, Argentina, Brasil, Colômbia, Costa Rica, Nicarágua, etc.) e *Caribe* para os países insulares da América Central, que se localizam no mar do Caribe, além da Guiana e o Suriname, na América do Sul. Nos países insulares do Caribe — como também na Guiana e no Suriname — o idioma mais falado é o inglês, seguido pelo holandês. Outros autores preferem empregar a expressão *América Ibérica* em vez de Latina pelo fato de a colonização dessa parte do globo ter sido feita pelos países ibéricos (Espanha e Portugal).

Aliás, a expressão *América Latina* só foi criada em meados do século XIX, na França, ocasião em que o então imperador Napoleão III almejava uma expansão de seus domínios para essa parte do globo e, por isso, a expressão "latina" (que inclui também o francês, um idioma de origem românica ou latina) era mais adequada que "ibérica".

O mapa abaixo apresenta a divisão política da América Latina. Observe-o.

América Latina: divisão política

Adaptado de: IBGE. *Atlas geográfico escolar*. 6. ed. Rio de Janeiro, 2012.

População e economia: alguns dados

A América Latina é constituída por 33 países independentes — um na América do Norte (o México), vinte na América Central e doze na América do Sul —, além de inúmeros territórios pertencentes a países de fora: Guiana Francesa, Ilhas Virgens Britânicas, Porto Rico (Estados Unidos da América), Martinica (França), Ilhas Cayman (Reino Unido), etc.

Dos 33 países que existem na região, os latinos de fato — isto é, com idiomas latinos (espanhol, português ou francês) — são apenas 23; nos demais o idioma oficial é o inglês, principalmente, e, em alguns casos, o holandês.

População e crescimento demográfico: a população total desta região é de 588 milhões de pessoas (2013). Para esse total, o Brasil contribui com 34,01%, o México com 20,74%, a Colômbia com 8,16% e a Argentina com 7,3%. Esses são os quatro países mais populosos da América Latina.

Até o início dos anos 2010, a taxa média de crescimento demográfico foi de 1,2% ao ano, embora já tenha sido bem maior no passado. Nos países de maior crescimento populacional, como Paraguai, Bolívia, Equador e Nicarágua, a taxa de crescimento varia de 1,5 a 1,7% ao ano. O menor crescimento demográfico pertence à Jamaica e ao Uruguai, com 0,3% ao ano.

Produto Interno Bruto (PIB): o PIB de todos os países latino-americanos somados foi de cerca de 5,4 trilhões de dólares em 2013. Desse total, o Brasil participa com 42%, o México com 22% e a Argentina, a terceira economia da região, com 9,2%.

Renda *per capita*: a renda *per capita* média na América Latina é de 6 500 dólares, sendo maior nas Bahamas (US$ 21 540) e em Barbados (US$ 15 080) e menor no Haiti (US$ 810) e na Nicarágua (US$ 1 780).

Texto e ação

1. De acordo com a sua posição geográfica, o continente americano divide-se em América do Norte, América Central e América do Sul.
   a) De acordo com o critério histórico-cultural, como o continente está dividido?
   b) Em sua opinião, é possível propor outras divisões?

2. A América Latina é formada por um conjunto de países muito diferentes entre si. Dois elementos dão um certo sentido a esse conjunto. Quais são eles?

3. Ao observar o mapa "Idiomas falados na América" (página 90), o que mais chamou a sua atenção? Por quê?

4. Explique a frase: "É importante ressaltar que a denominação América Latina é alvo de polêmicas".

5. Observe o mapa "América Latina: divisão política" (página 91) e faça o que se pede.
   a) Responda às questões:
      - Qual é o título do mapa? O que ele representa?
      - Qual é o nome do país da América do Norte que também pertence à América Latina?
   b) Considerando que a América Central é formada por uma parte continental e por um conjunto de ilhas (parte insular), cite:
      - o nome dos países da parte continental da América Central.
      - o nome do maior país em extensão da América Central insular.

6. Analise as informações apresentadas no intertítulo *População e economia: alguns dados* (página 91). O que você conclui?

❷ Formação histórica

O principal ponto de união entre os países que constituem a América Latina é sua formação histórica, ou seja, o tipo de colonização a que foram submetidos, a partir do século XVI, por potências europeias da época.

Na América Latina, as potências europeias estabeleceram as colônias de exploração.

As **colônias de exploração**, tipo de colonização dominante do século XVI ao XVIII, deviam ser organizadas para atender aos interesses econômicos da metrópole, da nação colonizadora. As metrópoles utilizavam suas colônias para aumentar a sua riqueza. Assim, o bem-estar dos povos colonizados pouco importava; o importante mesmo era o enriquecimento da metrópole. A função das colônias, portanto, era fornecer riquezas minerais ou produzir gêneros agrícolas a preços baixos. Como se tratava de produzir bens primários — produtos como açúcar, ouro, prata, diamante, madeiras, etc. — a baixíssimos custos, o trabalhador utilizado era aquele que custava pouco e trabalhava bastante. Assim, escravizaram o indígena e, especialmente, o negro africano para serem usados como mão de obra barata.

Engenho de açúcar no Brasil (1640), desenho aquarelado de Frans Post, que mostra a utilização de mão de obra de negros africanos escravizados na época.

Consequências da colonização

Esse tipo de colonização, mercantilista e explorador, deixou profundas marcas nas sociedades latino-americanas. Como exemplo, podemos mencionar: a utilização dos melhores solos agrícolas para o cultivo de gêneros de exportação; a concentração da população predominantemente perto do litoral, dos portos que davam acesso às metrópoles e que atualmente dão acesso aos diversos mercados externos; a pauta de exportação dos países latino-americanos, que exportam basicamente produtos primários (soja, café, minérios, açúcar, etc) e importam bens manufaturados ou industrializados, que são mais caros e se valorizam mais com o passar do tempo.

Podemos ainda citar a enorme concentração de terras rurais nas mãos de poucos proprietários. Essas imensas propriedades agrárias, chamadas **latifúndios**, são muitas vezes mal utilizadas e, por isso, produzem pouco.

De fato, essa região apresenta "a mais alta taxa de concentração de propriedade agrária do mundo", segundo José Graziano da Silva, chefe da FAO para América Latina e Caribe. A seu ver, a realização de uma reforma agrária é indispensável para a eliminação da fome, da pobreza e para a redução das desigualdades sociais na América Latina.

Texto e ação

1. O que são colônias de exploração?
2. Explique a frase: "A atual dependência das economias latino-americanas tem relação com o processo de colonização que elas sofreram".
3. Cite dois exemplos das marcas deixadas pelo modelo mercantilista e explorador que caracterizou a colonização da América Latina.
4. Na opinião do chefe da FAO, qual é a medida a ser tomada para a redução das desigualdades sociais na América Latina?

Geolink

Brasil saiu do mapa da fome

Em 2014, quando a Organização das Nações Unidas para Alimentação e Agricultura (FAO) publicou seu relatório anual sobre a segurança alimentar no mundo, constatou-se que, pela primeira vez, o Brasil saiu do mapa da fome. Isso significa que o país atingiu a meta de reduzir a fome, a subnutrição e a subalimentação da população pela metade – o primeiro dos Objetivos de Desenvolvimento do Milênio (ODM). Os ODM foram definidos pela Declaração do Milênio das Nações Unidas em 2000, para se realizarem até 2015.

O Brasil atingiu o primeiro objetivo antes do prazo previsto, com 82% de redução, um índice muito expressivo no que se refere à disponibilidade, ao acesso e à utilização de alimentos pela população de maneira estável nos últimos anos. Esses aspectos compõem a segurança alimentar das sociedades humanas.

No entanto, 805 milhões de pessoas ainda vivem com fome no mundo atual.

Adaptado de: FAO; IFAD; WFP. *The State of Food Insecurity in the World 2014*: Strengthening the enabling environment for food security and nutrition. Rome: FAO, 2014.

Responda às questões:

1. Que realização do Brasil a FAO destacou no relatório de 2014 sobre a segurança alimentar no mundo?
2. Identifique os aspectos que compõem a segurança alimentar da população.
3. Em sua opinião, quais são as consequências mais graves de haver 805 milhões de pessoas vivendo com fome no mundo atual? Explique.

3 Situação atual de subdesenvolvimento

Como você pôde ver, o tipo de colonização dos países latino-americanos deu origem à situação atual de dependência e subdesenvolvimento.

A dependência é praticamente uma continuação da economia colonial. Após a independência política das colônias — fato ocorrido principalmente na primeira metade do século XIX —, o tipo de economia que então existia pouco mudou. Os novos países continuaram subordinados aos interesses das grandes potências, dos atuais países desenvolvidos. A mão de obra em geral, mesmo deixando de ser escrava, continuou e continua, em sua grande maioria, mal remunerada. Apesar de se trabalhar bem mais nos países subdesenvolvidos, as condições de consumo e a qualidade de vida nesses países são bem inferiores às dos países desenvolvidos.

Costuma-se classificar a dependência econômica em financeira (as dívidas para com instituições estrangeiras), comercial (exportam-se mais matérias-primas e importam-se principalmente produtos industrializados) e tecnológica (uso de tecnologia importada, com baixíssimo índice de pesquisa e inovação tecnológica interna).

As classes dominantes dos países latino-americanos têm — e sempre tiveram — fortes ligações econômicas com o exterior (veja a foto abaixo). A tecnologia mais avançada e boa parte das máquinas e técnicas de produção sempre vêm de fora. Da mesma forma, desde o período colonial, as atividades econômicas nos países do Sul estão voltadas para o mercado externo. Os melhores gêneros agrícolas, por exemplo, são exportados, enquanto os piores ficam para o consumo interno, como acontece com o café no Brasil. Os melhores solos são utilizados para cultivar gêneros de exportação ou produtos agrícolas que servirão de matéria-prima para as indústrias, muitas estrangeiras, como é o caso da cana-de-açúcar, para a fabricação do álcool, ou do fumo, para a indústria do cigarro.

Estação da Luz, em São Paulo, fotografada em 1896 por Marc Ferrez, cujo trabalho é um importante legado visual da época. Essa estação, construída pelos ingleses e inaugurada em 1901, demonstra a influência inglesa na economia brasileira no início do século XX.

Um fato marcante nos países do Sul são as desigualdades sociais. Principalmente na América Latina, a região do globo com maiores desigualdades, essas diferenças sociais, ou seja, as diferenças entre ricos e pobres, são bem mais acentuadas e se refletem nas condições em que vive a maioria da população (veja a foto abaixo). Os índices relativos à qualidade de vida das pessoas — como taxas de analfabetismo, expectativa ou esperança de vida, índices de mortalidade infantil, etc. — apontam a América Latina como uma imensa região cheia de problemas.

Vista de La Paz, Bolívia, mostrando o contraste entre prédios de apartamentos e casas pobres, em 2014.

As taxas de analfabetismo, por exemplo, chegam a atingir 40% da população com mais de 15 anos de idade em alguns países, como é o caso do Haiti, enquanto na Costa Rica, em Cuba ou no Uruguai essas taxas estão em torno de 2% a 1%. A expectativa de vida, isto é, a quantidade de anos que uma pessoa pode esperar viver em relação às condições de saúde, alimentação, higiene, etc., é de apenas 62 ou 63 anos em países como Haiti e Belize. Já no Uruguai, nas Bahamas ou no Chile essa expectativa chega aos 78 anos.

A situação de carência dos povos latino-americanos, salvo raríssimas exceções, não se limita apenas às taxas de alfabetização e expectativa de vida. Ela se estende a outros indicadores da qualidade de vida dos habitantes, como acesso a moradia, número de hospitais, consumo diário de alimentos, acesso a água tratada e a rede de esgotos, etc. A América Latina possui alguns países — como o Haiti, principalmente, e também a Nicarágua, a Bolívia, o Paraguai, o Suriname e a Guiana — que lembram as nações mais pobres do mundo, geralmente localizadas na África ou no sul da Ásia; no entanto, possui também alguns países que se assemelham aos países do Norte menos ricos (Espanha, Portugal, Grécia ou Irlanda). Portanto, existem aqui enormes disparidades não apenas sociais, mas também espaciais ou inter-regionais.

 Texto e ação

1. A dependência econômica é classificada em financeira, comercial e tecnológica. Explique cada uma delas.
2. Podemos afirmar que as atividades econômicas nos países do Sul estão voltadas para o mercado externo desde o período colonial? Justifique sua resposta com exemplos.

Unidade 2 • América Latina 95

4 Autoritarismo político

Em geral, os governos dos países latino-americanos são autoritários e com alto grau de corrupção. Isso provavelmente se deve a um conjunto de fatores: a formação histórica mercantilista, com os seus valores culturais de enriquecer rapidamente e menosprezar os outros e até mesmo a nação; a grande diferença que há entre as pessoas pobres e as mais ricas; uma mídia (jornais, revistas, televisão, internet) em geral pouco crítica, com notícias e programas de baixa qualidade; e, principalmente, os baixos índices de alfabetização juntamente com a precariedade dos sistemas escolares.

Por causa disso, um governo democrático encontra muitas dificuldades para se consolidar na América Latina. Na maioria das vezes, o que existe são regimes políticos autoritários — mesmo que, por vezes, disfarçados de democráticos —, em que os governantes tomam decisões sem consultar os cidadãos e sem levar em conta os interesses da maioria da população. Nessa imensa região, foram frequentes as ditaduras, civis ou militares, que se mantiveram no poder até recentemente, graças ao uso da violência, da propaganda e da apatia da população em geral.

Tropas da Polícia Militar combatendo uma passeata de estudantes na cidade do Rio de Janeiro, em 1968, época em que existia no Brasil uma ditadura militar.

Ainda são fatos rotineiros na América Latina o desrespeito aos direitos humanos e o uso frequente da força bruta da polícia sobre a população mais pobre, além de prisões sem ordem judicial (apenas porque indivíduos de aparência humilde estão sem documentos ou são considerados suspeitos), espancamentos, abusos de autoridade, invasões de domicílios e tortura de presos.

Por causa da enorme disparidade entre os ricos — a minoria — e os pobres — a grande maioria —, a democracia acaba não funcionando muito bem. Para que o regime democrático realmente funcione, é necessário que as desigualdades sociais sejam mínimas e que a população tenha um bom nível educacional. Num país de fato democrático — situação de praticamente todos os países desenvolvidos — as escolas em geral são de boa qualidade, e a porcentagem da população adulta que conclui o ensino superior é grande, chegando às vezes a mais de 60% do total.

Além disso, num regime democrático há imprensa e sindicatos livres, direito de greve, eleições periódicas e honestas, respeito aos direitos individuais das pessoas, prestação rotineira de contas à população por parte das autoridades, etc. Nos Estados Unidos, só para mencionar um exemplo, a imensa maioria dos cargos de poder — não apenas de governantes e políticos, mas também de juízes, delegados de polícia (os xerifes) e outros — é preenchida por eleições, e não por concursos ou nomeações, e todo candidato a alguma dessas funções tem a obrigação de abrir as suas contas bancárias e declarações do imposto de renda para o público antes e durante o exercício do cargo. Mas é lógico que essas exigências democráticas não interessam àqueles que são privilegiados na América Latina, que não prestam contas de seus atos — e muito menos de seus rendimentos ou propriedades — a ninguém.

Advento do populismo

A partir principalmente de meados do século XX, ocorreram importantes mudanças em muitos países da América Latina. Os regimes abertamente ditatoriais cederam lugar ao populismo, que também é uma forma de autoritarismo, porém menos escancarada. A urbanização e a industrialização foram intensas, tendo se formado grandes concentrações humanas, e cidades até então pequenas transformaram-se em metrópoles. É o caso de São Paulo, Rio de Janeiro, Buenos Aires, Cidade do México, Caracas, Lima, Montevidéu, Guadalajara, Bogotá, Santiago, etc.

Surgiu também uma significativa classe média, que praticamente não existia até então. Outro elemento importante para entendermos a mudança no autoritarismo latino-americano é que o número de eleitores se expandiu bastante principalmente na segunda metade do século XX com a extensão do direito de voto para todos os maiores de 16 ou de 18 anos. Antes somente os homens votavam (o direito de voto para as mulheres só foi conquistado no Brasil em 1932 — veja a foto abaixo —, na Argentina e na Venezuela em 1947 e no México somente em 1953); durante muito tempo somente os ricos podiam votar (até por volta da Primeira Guerra Mundial era necessário ter propriedades e um determinado nível de renda para tirar o título de eleitor); e os analfabetos só adquiriram o direito ao voto nos anos 1960, 1970 ou 1980, conforme o país.

Todas essas transformações causaram mudanças na vida política, com o fim das ditaduras escancaradas (exceto em alguns países) e dos frequentes golpes militares que sempre derrubavam algum governo um pouco menos submisso às elites, aos bancos e às grandes empresas. Mas, em geral, o autoritarismo permaneceu, ainda que disfarçado. Com o grande crescimento populacional, a intensa urbanização e a expansão do direito de voto, surgiu um tipo de experiência política que passou a ser chamado de populismo.

Frontispício do código eleitoral de 1932, que concedia o direito de voto às mulheres. Ainda assim, só poderiam votar as mulheres casadas, com autorização dos maridos, e as viúvas e solteiras que tivessem renda própria.

Unidade 2 • América Latina 97

O que é populismo?

Vamos entender melhor o significado desse populismo latino-americano. **Populismo** é uma forma de política em que os líderes se preocupam com os eleitores (algo que não ocorre nas ditaduras) e tomam algumas medidas que agradam ao povo para dar a impressão de que a melhoria do nível de vida da população é o grande objetivo da ação do governo. No entanto, o objetivo de fato continua sendo o de atender aos interesses particulares, principalmente aos interesses pessoais dos governantes.

Essa prática representa a tentativa de políticos profissionais de obter o apoio das classes de baixa renda, que constituem a grande maioria dos eleitores, em troca de algumas melhorias materiais: iluminação de ruas de bairros periféricos, ajuda financeira para famílias carentes (o que as torna dependentes do governo), programas sempre insuficientes de construção de casas populares, escolas e hospitais (de qualidade precária), etc. Tudo isso acompanhado de muitas ideias e propaganda ilusória do tipo: "Fulano cuida [ou é o pai] dos pobres" ou "Sicrano é a solução para os males do país", etc.

Durante séculos, até mais ou menos as décadas de 1920, 1930 ou 1940, em inúmeras nações da América Latina imperou uma vida política dominada direta ou indiretamente pelo exterior com a conivência dos agricultores e comerciantes da região. Nesse período, as classes dominantes internas eram ligadas a atividades rurais ou ao comércio. Seu poder estava fundado na propriedade de terras, no gado ou nas plantações, etc., ou então no fato de serem intermediários na venda de produtos para o exterior.

Preparativos para o início da transmissão da televisão brasileira nos estúdios da TV Tupi, em São Paulo, em 1950.

Com o aumento da atividade industrial a partir de 1950 e as intensas migrações do campo para as cidades, surgiram novas classes dominantes: industriais, banqueiros, empresários do setor de serviços, etc. Essas novas classes estão ligadas a atividades urbanas. Por isso, elas não têm o mesmo poder que as elites rurais tinham no passado, pois a população da cidade é em geral mais concentrada e mais esclarecida que a população do campo.

No meio rural, a dominação foi exercida durante séculos pela força bruta e pelo "respeito" que os trabalhadores tinham para com o patrão. O proprietário das terras chegava a pensar que 'seus' trabalhadores eram até mesmo parte de suas posses. A situação de obediência cega era, portanto, comum. Por isso, nas décadas de 1920 a 1940, a política era dominada por grandes fazendeiros que eram também os líderes políticos de uma região.

Nos países de língua espanhola, esse líder era conhecido como **caudilho**, palavra que em espanhol significa 'chefe'. No Brasil, especialmente no Nordeste, era conhecido como **coronel**. Esse chefe político era a "autoridade" econômica e política máxima em uma grande área rural e nas pequenas cidades vizinhas. Nessa região, ele mandava e desmandava. Assim, em época de eleição, era ele que determinava em quem seus empregados e os de seus amigos fazendeiros deveriam votar. Por isso se falava em "voto de cabresto".

Nas grandes cidades, porém, surgiram novas lideranças: os políticos populistas. Essas lideranças eram exercidas por políticos profissionais com bases eleitorais nas cidades. Eles procuravam ganhar o voto das pessoas com promessas que, em sua maioria, jamais cumpririam, e a realidade continua praticamente a mesma. Pode-se dizer então que na América Latina quase nunca houve, de fato, regimes democráticos. O que surge com frequência é o populismo disfarçado de democracia.

Mas existem importantes diferenças entre o populismo e a democracia autêntica. O populismo, apesar de se apresentar como um regime democrático, é uma forma sutil de autoritarismo, em que o exercício do poder é efetuado "de cima para baixo", e as classes populares são manipuladas pela propaganda e pela demagogia. Daí os políticos populistas, pessoas carismáticas por excelência, procurarem sempre controlar os meios de comunicação.

Getúlio Vargas (lendo decreto para eleição da Assembleia Constituinte, em 1932), no Brasil, e Juan Domingo Perón (primeiro, à direita, caminhando pelas ruas de Roma, em 1973), na Argentina, são exemplos dos primeiros ditadores populistas da América Latina, típicos dos anos 1930 a 1950. Apresentando-se como os "pais" da nação ou dos pobres, eles sempre contavam com o indispensável apoio das Forças Armadas e tentavam — embora sem a ênfase posterior, pois ainda não tinha ocorrido a expansão da televisão — controlar a mídia.

Texto e ação

1. Responda às questões:
   a) De modo geral, na América Latina, as elites dominantes são antidemocráticas e extremamente autoritárias. Por que isso acontece?
   b) No populismo, como costumam agir os políticos para obter o apoio das classes de baixa renda?

2. Explique a relação entre a atuação dos coronéis no Brasil, sobretudo no Nordeste, e a expressão "voto de cabresto".

3. Diferencie populismo de democracia autêntica.

5 Diferenças entre os países latino-americanos

Como vimos, os países latino-americanos têm semelhanças entre si: o tipo de colonização, o subdesenvolvimento, a dependência e o autoritarismo político. Mas existem também muitas diferenças entre eles e até mesmo dentro de cada país.

Na América Latina, ao lado de países bastante industrializados, como o Brasil, o México e a Argentina, encontramos nações agrícolas com fraquíssima industrialização. Este é o caso da maioria dos países, principalmente os da América Central e alguns da América do Sul (Bolívia, Guiana, Paraguai). O mapa abaixo apresenta a situação das indústrias na América Latina. Observe-o.

Em geral, nas grandes cidades da América Latina, a vida moderna convive com a pobreza e a mão de obra superexplorada. Ao lado de alguns luxuosos bairros de elite, há favelas superpovoadas; nas mesmas ruas congestionadas por causa do excesso de carros particulares, encontram-se os ônibus precários que servem ao transporte coletivo; enquanto pouquíssimas pessoas têm condições de frequentar restaurantes de nível internacional, a maioria dos habitantes se alimenta mal e precariamente; enfim, o desperdício e o consumo em demasia de alguns convivem no mesmo espaço com o subconsumo e a miséria de muitos.

América Latina: indústrias

Adaptado de: ISTITUTO GEOGRAFICO DE AGOSTINI. *Atlante geografico metodico De Agostini*. Novara, 2009.

Texto e ação

1. Os países da América Latina têm muitas semelhanças entre si. Mas existem também muitas diferenças entre eles e dentro de cada país. Faça uma lista dessas diferenças.

2. Ao observar a legenda e a distribuição das cores e dos símbolos no mapa "América Latina: indústrias", acima, o que você conclui?

Atividades finais

+ Ação

1. Leia o texto e responda às questões.

   > Em 2000, na ONU, líderes mundiais elaboraram um documento, a Declaração do Milênio, "para defender os princípios da dignidade humana, da igualdade e da justiça, e libertar o mundo da pobreza extrema" até o ano de 2015.
   >
   > De acordo com o documento intitulado Relatório sobre os Objectivos de Desenvolvimento do Milênio 2014, a América Latina conseguiu, pela primeira vez em sua História, igualar a escolaridade básica de meninas e meninos. Mais do que isso: o número de matrículas das meninas supera o dos meninos; para cada 100 meninos, 107 meninas estão matriculadas em estabelecimentos de ensino fundamental. No ensino superior, a proporção é de 128 meninas para 100 meninos matriculados.

   Adaptado de: Relatório sobre os objectivos de desenvolvimento do milênio. Nova York: Nações Unidas, 2014.

   a) Em sua opinião, oportunidades iguais de educação para meninas e meninos contribuem para o desenvolvimento de um país ou de uma região? Por quê?

   b) Procure se informar a respeito da escolaridade de meninas e meninos no município onde você mora, inclusive no Ensino Superior (se possível). Interprete as informações obtidas.

2. Uma das frases a seguir não está de acordo com o que você aprendeu sobre a situação atual de subdesenvolvimento da América Latina. Identifique onde está o erro e reescreva a frase com a informação correta no caderno.

   a) O tipo de colonização dos países latino-americanos deu origem à situação atual de dependência e subdesenvolvimento.

   b) Após a independência política das colônias latino-americanas, o tipo de economia que então existia pouco mudou. Os novos países continuaram subordinados aos interesses das grandes potências, dos atuais países desenvolvidos.

   c) Na América Latina, as taxas de analfabetismo chegam a atingir 40% da população com mais de 15 anos de idade em alguns países, como é o caso do Haiti.

   d) A situação de carência dos povos latino-americanos, salvo raríssimas exceções, se limita apenas às taxas de alfabetização e expectativa de vida.

3. Observe os quadros abaixo e escolha um grupo de países para pesquisar.

Grupo de países
1. México e Brasil
2. Países da América Central
3. Países andinos (Venezuela, Colômbia, Equador, Peru, Bolívia, Chile)
4. Países platinos (Paraguai, Uruguai, Argentina)
5. Guianas (Guiana, Suriname, Guiana Francesa)

O que pesquisar
• Fotos, selos, postais
• Pontos turísticos
• Moeda oficial
• Língua oficial
• Número de habitantes
• Festas populares
• Comidas típicas
• Cores da bandeira

   Na data marcada pelo professor, traga o material pesquisado para a sala de aula. Nessa data, o professor vai dividir a classe em grupos para orientar as seguintes atividades:
   • Leiam e comentem o material da pesquisa.
   • Elaborem um cartaz sobre os países escolhidos e depois apresente-o aos colegas da classe.

4. Observe os mapas e responda às questões:

América: desigualdades internacionais (índice de Gini)

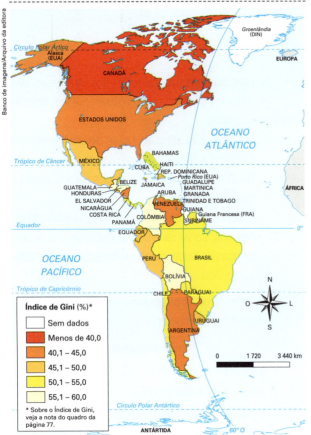

Adaptado de: PNUD. *Relatório de desenvolvimento humano 2014*. Nova York, 2014. p. 174-177.

América: população com 25 anos ou mais e ao menos parte do Ensino Médio

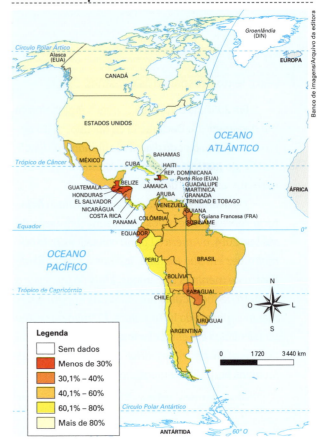

Adaptado de: PNUD. *Relatório de desenvolvimento humano 2014*. Nova York, 2014. p. 198-201.

a) Que temas foram explorados nos mapas?
b) O que os mapas revelam sobre as desigualdades internacionais na América Latina? E sobre o Ensino Médio?
c) Compare os dados da América Latina com os da América Anglo-Saxônica. O que você conclui?

De olho na imagem

1. Observem as imagens e leiam o texto.

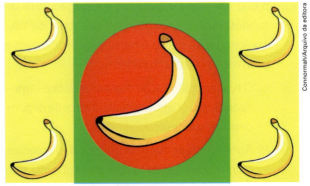

Bandeira da República Bananeira

Capítulo 5 • O que é a América Latina?

Existem na América Latina países de economia muito frágil, como El Salvador, Guatemala, Honduras, República Dominicana e Haiti, que até algumas décadas atrás eram ironicamente chamados de "republiquetas de banana". Tal denominação, além de sugerir que esses países são fracos, refere-se ao fato de que suas exportações consistem basicamente em um único produto primário. Em alguns deles esse produto é a banana, em outros o café, a cana-de-açúcar e outros gêneros agrícolas ou minerais.

a) Respondam às questões:
- O que há de comum entre as duas imagens?
- Qual das informações contidas no texto vocês acharam mais curiosa? Expliquem a resposta.

b) Escrevam um comentário relacionando as duas imagens. No comentário utilizem as informações do texto.

2. Observem a charge e façam o que se pede.

a) Respondam: A charge remete a um dos assuntos tratados no capítulo. Que assunto é esse?

b) Escrevam um comentário sobre a charge levando em consideração os exemplos e as ideias do capítulo.

ATIVIDADE INTERDISCIPLINAR

HISTÓRIA E LÍNGUA PORTUGUESA

■ Leia o poema e responda às questões.

O coração latino-americano

*Incas, ianomâmis, tiahuanacos, aztecas,
Maias, tupis-guaranis, a sagrada intuição
Das nações mais saudosas. Os resíduos.
A cruz e o arcabuz dos homens brancos.
O assombro diante dos cavalos,
A adoração dos astros.
Uma porção de sangues abraçados
Os heróis e os mártires que fincaram no tempo
A espada de uma pátria maior.
A lucidez do sonho arando o mar.
As águas amazônicas, as neves da cordilheira
O quetzal dourado, o condor solitário, o uirapuru da floresta, canto de todos os pássaros.*

*A destreza felina das onças e dos pumas
Rosas, hortênsias, violetas, margaridas,
Flores e mulheres de todas as cores, todos os perfis. A sombra fresca
das tardes tropicais. O ritmo pungente rumba, milonga, tango, marinera, samba-canção
O alambique de barro gotejando
A luz ardente do carnaval
O perfume da floresta que reúne,*

*Em morna convivência, a árvore altaneira
E a planta mais rasteirinha do chão.
O fragor dos vulcões, o árido silêncio
Do deserto, o arquipélago florido,
A pampa desolada, a primavera
Amanhecendo luminosa nos pêssegos e nos jasmineiros.*

*A palavra luminosa dos poetas,
O sopro denso e perfumado do mar,
A aurora de cada dia, o sol e a chuva
Reunidos na divina origem do arco-íris.
Cinco séculos árduos de esperança
De tudo isso, e de dor, espanto e pranto,
Para sempre se fez, lateja e canta
O coração latino-americano.*

MELLO, Thiago de. *O coração latino-americano*. Disponível em: <www.avozdapoesia.com.br/obras_ler.php?obra_id=12345&poeta_id=313>. Acesso em: 28 set. 2014.

a) O que o poema revela sobre as paisagens naturais da América Latina?

b) Há relação entre o conteúdo do poema e os assuntos tratados no capítulo? Qual?

c) Que outro título você daria para o poema? Por quê?

d) O que você sabe do poeta Thiago de Mello?

Capítulo 6
Mercosul e países platinos

Podemos reconhecer quatro regiões ou conjuntos principais na América do Sul: o Brasil, os países platinos, os países andinos e as Guianas. Os países platinos — Paraguai, Argentina e Uruguai —, juntamente com o Brasil, criaram o Mercosul, o mercado comum latino-americano mais promissor. Neste capítulo, vamos estudar os três países platinos e o Mercosul. O Brasil mantém relações comerciais e militares frequentes com esses países desde o período colonial. O Mercosul amplia essa proximidade desde sua fundação, em 1991, e abre novas perspectivas para a América Latina no mundo contemporâneo.

1) Veículos no pátio do porto de Paranaguá (PR) antes de serem exportados, em 2012. Os principais destinos desses veículos são a Argentina, o México e a Alemanha. Nos primeiros seis meses daquele ano, o porto de Paranaguá exportou 40 mil carros e importou 72 mil.
2) Fachada de colégio da cidade do Rio de Janeiro, a primeira escola pública do país a ter aulas em português e espanhol. Foto de 2014.

 Observe as fotos e, com base nelas e no que você já sabe, responda:

1. Você pode explicar o que é o Mercosul? Quais são os países que o fundaram e são membros plenos?
2. Qual é a relação entre o Mercosul e a situação retratada nas duas fotos?

❶ Tentativas de união na América Latina

Por causa das semelhanças, principalmente na forma de colonização, entre os países da América Latina, há algum tempo se discute muito a possibilidade de sua integração. Esse projeto ganhou força com a criação da União Europeia, que serviu de exemplo de integração regional para várias regiões do globo.

Será que é possível a existência de uma América Latina de fato integrada, unida?

É evidente que isso nunca ocorreu no passado e tampouco ocorre no presente. Existem alguns problemas semelhantes na América Latina, mas nunca deram origem a uma coesão, a uma cooperação ou solidariedade no sentido de equacioná-los. Contudo, existiram e ainda existem várias tentativas de integração regional na América Latina. Em seguida, vamos estudar as mais importantes nos dias de hoje. Veja agora o mapa abaixo.

América Latina: organizações regionais

Adaptado de: SIMIELLI, Maria Elena. *Geoatlas*. São Paulo: Ática, 2013.

Unidade 2 • América Latina 105

Associação Latino-Americana de Integração (Aladi)

A Associação Latino-Americana de Integração (Aladi) surgiu em 1980, em substituição à fracassada Associação Latino-Americana para o Livre-Comércio (Alalc), criada em 1960, em Montevidéu (Uruguai), para desenvolver o comércio entre os países-membros. Tendo constatado que seu objetivo não foi alcançado, os países associados à Alalc resolveram reformulá-la, substituindo-a por outra associação. Daí surgiu a Aladi, constituída por treze países latino-americanos: Argentina, Bolívia, Brasil, Chile, Colômbia, Cuba, Equador, México, Panamá, Peru, Paraguai, Uruguai e Venezuela. Recentemente, a Nicarágua vem manifestando o interesse de integrá-la.

A sede da Aladi fica em Montevidéu, e o objetivo dessa associação é incentivar o comércio entre os países-membros, de forma que no futuro se possa ter um Mercado Comum Latino-Americano. Só o futuro dirá se isso é possível, mas a experiência dessa associação — e de sua predecessora, a Alalc — mostra que tal objetivo é irreal nas atuais circunstâncias, pois os grandes parceiros comerciais dos países da Aladi são potências de fora da região, como a China, os Estados Unidos, o Japão e nações da Europa ocidental.

Mercado Comum Centro-Americano (MCCA)

O Mercado Comum Centro-Americano (MCCA) é constituído por cinco países da América Central: Costa Rica, El Salvador, Guatemala, Honduras e Nicarágua. Seu objetivo é a integração econômica e financeira dos países-membros.

Comunidade Andina de Nações (CAN)

A Comunidade Andina de Nações (CAN) foi criada em 1969, com o nome de Pacto Andino, e em 1996 adotou a atual denominação. Inicialmente, seis países participavam dele, mas o Chile saiu em 1977 e a Venezuela em 2006. Portanto, atualmente, essa organização é formada por quatro países-membros: Bolívia, Colômbia, Equador e Peru. Seu objetivo é promover a cooperação entre as nações associadas por meio de um fundo de reserva. Além disso, funciona como órgão consultivo em questões políticas. Seu desempenho, todavia, tem sido precário. Apesar disso, ultimamente, passou a ter uma retórica mais ambiciosa de servir como embrião de uma futura integração entre todos os países sul-americanos e até mesmo latino-americanos, com a proposta de um desenvolvimento sustentável para a região.

Comunidade e Mercado Comum do Caribe (Caricom)

A Comunidade e Mercado Comum do Caribe (Caricom), fundada em 1973, possui como membros quinze países independentes e seis territórios, todos banhados pelo mar do Caribe (parte do Atlântico que banha a América Central, como já vimos). Os países-membros são: Antígua e Barbuda, Bahamas, Barbados, Belize, Dominica, Granada, Guiana, Haiti, Jamaica, Montserrat, Santa Lúcia, São Cristóvão e Névis, São Vicente e Granadinas, Suriname e Trinidad e Tobago. Entre os territórios-membros, destacam-se as Ilhas Virgens Britânicas e as Ilhas Cayman, ambas pertencentes ao Reino Unido. São objetivos dessa associação: promover uma integração econômica entre seus membros e coordenar sua política externa.

Mercado Comum do Sul (Mercosul)

O Mercado Comum do Sul (Mercosul), criado em 1991 e composto inicialmente de Brasil, Argentina, Uruguai e Paraguai, é o mais recente e promissor desses mercados comuns latino-americanos. Em 1995, esses quatro países aboliram quase todas as barreiras alfandegárias entre eles (exceto para poucos produtos selecionados). Isso possibilitou um notável aumento das trocas comerciais entre os quatro países. Adiante vamos estudar com mais detalhes este mercado regional, que é o mais importante para o Brasil.

União das Nações Sul-Americanas (Unasul)

A União das Nações Sul-Americanas (Unasul), formada pelos doze países da América do Sul, foi criada por um tratado de 2008, que entrou em vigor em 2011. Um dos seus objetivos é a formação de um mercado comum sul-americano, começando com a eliminação de tarifas alfandegárias até 2019. Existem também projetos — por enquanto só no papel — de coordenar a defesa conjunta dos países-membros, de permitir a livre circulação de pessoas na América do Sul e até mesmo de uma hipotética futura moeda única. Só o futuro dirá se essas ambiciosas propostas serão de fato concretizadas.

Texto e ação

1. Sobre as organizações regionais atuais mais importantes da América Latina, faça o que se pede:
    a) Cite o objetivo da Aladi e o nome dos seus países-membros.
    b) Cite o objetivo do MCCA e o nome dos países que pertencem a ele.
    c) Explique o que são a CAN e a Caricom.

2. Observe o mapa da página 105 e escreva um comentário sobre ele. No seu comentário, cite o nome das organizações regionais das quais o Brasil faz parte.

❷ Criação do Mercosul

Procurando acompanhar a tendência mundial dos anos 1990 de criar mercados supranacionais, em que as fronteiras alfandegárias (proibições, restrições e impostos de entrada ou saída de bens e serviços de um país para outro) são reduzidas ou eliminadas, o Brasil, a Argentina, o Uruguai e o Paraguai criaram, em 1991, o Mercado Comum do Sul, o Mercosul. Veja a foto abaixo.

Sede do Mercosul em Montevidéu, Uruguai. Foto de 2012.

Esses quatro países são os membros plenos e fundadores dessa organização. O Chile, a Bolívia, o Equador, o Peru e a Colômbia, além da Venezuela, ingressaram depois, a partir de 1996, como membros associados. Guiana e Suriname são associados desde 2013. A Bolívia está em processo de adesão como membro pleno. Em 2012, a Venezuela foi admitida como membro pleno, o que gerou muita discussão, porque o país, no início deste século, é governado por líderes populistas. Nesse mesmo ano, o Paraguai foi, temporariamente, suspenso do bloco, porque o Congresso depôs o então presidente Fernando Lugo. Os demais membros avaliaram esse ato como um golpe de Estado; isso contraria os princípios do Mercosul, que, entre outros, defende o regime político democrático. O México ingressou em 2004, mas apenas como Estado observador. A Nova Zelândia também participa do Mercosul como Estado observador.

Quadro-síntese dos países fundadores do Mercosul (2013)

País	Área (km²)	População	PIB (em bilhões de dólares)	Renda per capita (em dólares)
Brasil	8 514 876	200 361 925	2 342,6	11 690
Argentina	2 780 400	41 446 246	380	9 200
Uruguai	176 215	3 500 000	51,7	5 180
Paraguai	406 750	7 400 000	27,5	4 040

FMI e WORLD BANK, 2014.

Como se deduz da tabela, o Mercosul possui um PIB total de pouco mais de 2,8 trilhões de dólares, o que, segundo alguns estudiosos, o colocaria como o quinto mercado internacional do globo, atrás somente da União Europeia (UE), Estados Unidos (ou Nafta), Japão e China. Mas esse raciocínio é meramente hipotético, pois este bloco não é tão coeso e estruturado quanto a UE. Atualmente, os quatro países fundadores do Mercosul possuem maiores relações com a China do que com os demais países-membros do bloco.

A população desses quatro países somados atinge cerca de 253 milhões de habitantes, o que, teoricamente, seria um excelente mercado de consumo. No entanto, o poder de compra da maioria dessa população, quando comparado ao daqueles outros quatro mercados (exceto a China), é extremamente baixo, sobretudo no Paraguai e também em imensas regiões do Brasil.

O Brasil é o verdadeiro gigante do Mercosul, e a nossa economia representa cerca de 80% do PIB total desse mercado regional, considerando apenas os quatro países-membros plenos e fundadores. Também em população o Brasil é o gigante desse bloco, com cerca de 80% do efetivo demográfico. Em segundo lugar, vem a Argentina, cuja economia representa cerca de 15% do total do bloco, e a população, pouco mais de 16% do total. Isso significa que o Brasil é o grande mercado consumidor do Mercosul, não só pela imensa população, como também pela maior economia.

Em seguida, vamos estudar os membros fundadores e plenos do Mercosul: os três países platinos — Argentina, Uruguai e Paraguai. O Brasil já foi estudado no volume anterior desta coleção; e *a Venezuela será vista no capítulo seguinte, no conjunto dos países andinos.*

Texto e ação

1. Escreva o significado da sigla Mercosul.
2. Cite o nome dos quatro países-membros plenos e fundadores do Mercosul.
3. Observe o quadro dos países do Mercosul e responda: O que podemos dizer a respeito da área, da população, do PIB e da renda *per capita* do Brasil em relação aos mesmos dados dos outros países-membros do Mercosul?
4. Explique a frase: "O Brasil é o verdadeiro gigante do Mercosul".

3 Países platinos

Os três países que formam a América Platina — Paraguai, Argentina e Uruguai — são banhados pelos rios formadores do rio da Prata. Durante grande parte do período da colonização espanhola, esses países fizeram parte de uma única administração. Em 1776, a Coroa espanhola decidiu desmembrar o antigo vice-reinado do Peru instalando nessa região o vice-reinado do Prata, que, naquela época, incluía a atual Bolívia.

A colonização dos três países platinos deu-se a partir da navegação fluvial, tendo como ponto de entrada o estuário do rio da Prata, situado entre a Argentina e o Uruguai (veja a foto abaixo). Esses três países possuem também uma história de conflitos e de guerras, envolvendo até mesmo o Brasil.

De todos os países sul-americanos, apenas com esses três o Brasil manteve relações mais frequentes — tanto comerciais quanto militares — durante o período colonial. Assim, não foi por acaso que em 1991 o Estado brasileiro assinou, com essas nações platinas, o tratado que criou o Mercosul.

Como a colonização dos países platinos foi tardia e a mão de obra escrava e africana quase não foi utilizada por causa da inexistência de atividades coloniais lucrativas, esses países — principalmente a Argentina e o Uruguai — apresentam características étnicas muito marcantes, bastante diferentes das dos demais países sul-americanos na atualidade.

Nos países platinos, quase não encontramos população de etnia negra, e é muito grande a presença de europeus e seus descendentes. Com exceção do Paraguai, a população indígena, ou seus descendentes, é também quase inexistente nesses países. Na Argentina, por exemplo, 85% da população total é formada por descendentes de espanhóis ou italianos e 7% de seus habitantes resultam da miscigenação de europeus com indígenas. No Uruguai, 88% da população é originária de povos europeus, principalmente de espanhóis e italianos, 8% são descendentes da mistura étnica entre europeus e indígenas e apenas 4% são de etnia negra.

Nesse aspecto, o Paraguai também é uma exceção. No país quase não há afrodescendentes, mas cerca de 95% da população é constituída de indígenas ou de indivíduos originados da miscigenação de indígenas com espanhóis. O país possui dois idiomas oficiais — o espanhol e o guarani. O guarani é o mais popular, falado pela maioria da população.

Vista de satélite do estuário do rio da Prata, que é formado pela confluência dos rios Uruguai e Paraná. A porção de cor castanha são sedimentos trazidos pelo rio, que, periodicamente, têm de ser dragados para manter a navegabilidade do porto de Buenos Aires.

Texto e ação

1. Podemos afirmar que a Argentina, o Paraguai e o Uruguai têm uma tradição histórica comum? Por quê?
2. Compare as características étnicas do Paraguai, da Argentina e do Uruguai. O que você conclui?
3. Por que é difícil encontrar indivíduos de etnia negra nos países platinos?

Uruguai

Esse país tem um clima subtropical úmido (semelhante ao do Sul do Brasil) e um relevo relativamente plano, como os pampas do Rio Grande do Sul: planícies e colinas baixas (coxilhas) ocupadas por pradarias ou campos. Uma pergunta que sempre se faz ao estudar o Uruguai é por que esse pequeno país que faz fronteira apenas com o Brasil e a Argentina — dois "gigantes" em comparação ao seu pequeno tamanho — se tornou autônomo em vez de ser anexado a algum dos seus dois vizinhos.

Costuma-se explicar esse fato pela rivalidade entre Brasil e Argentina, que sempre disputaram o território que hoje constitui o Uruguai e que chegou a fazer parte ora de um, ora de outro. É provável que, se o Brasil não existisse, o Uruguai hoje fosse parte da Argentina, e vice-versa. Além disso, o Uruguai se constituiu como país independente em 1828 porque contou com o apoio do Reino Unido, na época a grande potência mundial.

A economia uruguaia conheceu um período de grande desenvolvimento do fim do século XIX a meados do século XX. Baseada na pecuária ovina, na exportação de lã e de carnes, sua economia passou por um processo de industrialização, com exportação de vestuário, calçados e outros produtos. A industrialização explica por que o país também conheceu uma fase de intensa urbanização — cerca de 95% da população vive nas cidades.

Assim, o padrão de vida do uruguaio na primeira metade do século XX foi bem superior ao dos demais países da América Latina. Talvez somente a população da Argentina tenha tido um padrão de vida semelhante ao do Uruguai. Graças ao baixo índice de analfabetismo, à boa alimentação, às cidades limpas e bonitas, especialmente a capital, Montevidéu (veja a foto abaixo), onde vive quase a metade da população do país, o Uruguai foi uma "ilha de prosperidade" no meio de um "oceano de pobreza". Por esse motivo era conhecido como a "Suíça sul-americana".

Vista aérea de Montevidéu, Uruguai. Foto de 2014.

Contudo, a partir da década de 1960 muita coisa mudou: os preços da lã e da carne — produtos básicos das exportações uruguaias — sofreram sucessivas e grandes quedas no mercado internacional. O governo contraiu enorme dívida externa, que tentou pagar à custa dos rendimentos dos trabalhadores. O resultado de tudo isso foi a queda do padrão de vida dos uruguaios.

Para piorar a situação, o Uruguai passou por um forte período de militarização, de ditaduras militares extremamente repressivas que ocuparam o poder de 1973 a 1985. Durante esse período vários fatos perturbaram ainda mais a vida do país:

- **Intensa repressão** (censura à imprensa; torturas; demissão e prisão de professores, jornalistas, escritores; etc.). Toda opinião contrária às medidas tomadas pelo governo era reprimida, e milhares de pessoas foram assassinadas pelo regime militar.
- **Enorme êxodo de jovens**. Centenas de milhares de uruguaios abandonaram o país e foram tentar uma nova vida na Europa ou nos Estados Unidos. Por esse motivo — e também pelas baixas taxas de natalidade e mortalidade — a população uruguaia é uma das mais envelhecidas de todo o continente, perdendo apenas para o Canadá. Existem no país 13,5% de pessoas com 65 anos ou mais de idade, contra 7% no Brasil, 10,8% na Argentina, 9,1% no Chile, 5,2% na Venezuela, 12,8% nos Estados Unidos e 15,2% no Canadá.
- **Luta armada**. Na década de 1970 formou-se um grupo guerrilheiro de esquerda denominado Tupamaros, que tinha o objetivo de derrubar o governo e implantar no país um regime socialista. Esse grupo foi duramente reprimido pela polícia e pelas Forças Armadas, mas durante algum tempo realizou atos terroristas e, junto com o regime militar, contribuiu para ampliar mais ainda a crise econômica.

Em 1985, o Congresso foi reaberto e realizou-se eleição para a escolha de um presidente. A partir de então, o Uruguai passou a ter uma vida política normal. A economia uruguaia voltou a crescer após quase duas décadas de estagnação, e esse crescimento continua. Parte da recuperação econômica do país decorre do fato de que ele faz parte do Mercosul e vem exportando bastante para a Argentina e, principalmente, para o Brasil.

O turismo, que atrai muitos argentinos e brasileiros, contribui para aumentar a renda do país, e o setor bancário também tem crescido bastante. Desde 1997, quando o Mercosul organizou o **mercado de capitais**, Montevidéu foi escolhida como a "capital financeira" do **Cone Sul**, tendo atraído os maiores bancos de investimento do mundo graças às facilidades financeiras que oferece.

Mercado de capitais: compra e venda de ações ou títulos de propriedade de empresas.

Cone Sul: nome que se dá à região situada ao sul da América do Sul, onde se localizam o sul do Brasil, o Uruguai, o Paraguai, o Chile e a Argentina.

Texto e ação

1. Caracterize o clima e o relevo do Uruguai.
2. Responda às questões:
   a) O Uruguai faz fronteira com a Argentina e com o Brasil. Podemos afirmar que essa posição geográfica marcou profundamente a história uruguaia? Por quê?
   b) A economia do Uruguai viveu um período de grande desenvolvimento do fim do século XIX a meados do século XX. Quais as características da economia uruguaia nesse período?
3. Explique a afirmação: "O Uruguai já foi considerado a 'Suíça sul-americana'".
4. Comente como o setor de prestação de serviços tem se destacado no Uruguai.

Argentina

Juntamente com o Brasil e o México, a Argentina possui uma das três economias mais industrializadas da América Latina (a terceira). A capital do país, Buenos Aires, localizada ao norte do estuário do rio da Prata, forma uma região metropolitana com mais de 13 milhões de habitantes (veja a foto ao lado). Como se vê, cerca de um terço da população argentina vive na Grande Buenos Aires, a quarta maior aglomeração urbana da América Latina, menor apenas que a região metropolitana da Cidade do México, a Grande São Paulo e a Grande Rio de Janeiro.

Buenos Aires, Argentina: vista de um bairro turístico. Foto de 2015.

Do ponto de vista fisiográfico, a Argentina pode ser dividida em três principais unidades: os pampas, a cordilheira dos Andes e a Patagônia.

- **Pampas.** Dominam a porção oriental desse país e se prolongam pelo Uruguai e pelo Sul do Brasil, são áreas formadas por um relevo relativamente plano e com muitas ondulações — as coxilhas. Aí predominam os climas subtropical e temperado. Seus solos, em geral férteis, são aproveitados para o cultivo de trigo, soja ou arroz e para a pecuária de gado ovino ou bovino, de boas raças, com alta produtividade de carne e leite. A maioria da população argentina está concentrada na região dos pampas e nas margens do estuário do rio da Prata, onde se localiza a capital.
- **Cordilheira dos Andes.** Os Andes surgem na porção ocidental da Argentina, na fronteira com o Chile, estendendo-se da Venezuela, ao norte, ao extremo sul do continente.
- **Patagônia.** Situada no extremo sul da Argentina, se estende pelo território chileno. Apresenta um clima de frio intenso e pouca ocupação humana.

A Argentina — assim como o Uruguai, o Brasil, o Chile e outros países da América do Sul — conheceu, dos anos 1960 a 1980, a ditadura militar, com forte censura à imprensa, controle ideológico nas escolas e universidades, prisões e assassinatos de pessoas que se opunham ao governo. O padrão de vida do trabalhador argentino, que era elevado — semelhante ao do europeu e, portanto, bem maior que o da maioria dos demais países latino-americanos —, caiu drasticamente a partir de 1966. Além disso, a distribuição social da renda tornou-se mais concentrada. A dívida externa do país cresceu muito, tornando-se uma das maiores da América Latina — cerca de 160 bilhões de dólares em 2014. Pagar as parcelas dessa dívida constitui um enorme problema para o país na medida em que as suas **reservas internacionais** são de apenas 50 bilhões de dólares, ao contrário do Brasil, que possui uma dívida de 330 bilhões de dólares e reservas superiores a 350 bilhões (2014).

Pelo menos desde o final dos anos 1980, a Argentina enfrenta uma quase estagnação econômica. Essa situação, que perdura no início do século XXI, resulta de decisões políticas equivocadas, forte corrupção e endividamento, além de uma abertura comercial mal planejada, que inundou o país de produtos estrangeiros (especialmente chineses) e provocou o fechamento de fábricas locais, aumentando muito a taxa de desemprego. E diminuiu o padrão de vida da população.

Reservas internacionais: são depósitos em moedas estrangeiras (principalmente em dólar) que os bancos centrais possuem e que servem para pagar seus compromissos internacionais, como as parcelas da dívida externa, as importações, etc.

Texto e ação

1. Sobre a capital da Argentina, responda:
   a) Onde se localiza Buenos Aires?
   b) Qual a população da região metropolitana de Buenos Aires?
   c) Podemos afirmar que a Grande Buenos Aires é a quarta maior aglomeração urbana da América Latina? Por quê?

2. Do ponto de vista fisiográfico, a Argentina pode ser dividida em três unidades principais: os pampas, a cordilheira dos Andes e a Patagônia. Responda às questões a seguir, sobre os pampas.
   a) Caracterize o relevo e o clima da região.
   b) Como os solos férteis da região são aproveitados?
   c) Compare a ocupação humana dos pampas com a da Patagônia. O que você conclui?

3. Comente a situação política e social da Argentina no período entre 1960 e 1980.

4. Desde o final dos anos 1980, a Argentina enfrenta uma quase estagnação econômica. Cite alguns exemplos que justificam essa afirmação.

Paraguai

Assim como a Bolívia, o Paraguai é um país sul-americano que não tem saída para o mar. Grande parte das suas exportações é feita pelo porto de Paranaguá, no Brasil, e as mercadorias são transportadas de caminhão do Paraguai até esse porto.

País de clima tropical, faz fronteira com o Brasil, a Bolívia (na altura do Chaco, uma região alagada) e a Argentina. É o país mais pobre da América Platina e um dos mais pobres de toda a América do Sul — junto com a Bolívia e a Guiana. O padrão de vida da população é baixíssimo. Sua maior cidade, Assunção, a capital do país, possui cerca de 750 mil moradores (veja a foto abaixo). Aproximadamente 41% de sua população ainda vive no campo. A industrialização é fraca, e a economia se baseia na agricultura, com o cultivo de algodão, soja, mandioca, milho, tabaco, e na silvicultura, sendo a madeira o produto mais explorado. Além disso, há um tradicional extrativismo vegetal com a exploração da erva-mate e do **quebracho**. Grande parte da renda nacional paraguaia se origina dos recursos financeiros que o Brasil paga pela energia elétrica gerada na usina de Itaipu (entre o Brasil e o Paraguai), além dos recursos provenientes da compra de produtos estrangeiros — notadamente chineses, que entram no Paraguai pagando baixíssimos impostos — por brasileiros e argentinos.

Duas paisagens naturais dominam o território paraguaio. Ao norte e a oeste está o Chaco, área pantanosa, baixa e sujeita a frequentes inundações fluviais. A densidade demográfica nessa região é baixa, e a atividade econômica predominante é o extrativismo vegetal. Ao sul e a leste existe uma área planáltica, que apresenta as mesmas características físicas do oeste do estado do Paraná (Brasil), ou seja, relevo e clima semelhantes. É nessa porção do país que se concentra a maioria da população paraguaia.

Quebracho: árvore da qual se extrai o tanino, substância usada para curtir o couro.

Vista de Assunção, Paraguai. Foto de 2014.

Texto e ação

1. O Paraguai, além de ser o país mais pobre da América Platina, é um dos mais pobres da América do Sul. Vamos sintetizar algumas informações sobre esse país vizinho? Para isso, copie o quadro ao lado no caderno e complete-o com as informações dadas no capítulo.

Paraguai	
Capital do país	
População da capital	
Percentual da população urbana	
Base da economia	
Origem de grande parte da renda nacional	
Localização da hidrelétrica de Itaipu	

2. Duas paisagens naturais dominam o território paraguaio. Quais são elas? Quais as suas características?

4 Expansão do Mercosul

O advento do Mercosul ampliou bastante as relações comerciais e financeiras do Brasil com seus vizinhos do sul e sudoeste. Até os anos 1980, os países platinos não eram parceiros comerciais importantes, principalmente com relação a investimentos. Porém, nos anos 1990, passaram a figurar, notadamente a Argentina, entre os mais importantes para o comércio exterior brasileiro. Um crescente número de empresas do Brasil já abriu filiais na Argentina (e vice-versa), e muitas indústrias estrangeiras se instalaram em um desses países a fim de produzir para todo o mercado consumidor do Mercosul.

No setor do turismo, também houve uma sensível mudança, pois, até os anos 1980, os principais turistas estrangeiros no Brasil eram norte-americanos e europeus; hoje, predominam os argentinos. E o inverso também é verdadeiro, pois, desde os anos 1990, há mais turistas brasileiros indo para os países do Mercosul, especialmente para a Argentina, do que para a Europa ocidental e para os Estados Unidos, os dois principais destinos até os anos 1980.

Mas isso tudo não quer dizer que o comércio ou o turismo do Brasil com a Europa e com os Estados Unidos diminuíram; pelo contrário, eles até aumentaram, mas a um ritmo inferior ao aumento que ocorreu com os parceiros do Mercosul.

O Brasil, que tem a maior e mais industrializada economia do Mercosul, é o principal mercado para as exportações do Paraguai, do Uruguai e até da Argentina, e é o segundo maior exportador para esses três países, ultrapassando os Estados Unidos e, nos últimos anos, perdendo apenas para a China. Só para mencionar alguns dados estatísticos, podemos lembrar que, em 1985, o total das exportações e importações entre os quatro países fundadores do Mercosul era inferior a 3 bilhões de dólares. Em 2000, apenas nove anos após a criação desse mercado regional, esse total já atingia a cifra dos 25 bilhões de dólares. Em 2010, esse montante atingiu a casa dos 40 bilhões de dólares. Mas ultimamente esse crescimento tem sido mais lento, por causa da crise da Argentina e da invasão de produtos chineses baratos. A Argentina, um parceiro comercial relativamente sem importância para o Brasil antes da formação dessa associação comercial, hoje é um dos cinco mais importantes parceiros comerciais. O inverso é ainda mais significativo, pois o Brasil é o principal mercado exportador e o segundo importador da Argentina (30% do comércio externo total desse país), posição que até os anos 1980 pertencia aos Estados Unidos. As exportações brasileiras para esses três países platinos em 1989 eram de apenas 1,3 bilhão de dólares (3,7% do total das exportações nesse ano); em 2010 esse montante chegou a 22,6 bilhões de dólares (11,2% do total).

Os principais produtos que o Brasil exporta para os demais países do Mercosul são: automóveis, motores e peças, tratores, bebidas (refrigerantes e cervejas), cigarros, café, calçados, açúcar, aparelhos de telefonia, óleos, etc. E o Brasil importa desses países, entre outros produtos, trigo, petróleo, artigos de couro, automóveis e peças, bebidas (vinhos e sucos), carne, leite em pó e milho.

Brasil exporta automóveis para Argentina e importa a maior parte dos automóveis produzidos neste país. Na foto, de 2011, linha de montagem de automóveis na Argentina.

Perspectivas do Mercosul

As perspectivas do Mercosul nesta segunda década do século XXI são: continuação do avanço nas relações comerciais entre os países-membros; liberalização no setor de serviços; abertura nas concorrências públicas; novas legislações comuns e, talvez nas próximas décadas, uma moeda única.

- **Expansão das relações de troca entre os Estados do Mercosul**. Depende muito do desempenho de suas economias nacionais. Quando existe uma importante crise econômica ou monetária, essas relações comerciais ficam estagnadas ou até decrescem um pouco, tal como ocorreu com a grande desvalorização sofrida pela moeda brasileira em janeiro de 1999 e com a crise argentina de 2001. Nesses momentos de crise, as relações comerciais entre os membros do Mercosul, particularmente Brasil e Argentina, as duas mais importantes economias do bloco, decrescem durante alguns anos.
- **Liberalização dos serviços**. Significa basicamente que os profissionais (médicos, advogados, dentistas, professores, jornalistas, etc.) de qualquer um dos países-membros poderão trabalhar sem restrições nas demais nações, o que quer dizer

Unidade 2 • América Latina

Passaporte brasileiro com o nome Mercosul.

que os diplomas universitários desses países serão plenamente reconhecidos em qualquer parte do Mercosul, como já ocorre entre os países da Europa ocidental desde os anos 1980.

- **Abertura nas concorrências públicas**. Significa que as empresas sediadas em qualquer um dos Estados-membros poderão participar, em igualdade de condições, na disputa pelos gastos públicos de municípios, estados ou governos federais (para troca de veículos, compra de equipamentos, prestação de serviços, etc.), realizados em qualquer lugar dentro do Mercosul. Isso também é algo que existe há muito tempo nos países-membros da União Europeia.

- **Novas legislações comuns**. Deverão ser discutidas e assinadas em várias áreas desde normas para certos setores (proteção ao consumidor, controle do *deficit* público, currículos mínimos para determinados cursos, etc.) até a possível criação de um passaporte comum para os cidadãos, além de instituições supranacionais (um parlamento, por exemplo). Esse passaporte com o nome Mercosul já foi criado recentemente, mas continua sendo brasileiro, argentino, paraguaio ou uruguaio, com o nome do bloco na capa, além do nome do país emissor. Veja a foto ao lado.

O grande desafio do Mercosul, afinal de contas, é a produtividade dos seus trabalhadores, o que é crucial para a competitividade de seus produtos no mercado internacional. O desenvolvimento de recursos humanos e os esforços em pesquisa e desenvolvimento (P&D) são partes essenciais nesse processo. É aí que se situam os reais motivos das diferenças de produtividade entre países desenvolvidos e subdesenvolvidos. A maior parte das economias desenvolvidas gasta entre 2% e 3% do seu PIB em P&D, ao passo que o Brasil gasta somente a terça parte de 1% (ou seja, 0,33%).

Texto e ação

1. Em que período o Brasil tornou-se o principal parceiro comercial dos países platinos?

2. O Mercosul tem quatro países-membros e fundadores, entretanto em condições de participação diferentes. Mencione como cada país participa do bloco.

3. Explique a frase: "O Brasil é destino de muitos turistas argentinos e a Argentina é destino de muitos turistas brasileiros".

4. Comente a relação comercial do Brasil com a Argentina, após a criação do Mercosul.

5. Faça uma lista dos produtos que o Brasil exporta para os países do Mercosul e outra com os produtos que o Brasil importa desses países e responda: Na lista de produtos importados há algum que você e seus familiares costumam consumir? Existem produtos similares no Brasil?

6. Em sua opinião, aprimorar os recursos humanos e investir com maior amplitude no setor de P&D seria um dos caminhos para que, a médio e longo prazo, o Mercosul viesse a ter outra posição no contexto econômico mundial? Justifique.

7. Você acha que o Mercosul deve caminhar em direção ao que foi realizado pela União Europeia, isto é, liberalização no setor de serviços, abertura nas concorrências públicas, novas legislações comuns e o livre trânsito de trabalhadores entre os países-membros? Justifique.

Atividades finais

+ Ação

1. Os países platinos apresentam características étnicas diferentes das dos demais países sul-americanos. Sobre o assunto, faça o que se pede.

   a) Reproduza o quadro abaixo no caderno e preencha-o com as informações do texto.

País	Características étnicas
Paraguai	
Uruguai	
Argentina	

   b) Observe o gráfico da composição étnica do Brasil. Compare as características étnicas do Brasil com as dos países platinos. O que você conclui?

   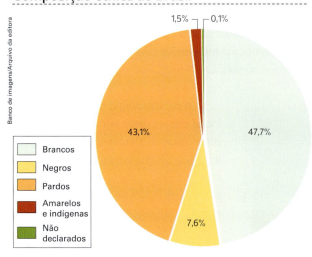

   Composição étnica do Brasil

   Brancos 47,7%
   Pardos 43,1%
   Negros 7,6%
   Amarelos e indígenas 1,5%
   Não declarados 0,1%

   Adaptado de: IBGE. Censo Demográfico 2010.

2. Segundo o Ministério das Relações Exteriores do Brasil, a extensão total da fronteira do Brasil com o Paraguai é de 1 365,4 km e, para demarcá-la, foram implantados 901 marcos definidores da linha de limite entre os dois países.

   a) Observe o mapa e considere as frequentes informações, nos meios de comunicação, sobre a apreensão de drogas, armamentos, etc. ao longo da fronteira oeste do Brasil. Em busca de uma ação mais efetiva contra os contrabandistas, a Polícia Federal (PF) começou a usar veículos aéreos não tripulados (Vants, em português, porém mais conhecidos como *drones*). Em 2013, pela primeira vez, a Força Aérea Brasileira (FAB) e a PF atuaram juntas apreendendo drogas na fronteira com o Paraguai.

   Fronteira Brasil-Paraguai

   Disponível em: <http://info.lncc.br/paesq.html>. Acesso em: 28 set. 2014.

   b) Agora responda às questões:
   - O que o mapa revela sobre a região fronteiriça Brasil-Paraguai? De que forma ele pode se relacionar com o combate aos contrabandistas?
   - Em sua opiniao, a fiscalização fronteiriça é importante? Por quê?

   c) Para obter mais informações sobre os limites e as fronteiras do Brasil com o Paraguai e demais países da América do Sul, acesse, se possível, o *site* <www.info.lncc.br/>.

3. Em maio de 2014, o jornal *Correio Braziliense* anunciou que, buscando diminuir os custos de energia, um número cada vez maior de empresários brasileiros está instalando mais fábricas na fronteira oeste. Isso consolida o chamado "made in Paraguay". Ou seja: uma quase isenção de impostos e uma mão de obra barata levaram tais empresários a produzir bens de consumo não duráveis no Paraguai há algum tempo. Hoje, diante da tendência de aumento dos custos de energia no Brasil, os baixos preços de energia oferecidos pelo governo paraguaio estimulam uma crescente expansão industrial brasileira no país vizinho.
Responda:
   a) O que você sabe sobre a Usina Hidrelétrica de Itaipu?
   b) O número de fábricas brasileiras instaladas no Paraguai vem aumentando nas últimas décadas. Por quê?
   c) Você, sua família, seus amigos e colegas já consumiram algum produto "made in Paraguay"? Qual?

4. Sobre o Mercosul, faça o que se pede:
   a) Pesquise em jornais, revistas e na internet textos, gráficos, mapas, tabelas, charges sobre a situação atual do Mercosul.
   b) Junte o material pesquisado, monte um cartaz e dê um título para o trabalho.
   c) Na data combinada com o professor, apresente seu cartaz para os demais alunos da classe.

De olho na imagem

1. Muitos brasileiros viajam a passeio para a Argentina. Vários motivos levam a isso, entre os quais as paisagens com montanhas nevadas, lagos glaciais e as estações de esqui. Sobre o assunto, observem a imagem e façam o que se pede.
   a) Leiam o texto:

   > Em poucos lugares do mundo, as quatro estações são tão marcantes como em Bariloche, o lugar mais conhecido pelos brasileiros na Patagônia argentina. OK, os brasileiros amam Bariloche por causa dos esportes de inverno, quando a neve transforma a paisagem e começa a temporada de esqui. Mas a região, que pertence à província de Rio Negro, está cercada pelo parque nacional de Nahuel Haupi, belos lagos andinos, além de rios e bosques.
   >
   > A princípio uma cidade rural, Bariloche era habitada por migrantes europeus — suíços, alemães, austríacos e italianos, que vieram atrás de sossego e clima europeu. Dizem que o nome completo — San Carlos de Bariloche — deve-se a um erro na correspondência de um comerciante alemão ali radicado. Em vez de escrever "don Carlos", alguém escreveu San Carlos. Bariloche vem do nome de uma das tribos indígenas — Vuriloche — que habitavam a região.
   >
   > Disponível em: <http://horizontegeografico.com.br/exibirMateria/353/explorando-o-fim-do-mundo>. Acesso em: 29 set. 2014.

   Bariloche, Argentina: praça em estilo suíço. Foto de 2015.

   b) Agora respondam às questões:
   • Com base na imagem e nas informações do texto, o que vocês diriam sobre a Patagônia? Justifiquem a resposta.
   • Que item do capítulo mais se relaciona com a imagem e o texto? Expliquem a resposta.
   c) Para conhecer outras paisagens da Argentina muito procuradas pelos turistas brasileiros, acessem, se possível, o *site* <www.turismo.gov.ar/por/menu.htm>.

118 Capítulo 6 • Mercosul e países platinos

2. Observem a imagem e, a seguir, respondam:

Imagem de satélite mostrando as fronteiras entre Brasil, Uruguai e Argentina, delimitadas pelas linhas amarelas. Imagem capturada do Google Earth em 2015.

a) Na opinião de vocês, a delimitação de fronteiras entre países é algo importante? Por quê?
b) Consultem um mapa e observem as fronteiras entre Brasil, Uruguai e Argentina. Comparem com a imagem de satélite. Escrevam um comentário.

Conexões

ATIVIDADES INTERDISCIPLINARES

ARTE, HISTÓRIA E LÍNGUA PORTUGUESA

1. Observe a foto, leia o texto e faça o que se pede.

Tango

De origem popular, o tango surgiu e se desenvolveu nos subúrbios de Buenos Aires, onde, em fins do século XIX, seus habitantes se reuniam para cantar e dançar, particularmente nos cortiços e prostíbulos. É por isso que a palavra tango significa "lugar de reunião dos escravos". Revela a influência de culturas africanas, europeias e crioulas e mostra os problemas e as paixões do povo argentino no contexto da industrialização e urbanização do país, então em curso. Nas primeiras décadas do século XX, a voz de Carlos Gardel, o "Turdo Crioulo", projetou a melancolia e a sensualidade do tango no mundo e fez dele o símbolo da cultura argentina.

Adaptado de: STUDYSPANISH.COM. *Tango*. Disponível em: <www.studyspanish.com/comps/tango.htm>. Acesso em: 9 dez. 2014.

Bailarinos dançando tango em rua de Buenos Aires, na Argentina. Foto de 2013.

a) Procure no dicionário o significado das palavras desconhecidas do texto.
b) Responda às questões:
   - Qual é a origem do tango?
   - Por que o tango é considerado um símbolo argentino?
   - Que detalhe da foto chamou mais a sua atenção?

2. Para conhecer os gêneros musicais do Brasil, acesse, se possível, o *site* <www.cantopraviver.com/generos.html>.

Capítulo 7
Países andinos e Guianas

No capítulo anterior, vimos os três países platinos que, juntamente com o Brasil, criaram o Mercosul. Neste capítulo, vamos estudar os outros dois principais conjuntos geográficos da América do Sul: a América Andina e as Guianas.

América do Sul: político

Observe o mapa e responda:

1. Considerando a legenda, identifique as regiões ou conjuntos de países da América do Sul.
2. O Brasil forma um conjunto à parte na América do Sul. Por quê?
3. Qual é a menor região da América do Sul? Cite seus participantes.

❶ América do Sul: aspectos gerais e regiões

A América do Sul é a área que se estende do sul do istmo do Panamá ao cabo Horn, perfazendo 7 mil quilômetros de extensão norte-sul e apresentando um formato triangular. Suas terras atingem a maior largura na altura do equador e se afunilam em direção ao sul do continente americano, onde terminam nos mares austrais.

Atravessada pela linha do equador no norte do Brasil e do Equador e no sul da Colômbia, a América do Sul tem uma área de 17 815 000 km², dos quais cerca de três quartos estão localizados na zona intertropical, ou seja, entre os trópicos de Câncer e Capricórnio.

Observe o mapa físico dessa porção do continente americano. Veja que no lado oeste, banhado pelo oceano Pacífico, existe uma grande cordilheira com altitudes elevadas: os Andes.

Adaptado de: SIMIELLI, M.E. *Geoatlas*. São Paulo: Ática, 2012.

Em seguida, observe duas grandes bacias hidrográficas, que estão entre as maiores do planeta:
- **bacia Amazônica**: aparece ao norte, entre o planalto das Guianas e o planalto Brasileiro, e é formada pelo rio Amazonas e seus afluentes;
- **bacia Platina**: mais ao sul, é constituída pelos rios Paraná, Paraguai e Uruguai, que se juntam entre a Argentina e o Uruguai, formando o rio da Prata.

Unidade 2 • América Latina 121

A constituição física da América do Sul é importante para entender a sua divisão em grupos de países ou conjuntos regionais:

- **Guianas**: boa parte de seu território tem áreas planálticas e semimontanhosas pertencentes ao planalto das Guianas;
- **Países andinos**: possuem territórios com grandes trechos constituídos pela cordilheira dos Andes (veja a foto abaixo).

Cordilheira dos Andes: Vale dos Incas, no Peru. Foto de 2014.

- **Países platinos**: são banhados, em grande parte de seu território, pelos rios formadores da bacia do Prata.
- **Brasil**: é um caso à parte: no seu imenso território, que corresponde a quase metade da América do Sul — 47% das terras sul-americanas são brasileiras —, encontram-se presentes alguns trechos do planalto das Guianas (ao norte) e da bacia do Prata (ao sul). No entanto, possui outros traços físicos que tornam o país peculiar, com características específicas e diversificadas.

Formação histórica dos conjuntos regionais

Os conjuntos regionais da América do Sul não são constituídos somente pelos traços físicos. Há também uma forte influência da história. Tomemos como exemplo as antigas Guianas. A Guiana Inglesa tornou-se independente em 1966, com o nome de Guiana; a Guiana Holandesa conseguiu sua autonomia em 1954 e passou a se chamar Suriname em 1975, quando conquistou a independência; a Guiana Francesa, por sua vez, ainda é um **departamento francês de ultramar**.

Como podemos notar, a formação das antigas Guianas foi bem diferente da formação das demais nações sul-americanas, que eram colônias da Espanha ou de Portugal e conseguiram sua independência ainda no século XIX.

Também o Brasil tem uma história diferente da do restante da América do Sul. É o único país deste subcontinente que foi colonizado por portugueses. Assim, a língua falada aqui é o português, e não o espanhol, que predomina no restante da América do Sul. E as relações do Brasil com seus vizinhos do subcontinente sul-americano — com exceção dos países platinos — sempre foram muito frágeis.

Departamento francês de ultramar: uma divisão administrativo-territorial do Estado francês; nesse caso, trata-se de um departamento situado além dos mares em relação à antiga metrópole (a França).

Capítulo 7 • Países andinos e Guianas

Texto e ação

1. Responda às questões:
   a) Quais os quatro conjuntos geográficos formados pelos países da América do Sul no que se refere às paisagens naturais?
   b) Entre os quatro principais conjuntos geográficos da América do Sul, o Brasil é considerado um caso à parte. Explique por quê.
2. Do ponto de vista da divisão política, a América do Sul é constituída por doze Estados soberanos e um departamento francês de ultramar. Considerando essas informações e consultando o mapa da página 120, faça uma lista com o nome dos Estados e de suas respectivas capitais.
3. Explique a diferença entre a formação histórica das antigas Guianas e a dos demais países da América do Sul.

❷ América Andina

Como você identificou no mapa da página 120, os países andinos são seis: Chile, Peru, Bolívia, Equador, Venezuela e Colômbia. Eles possuem características semelhantes tanto pela presença da cordilheira dos Andes em seu território quanto pelos traços humanos e culturais.

Na atualidade, porém, o papel que os Andes desempenham nessa região da América varia de país para país:

- na **Colômbia**, esse papel é marcante: dois terços da população se distribuem pelos Andes, onde se localizam Bogotá e Medellín, as duas maiores cidades;
- na **Venezuela**, onde essa cordilheira ocupa uma área muito reduzida da superfície do país, nenhuma cidade importante se localiza ali;
- no **Equador**, as camadas mais pobres da população habitam os Andes;
- no **Peru**, além de abrigar a população pobre, os Andes abrigam os indígenas e grupos de guerrilheiros;
- na **Bolívia**, é nos Andes que encontramos cerca de três quartos da população do país (veja abaixo);
- no **Chile**, existem minas de cobre e fontes de água importantes nessa cordilheira.

Uma pastora com suas ovelhas e duas lhamas perto do lago Titicaca, na Bolívia. O lago Titicaca localiza-se nos Andes, entre a Bolívia e o Peru. Foto de 2013.

Foi nessa região, com centro no atual território do Peru e estendendo-se por imensas áreas atualmente pertencentes ao Chile, ao Equador e à Bolívia, que se desenvolveu a civilização inca. Essa civilização atingiu um alto grau de desenvolvimento tecnológico (estima-se que os incas conheciam técnicas avançadas de utilização da energia solar, que foram perdidas com a destruição causada pelos colonizadores). O próprio nome *Andes* é derivado da palavra *andenes*, terraços construídos pelos incas nessas áreas montanhosas. Muitas ruínas que permanecem até o presente, especialmente no Peru, atestam a grandiosidade da civilização inca.

De maneira geral, pode-se dizer que a América Andina se subdivide, do ponto de vista da geografia física, em três paisagens principais:

- **montanhosa**, formada pela cordilheira dos Andes, onde as altitudes são elevadas e a temperatura geralmente é baixa;
- **litorânea**, a mais populosa, é constituída pela faixa de terra que vai dos Andes até o mar;
- de **áreas florestais**, onde sobressai a floresta Amazônica.

No sul da Bolívia, surge também o **Chaco**, importante região alagada e de baixas altitudes que se estende do Paraguai até o Brasil, onde recebe o nome de *Pantanal*.

No noroeste do Chile e sul do Peru surge uma região de *clima desértico*: o deserto de Atacama.

Grande parte da população — e, consequentemente, das principais cidades das nações andinas — concentra-se na faixa litorânea. A única exceção é a Bolívia, país não banhado pelo mar. É no Altiplano boliviano — área planáltica situada entre montanhas, com elevadas altitudes — que se concentra a maioria da população. A própria capital do país, La Paz, está situada a 3 600 m de altitude.

Quadro-síntese dos países andinos (2013)

País	Área (km²)	População (em milhões)	PIB (em milhões de dólares)	Renda *per capita* (em dólares)	População vivendo abaixo da linha internacional da pobreza* (em %)
Venezuela	912 050	30,4	381 600	12 550	10,1
Colômbia	1 141 748	48,3	365 100	7 560	27,9
Bolívia	1 098 581	10,7	27 200	2 550	22,0
Chile	756 626	17,6	268 300	15 230	2,4
Equador	270 670	15,7	96 600	5 510	13,5
Peru	1 285 261	30,4	194 100	6 390	14,8

Adaptado de: WORLD BANK 2014 e ONU. *US Human Development Report*, 2014.

*Neste caso, a linha internacional da pobreza é definida pelas pessoas que vivem com menos de dois dólares ao dia.

Texto e ação

1. Do ponto de vista fisiográfico, a América Andina se subdivide em três paisagens principais. Qual é a mais populosa? Em qual delas aparecem as maiores altitudes? Que floresta se destaca nas áreas florestais?
2. Comente a frase: "O papel que a cordilheira dos Andes desempenha na América Andina varia de país para país".
3. Explique a origem do nome Andes.
4. Interprete o quadro-síntese dos países andinos. Escreva suas conclusões.

Venezuela

A Venezuela é um grande produtor e exportador mundial de petróleo, o que justifica a segunda maior renda *per capita* da América Andina. O petróleo é abundante no litoral do país, especialmente na região do lago Maracaibo. Essa fonte de energia — e a indústria petroquímica dela derivada — é a grande riqueza da Venezuela, responsável por cerca de 95% de suas exportações.

A vida política venezuelana apresentou algumas diferenças em relação ao que se observa no restante da América Latina. Até o final da década de 1980, na Venezuela se sucederam governos civis eleitos pelo povo. Porém, a partir dos anos 1990, o país passou a conviver com regimes ditatoriais, exatamente num momento em que a maioria das nações sul-americanas saía de ditaduras militares ou civis e ingressava em regimes políticos um pouco mais democráticos.

Vista de Caracas, Venezuela, com o Parque do Leste, que foi projetado pelo arquiteto brasileiro Roberto Burle Marx. Foto de 2014.

O agravamento da situação econômica do país, causado pelos baixos preços internacionais do petróleo e pela inflação, levou um grupo de oficiais nacionalistas a uma tentativa de golpe de Estado em fevereiro de 1992. Essa tentativa foi rapidamente controlada pelo governo. Todavia, em 1999, chegou ao poder na Venezuela um coronel — Hugo Chávez —, que, embora tenha sido eleito com o apoio popular, se perpetuou no poder até 2013, quando morreu. Durante seu governo, controlou os meios de comunicação e limitou o poder do Congresso e do Judiciário, evidenciando uma atitude extremamente autoritária.

Aliança Bolivariana para os Povos da Nossa América – Tratado de Comércio dos Povos

A Alternativa Bolivariana para as Américas (Alba), fundada em 2004 por Hugo Chávez (presidente da Venezuela) e Fidel Castro (presidente de Cuba), em Havana, mudou o seu nome para Aliança Bolivariana para os Povos da Nossa América em 2009. Ou seja, três anos após a Bolívia, presidida por Evo Morales, ter-se integrado aos dois países fundadores por meio do Tratado de Comércio dos Povos. Assim, essa aliança é conhecida pela sigla Alba-TCP. Atualmente, conta com a participação do Equador e mais cinco países da América Central — Nicarágua, São Vicente e Granadinas, Dominica, Antígua e Barbuda e Santa Lúcia — e defende uma integração política e social entre seus membros, além do estreitamento das relações econômicas.

Após a sua primeira eleição como presidente, Hugo Chávez trocou o nome do país para República Bolivariana da Venezuela, numa referência a Simon Bolívar (1783-1830), um personagem importante na independência de cinco países da antiga América espanhola (Venezuela, Colômbia, Bolívia, Equador e Peru) e que, com o tempo, virou um mito, isto é, alguém cujas façanhas foram exageradas ou distorcidas para se criar uma imagem de grande herói latino-americano.

Chile

Apesar de ter uma economia diversificada, o Chile continua sendo um importante produtor e exportador de minérios, com destaque para o cobre, embora essa atividade mineradora já tenha sido bem mais importante para a economia chilena no passado. Sua taxa de analfabetismo é de apenas 3% (a mais baixa da região), a expectativa de vida é de 79,5 anos (a mais elevada da América do Sul) e a população vivendo abaixo da linha internacional da pobreza é de apenas 2,4%, a porcentagem mais baixa da América do Sul.

O formato do território chileno, como se percebe pelo mapa, é bastante peculiar: estreito no sentido dos meridianos, isto é, no sentido leste–oeste (aproximadamente 200 quilômetros), e extremamente extenso no sentido dos paralelos, ou seja, estende-se de norte a sul por cerca de 4 000 quilômetros.

Ao norte, o Chile possui terras áridas e desérticas; ao sul, o litoral é recortado por **fiordes** e há áreas muito frias; a parte central, onde se localizam as principais cidades (Santiago, Viña del Mar, Valparaíso, Talcahuano, etc.), é a porção mais populosa e com maior concentração de atividades econômicas. Veja o mapa ao lado, que apresenta também a economia dos demais países andinos e das Guianas.

Depois de passar por grandes dificuldades nos anos 1970 e 1980, a economia chilena tornou-se uma das mais dinâmicas do mundo a partir dos anos 1990, com elevadas taxas anuais de crescimento. Isso decorreu de uma série de reformas que foram realizadas no país, como diminuição dos impostos e privatização de empresas estatais, aprimoramento na qualidade da produção, incentivos à entrada de investimentos estrangeiros, etc. Esse "milagre chileno", como passou a ser denominado, foi também o resultado de uma política de abertura para o exterior e de um grande aumento nas exportações de matérias-primas minerais e de gêneros alimentícios de primeira qualidade (vinhos, frutas e peixes).

Adaptado de: ATLAS du 21ᵉ siècle. Paris: Nathan, 2014.

Fiordes: golfos estreitos e profundos, delimitados por escarpas montanhosas.

A situação política e social, que havia se deteriorado de 1973 até o fim dos anos 1980, voltou à normalidade na década de 1990. Nos anos 1970 e 1980, vigorou uma ditadura militar, presidida pelo general Augusto Pinochet, que intensificou as diferenças entre ricos e pobres, acabou com as eleições livres e com a democracia, prendeu e assassinou milhares de pessoas, etc.

O regime militar acabou, houve eleições democráticas, e o novo regime vem procurando melhorar a situação econômica e social do país. Os salários tiveram um pequeno aumento real (ou seja, subiram mais que a inflação), fato que diminuiu um pouco as desigualdades sociais, e os sindicatos livres e o direito de greve passaram a ser aceitos novamente.

Vista de Santiago, no Chile. Foto de 2015.

A boa situação econômica do país nos anos 1990 fez com que o Chile fosse convidado a participar de três dos mais importantes megablocos ou mercados internacionais do planeta: Cooperação Econômica da Ásia e do Pacífico (Apec), da qual é membro pleno, Nafta e Mercosul, dos quais é membro associado.

Colômbia

A Colômbia, maior população da América Andina, é o único país da América do Sul que tem duas saídas marítimas: uma no oceano Atlântico, através do mar do Caribe (ou das Antilhas), onde o porto de Cartagena se destaca desde o período colonial, e outra no oceano Pacífico, onde se destaca o porto de Buenaventura.

Os principais produtos de exportação são: petróleo, café, esmeraldas, carvão, níquel, ouro, banana e açúcar. Cerca de 95% da produção mundial de esmeraldas é da Colômbia. A industrialização ainda é fraca, mas vem avançando bastante ultimamente com a entrada de investimentos estrangeiros, inclusive brasileiros.

Existem dois grandes problemas na Colômbia: os cartéis de drogas, especialmente cocaína, e os grupos guerrilheiros. É sabido que existem laboratórios, armazéns e até aeroportos equipados para a fabricação e a exportação, em grande escala, da cocaína, que é consumida principalmente nos Estados Unidos e, em menor quantidade, na Europa, na Ásia e na América do Sul.

O poderio da "máfia" ou "cartel" de Medellín foi realmente notável até por volta de 1993, quando o cartel foi violentamente reprimido pelo exército colombiano, treinado por militares norte-americanos. Com o enfraquecimento desse cartel, outros, como o de Cartagena e principalmente o de Cali, vêm controlando o tráfico de drogas no país.

Além da Colômbia, outros países sul-americanos, como a Bolívia, o Peru, o Equador e algumas áreas da Venezuela e do Brasil, estão envolvidos nessa lucrativa produção, por apresentarem condições naturais (solos e clima) adequadas à cultura dessas plantas. A coca é plantada principalmente na Amazônia e, especialmente, na parte andina dessa imensa paisagem natural.

Os traficantes contam com o apoio de milhões de camponeses, de quem compram as folhas de coca. Eles conseguem esse apoio porque oferecem aos camponeses trabalhos mais bem remunerados que outros semelhantes. Um trabalhador em plantação de coca, por exemplo, ganha mais que um trabalhador em plantação de café ou cana-de-açúcar.

Vista de Medellín, Colômbia. Foto de 2014.

A coca é tradicionalmente cultivada nessas regiões, pois tanto camponeses como indígenas têm o hábito de mascar suas folhas. É uma forma de resistir ao frio e estimular o organismo para o trabalho. A cocaína, porém, não é semelhante à folha da coca quando mastigada. Trata-se de um produto altamente concentrado, fabricado em laboratórios. A cocaína tem efeito estimulante e excitante nas primeiras vezes em que é consumida. Mas, com o tempo, costuma provocar fadiga, depressão e irritabilidade. E, quando consumida em doses excessivas, pode provocar a morte.

Atuam na Colômbia algumas organizações guerrilheiras (ou terroristas, como prefere o governo), principalmente as Forças Armadas Revolucionárias da Colômbia (Farc), que existem desde 1955. Apesar de enfraquecido nos últimos anos, esse movimento guerrilheiro ainda é o mais importante e o mais antigo da América Latina. Ele se expandiu bastante nos anos 1990, chegando a controlar cerca de 30% do território colombiano em 1999 e formar quase outro Estado no sul desse país. Esse fato levou os Estados Unidos a oferecer farta ajuda financeira à Colômbia para combater a guerrilha e o narcotráfico, além de pressionar diplomaticamente o Brasil e outros países vizinhos a enviarem tropas para ajudar o governo colombiano a recuperar os territórios em poder dos guerrilheiros.

Equador

O Equador é o menor país da América Andina e, depois da Bolívia, o mais pobre. A economia equatoriana é extremamente frágil e uma das mais atrasadas da América do Sul. O petróleo — que existe numa quantidade limitada — constitui seu principal produto de exportação, representando mais de 40% do total. Outros produtos exportados pelo país são café, flores, banana e cacau.

Vista da parte histórica de Quito, Equador. A cidade de Quito consta na lista do Patrimônio da Humanidade da Unesco. Foto de 2014.

Peru

O Peru é um país tipicamente andino; sua população é constituída predominantemente de mestiços e indígenas. Há uma enorme concentração da renda, e as grandes cidades, principalmente Lima, a capital, apresentam moradias precárias e um enorme contingente de subempregados. Em Lima, com mais de 10 milhões de habitantes, concentra-se cerca de um terço da população total do país.

A economia peruana baseia-se nas seguintes atividades:
- **pesca**: o país está entre os maiores produtores e exportadores mundiais de pescado;
- **mineração**: cobre, petróleo, prata;
- **agricultura**: coca, trigo, milho, cana-de-açúcar e café.

Mercado em Lima, no Peru, cujo centro histórico é classificado pela Unesco como Patrimônio da Humanidade. Foto de 2014.

Bolívia

A Bolívia é o país mais pobre da América Andina, e talvez da América do Sul, juntamente com a Guiana. A economia boliviana baseia-se na mineração. Seu principal produto de exportação é o estanho, seguido pelo gás natural e pelo petróleo. A agropecuária, com uma criação extensiva de carneiros — e, principalmente, com o cultivo de coca e de maconha —, também é importante. Os recursos financeiros movimentados pelo tráfico da cocaína talvez sejam maiores que os da mineração, embora não existam dados oficiais sobre esses recursos. Sabe-se apenas que a Bolívia é o segundo produtor e exportador mundial de cocaína e de maconha, perdendo só para a Colômbia. Do ponto de vista político, os golpes de Estado foram muito frequentes no passado recente.

Atualmente, a Bolívia é governada por presidentes eleitos de forma democrática pelo povo, um sinal de que o país pretende conquistar a estabilidade política, essencial para promover o crescimento de sua economia e diminuir as desigualdades de sua população. E isso, nos últimos anos, tem levado grupos econômicos de Santa Cruz de la Sierra, enriquecidos com a exportação de gás, a reclamar sua autonomia perante o Estado boliviano. Esses grupos desejam administrar os recursos naturais de que dispõem em favor da economia de sua região. Em médio prazo, isso pode levá-los a se separar da Bolívia.

A construção do gasoduto Bolívia-Brasil (1997-1999) é, sem sombra de dúvida, algo que ajudou a impulsionar a economia boliviana. O gasoduto se estende por 560 quilômetros até a fronteira brasileira, e por 1 400 quilômetros para chegar ao porto de Santos.

Do ponto de vista geopolítico, e mesmo econômico, um dos grandes problemas da Bolívia é a ausência de uma saída para o mar. Depois de se tornar independente da Espanha, a Bolívia passou a contar com um território maior que o atual, inclusive uma área banhada pelo oceano Pacífico. Mas, numa guerra com o Chile, no fim do século XIX, a Bolívia perdeu essa área litorânea. Esse fato dificulta seu comércio externo, pois a navegação é o meio de transporte mais eficaz e barato para as trocas de mercadorias. Até hoje a Bolívia reivindica do Chile uma saída para o Pacífico. Veja o mapa ao lado.

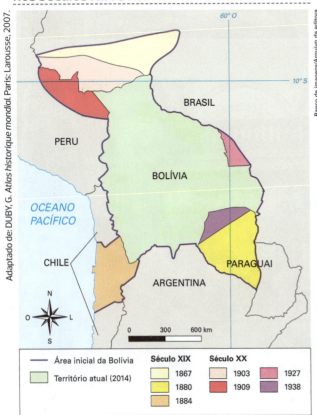

Bolívia: perdas territoriais nos séculos XIX e XX

Vista de La Paz, na Bolívia. Foto de 2014.

Texto e ação

1. Observe as fotos das páginas 122 a 130 e leia as legendas. Escolha a foto de que você mais gostou e escreva outra legenda para ela.
2. Sobre a Venezuela, copie no caderno o quadro a seguir e preencha-o com as informações do capítulo.

Nome do país	
Área	
Capital	
População	
Renda *per capita*	

3. Observe a foto da página 125 e elabore um texto sobre a capital venezuelana. No seu texto, comente os elementos da paisagem retratados na foto.
4. Comente a importância atual da atividade mineradora na economia chilena.
5. Cite algumas características da economia boliviana.

3 Guianas

As três Guianas limitam-se ao sul com o Brasil, a oeste com a Venezuela e ao norte com o oceano Atlântico. É justamente na porção norte, na faixa de terras mais baixas e próximas do litoral, que se concentram cerca de 90% da população total das três Guianas. Aí estão as principais cidades. Para o sul, as terras são planálticas, com algumas grandes elevações (entre 2 000 e 3 000 m, nas fronteiras com o Brasil) e vegetação densa, constituída pela floresta Amazônica.

Até a primeira metade do século XX, como já vimos, as Guianas eram três colônias pertencentes a países europeus: Holanda (o atual Suriname), Reino Unido (a atual Guiana) e França (a Guiana Francesa, que ainda é um departamento de ultramar daquele país). As relações das Guianas com os demais países sul-americanos sempre foram frágeis, quase inexistentes.

Atualmente, a Guiana e o Suriname tentam timidamente estreitar relações comerciais com os demais países da América do Sul.

Quadro-síntese das Guianas (2013)

País	Área (km²)	População	PIB (em milhões de dólares)	Renda *per capita* (em dólares)
Guiana	214 970	800 000	3 000	3 750
Suriname	163 821	500 000	5 000	9 260
Guiana Francesa	83 846	250 000	4 900	19 828

Adaptado de: WORLD BANK, 2014; L'INSTITUT NATIONAL DE LA STATISTIQUE ET DES ÉTUDES ÉCONOMIQUES.
Disponível em: <www.insee.fr/fr/themes/detail.asp?reg_id=99&ref_id=pib-va-reg-base-2005>.
Acesso em: 22 out. 2014.

Como se percebe pela tabela, as melhores condições de vida encontram-se na Guiana Francesa, a única que não é um país independente. E as piores condições de vida estão na Guiana, que conquistou a sua independência do Reino Unido em 1966.

Guiana

Conflito territorial entre Venezuela e Guiana

Adaptado de: DUBY, G. *Atlas historique mondial*. Paris: Larousse, 2007.

Mais de 50% da população da Guiana é constituída por descendentes de indianos que para lá migraram no século XIX, por causa da política britânica de incentivar a ida de mão de obra barata da Ásia. Antes disso, os britânicos já haviam levado negros africanos para trabalhar como escravos. Mas houve uma forte rebelião no fim do século XVIII, que foi violentamente reprimida e causou um grande receio nas autoridades britânicas. A escravidão foi abolida em 1834, e os negros e mulatos constituem, na atualidade, cerca de 40% da população total da Guiana. Mudanças significativas nas condições de vida da população são necessárias para reduzir os violentos choques raciais entre indianos e negros no país.

A economia guianense é tipicamente subdesenvolvida: quase não há indústrias no país, predominam as atividades extrativas minerais (a bauxita, por exemplo, é o grande produto de exportação do país) e a produção de gêneros agrícolas (cana-de-açúcar, café e arroz). Com o declínio nas exportações de bauxita (minério de alumínio) nos últimos anos, a economia guianense vem passando por uma crise que se agravou ainda mais por causa dos empréstimos que o governo fez em bancos internacionais.

Com relação ao seu território, a Guiana vem enfrentando um grande problema: a Venezuela tem reivindicado uma extensão enorme de terra pertencente hoje à Guiana, com a alegação de que essa área foi tomada à força pelos britânicos no século XIX. Essa área reivindicada pela Venezuela constitui o território de Essequibo, que perfaz quase dois terços da Guiana na sua porção oriental. Veja o mapa ao lado.

Por causa disso, a situação na fronteira entre esses países é de tensão permanente. A arbitragem desse litígio encontra-se, desde 1983, nas mãos da ONU, com a concordância das duas partes interessadas. Espera-se que haja um acordo, mas é provável que a Guiana perca parte de seu território, mesmo que a Venezuela não fique com toda a área que reivindica.

Mulher em frente ao mercado central de Georgetown, na Guiana. Foto de 2014.

Suriname

O Suriname possui grandes reservas de bauxita, talvez as maiores do planeta. Esse minério é o mais importante produto de suas exportações. Além dele, o Suriname exporta ouro, ferro, platina e manganês. Os principais produtos agrícolas são o arroz e as frutas tropicais. A população é formada por 35% de negros ou mulatos, 35% de descendentes de indianos e 30% de chineses, japoneses, descendentes de europeus e minorias indígenas.

Casas em estilo colonial holandês em Paramaribo, no Suriname. Foto de 2013.

Guiana Francesa

A Guiana Francesa tem uma economia baseada principalmente na pesca e na extração mineral. Existe aí uma grande imigração ilegal, principalmente de brasileiros, haitianos e surinameses, atraídos pela possibilidade de obter renda em euros, a moeda que vigora nesse departamento francês.

Nas últimas décadas, a Guiana Francesa desenvolveu uma economia florescente, estimulada pela atividade no centro espacial de Kourou, conhecido por hospedar a base de lançamento de foguetes e satélites da Agência Espacial Europeia (ESA). O aluguel da base de lançamento rende dividendos à administração local. Esse centro espacial, construído a partir de 1968, contribuiu muito para o desenvolvimento econômico da Guiana Francesa não só por gerar empregos, mas também por introduzir tecnologia de ponta e informática à região.

O sistema de transportes concentra-se no litoral. Há um aeroporto internacional em Rochambeau, perto de Caiena, a capital.

Lançamento de foguete no centro espacial da Agência Espacial Europeia (ESA), em Kourou, na Guiana Francesa. Foto de 2015.

Texto e ação

1. Explique por que as relações entre as Guianas e os demais países sul-americanos sempre foram frágeis.
2. Responda às questões:
   a) Mais de 50% da população da Guiana é constituída por descendentes de indianos. Quando e por que eles migraram para esse país?
   b) A Guiana Francesa tem recebido muitos imigrantes procedentes do Suriname, do Haiti e até mesmo do Brasil. O que esses imigrantes buscam no país? O que os atrai para lá?
3. Comente a afirmação: "Além da crise econômica, a Guiana enfrenta problemas relacionados às fronteiras".
4. Compare a constituição da população da Guiana com a do Suriname. Quais as semelhanças e diferenças encontradas?

Unidade 2 • América Latina

Atividades finais

+ Ação

1. Sobre os principais conjuntos geográficos do subcontinente, realize as atividades a seguir.
   a) Reproduza numa folha de papel transparente o mapa "América do Sul: político" (página 120) somente com a divisão regional.
   b) Sobreponha seu mapa ao mapa "América do Sul: físico" (página 121).
   c) O que você conclui?

2. Os conjuntos regionais da América do Sul não são constituídos somente pelos traços fisiográficos; há uma forte influência de traços humanos, principalmente históricos.
   - Reproduza o quadro no caderno e preencha-o com as informações do capítulo.

País	Bases históricas
Guiana	
Suriname	
Guiana Francesa	
Brasil	
Países platinos	
Países andinos	

3. Observe o "Quadro-síntese dos países andinos (2013)" (página 124) e faça as atividades propostas.
   a) Cite:
      - a fonte e o ano das informações.
      - o país menos populoso e o mais populoso.
      - o país com a maior renda *per capita* e o país com a menor renda *per capita*.
   b) Comente os dados da coluna sobre o percentual da população vivendo abaixo da linha internacional da pobreza.
   c) Responda às questões:
      - O que podemos dizer a respeito da renda *per capita* dos países da América Andina, quando comparada à do Brasil, que é de 11 690 dólares?
      - Imagine que você tenha de escolher um país da América Andina para morar. Com base nas informações do quadro, qual deles você escolheria? Justifique sua escolha.

4. Leia e comente o texto a seguir.

   O terremoto de 8,8 de magnitude que atingiu a região central do Chile na madrugada de sábado (27 de fevereiro de 2010) derrubou prédios e deixou pelo menos 802 mortos, quinhentos feridos (cem deles em estado grave) e dezenove desaparecidos, além de 2 milhões de desalojados. Foram identificados 497 dos mortos.
   O epicentro do tremor foi localizado no mar, a 35 quilômetros de profundidade, em Maule, a 105 quilômetros da cidade de Talca.
   O tremor, o quinto maior da história, teve cerca de um minuto de duração e ocorreu às 3h34min, destruindo edificações e pontes e atingindo a capital, Santiago, a 325 quilômetros de distância.
   O sismo e os tsunamis por ele provocados afetaram mais de 2 milhões no país, segundo a presidente Michelle Bachelet, que decretou "estado de catástrofe" no país. O tremor foi sentido nos países vizinhos, inclusive no Brasil.

   Disponível em: <http://g1.globo.com/Noticias/Mundo/0,,MUL1509993-5602,00-COBERTURA+COMPLETA+TERREMOTO+NO+CHILE.html>. Acesso em: 30 set. 2014.

5. Escolha apenas um dos temas relacionados abaixo e pesquise em jornais, revistas e na internet fotos, reportagens, mapas, gráficos sobre o tema escolhido.
   - A situação atual da Colômbia: as guerrilhas e o narcotráfico.
   - A economia do Chile e seus desafios atuais.
   - As dificuldades políticas e econômicas da Venezuela.

   Na data marcada pelo professor, traga o material pesquisado para a sala de aula. Nesse dia, o professor vai dividir a classe em grupos para orientar as seguintes atividades:
   a) Leiam as informações pesquisadas.
   b) Separem o material pesquisado para elaborar um cartaz sobre o tema escolhido.
   c) Lembrem-se de dar um título para o trabalho.

De olho na imagem

1. Em 2007, uma fundação suíça promoveu um concurso para eleger as sete novas maravilhas do mundo. A votação foi realizada pela internet e por mensagens telefônicas. Uma das vencedoras foi Machu Picchu, no Peru.

   a) Observem a imagem e leiam um trecho do texto da jornalista Clarissa Donda sobre Machu Picchu.

Fogueiras e helicópteros: o início da depredação

Mas se Machu Picchu foi poupado da destruição espanhola, a cidade sagrada teve também sua cota de estrago no século XX devido a seus visitantes. E um deles foi o próprio Hiram Bingham, o "'descobridor" de Machu Picchu [...]. Ao encontrar a cidade perdida, toda coberta pela mata por séculos, ele percebeu que levaria um tempo enorme para limpar a cidade [...], para poder efetivamente fazer suas buscas e pesquisas.

[...] O ruim é que o fogo destruiu também o revestimento das casas, [...] com pinturas e desenhos próprios da decoração da época. Perdeu-se tudo.

[...] Com o tempo, Machu Picchu foi [...] recebendo milhares de visitas [...] todas com pouquíssimas preocupações em preservar o patrimônio que tinha lá.

E a pior delas foi em 1976, quando o rei espanhol Juan Carlos I resolveu conhecer a cidade Inca aterrissando de helicóptero [na] praça principal. Esse luxo foi terrível para Machu Picchu!

Primeiro, porque antes da chegada do rei, havia nessa praça principal uma importante construção de pedra que foi removida para dar lugar ao helicóptero e jamais foi recolocada.

Segundo, porque [...] era nela (a praça) que, nos tempos antigos, o imperador Inca ia até o seu centro e falava ao seu povo, que o escutava nas "arquibancadas" ao redor. Sua voz reverberava por todo o pátio, que até hoje tem essa acústica bacana.

Disponível em: <www.dondeandoporai.com.br/curiosidades-sobre-machu-picchu/>.
Acesso em: 24 out. 2014.

Turistas peruanos nas ruínas de Machu Picchu, no Peru. Foto de 2014.

   b) Respondam às questões.
   - Que elementos da paisagem vocês conseguem identificar na imagem acima?
   - Quem "descobriu" Machu Picchu? O que ele fez quando lá chegou?
   - Das informações contidas no texto, qual delas vocês consideram mais interessante? Justifiquem a resposta.
   - Há relações entre turismo e preservação de patrimônios culturais ou naturais? Expliquem.
   - Na opinião de vocês, por que as ruínas incas foram escolhidas como uma das sete novas maravilhas do mundo? Justifiquem a resposta.

   c) Vocês sabem quais são as outras novas maravilhas eleitas em 2007? Façam uma pesquisa e tragam as descobertas para serem comentadas com o professor e os demais colegas da classe.

Unidade 2 • América Latina **135**

2. Brasão é o conjunto de sinais, insígnias e ornamentos do escudo de um Estado, uma cidade ou uma família. Vejam este exemplo.

Brasão da República Federativa do Brasil

- Pesquisem o brasão do estado onde vocês moram. Procurem descobrir quem fez o desenho, quando o brasão foi criado, quando conquistou a função simbólica, que elementos possui, qual o significado de cada um, que dizeres apresenta, etc. Tragam a descoberta de vocês para a sala de aula.

ATIVIDADE INTERDISCIPLINAR

CIÊNCIAS DA NATUREZA E HISTÓRIA

A comida é um importante vínculo com a identidade de um povo, de uma cultura, pois o valor ancestral da comida está no encontro da pessoa com sua história.

a) Para conhecer a culinária andina, consulte revistas e *sites* da internet para descobrir:
- o ingrediente que representa uma contribuição andina fundamental para a culinária mundial desde a chegada dos europeus à América;
- as diferentes variedades de milho cultivadas nos terraços dos Andes e as maneiras de consumi-lo;
- o grão que a ONU aponta como um alimento completo para o ser humano;
- se as maiores escolas de culinária, como a francesa *Le Cordon Bleu*, têm interesse nos ingredientes andinos e nas maneiras como são preparados;
- se você, sua família, amigos e colegas já consumiram ou consomem produtos ou pratos andinos. Em caso afirmativo, quais?

b) Elabore um texto com suas conclusões, ilustre-o com fotos e lhe dê um título.

Capítulo 7 • Países andinos e Guianas

Capítulo

8 México
e América Central

Neste capítulo, você vai estudar o México e a América Central. O México é o único país latino-americano situado na América do Norte; faz fronteira com os Estados Unidos, ao norte, e com dois países da América Central (Guatemala e Belize), ao sul. A América Central, apesar de ocupar a menor parte do continente, é a que possui o maior número de países e de territórios estrangeiros, especialmente na sua parte insular (de ilhas).

Cancún, México, em 2015.

Praça de Porto Príncipe, Haiti, em 2013.

Observe as fotos e responda:

1. Você tem curiosidades a respeito da América Central? Quais?
2. Já consumiu algum produto importado do México? Qual ou quais?
3. Você já assistiu a telejornais, ou leu notícias sobre o Haiti em jornais ou revistas? Qual delas chamou mais sua atenção?

1 México

O México e o Brasil são os dois países mais populosos e industrializados da América Latina. A população mexicana, de 122,3 milhões de habitantes em 2013, é a segunda maior da América Latina, só inferior à do Brasil. E o seu PIB, de 1 216,1 trilhão de dólares em 2013, também é o segundo da América Latina.

O país apresenta algumas características específicas:

- vizinhança tradicionalmente incômoda com os Estados Unidos, uma das maiores potências mundiais;
- população predominantemente mestiça e etnicamente diversificada, produto do encontro e da miscigenação entre vários povos;
- notável crescimento da capital federal e maior metrópole do país, a Cidade do México, com mais de 20 milhões de habitantes em sua área metropolitana;
- localização e constituição física — relevo, clima e hidrografia — que o colocam como parte da América do Norte, com os Estados Unidos e o Canadá, e ao mesmo tempo como início da América Central (veja o mapa abaixo).

Miscigenação: cruzamento entre indivíduos de etnias diferentes; mestiçagem.

México: físico

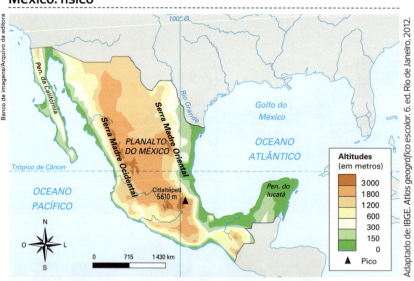

México: político

138 Capítulo 8 • México e América Central

De fato, é difícil agrupar o México em algum conjunto regional da América Latina. Assim como o Brasil, ele é um país que por si só já constitui uma das regiões latino-americanas, tanto por sua grande área territorial quanto pelas diferenças que apresenta em relação às nações vizinhas.

O território mexicano, com pouco menos de 2 000 000 km², localiza-se entre duas áreas muito distintas: ao norte, os Estados Unidos e o Canadá, dois países gigantescos, com mais de 9 000 000 km² cada um; e, ao sul, os países da América Central, que, somados, atingem uma área de aproximadamente 765 000 km², menos da metade da área total do México.

O México possui um formato afunilado, mais largo ao norte, estreitando-se ao sul. Esse fato sempre representou um problema para os geógrafos na hora de classificá-lo. Ele seria um país da América do Norte ou da América Central? Sua porção norte apresenta traços de relevo, clima e vegetação que se assemelham aos dos Estados Unidos. No entanto, a partir do sul da península de Iucatã, as características desse território lembram bastante a Guatemala, Honduras e a Nicarágua.

Banhado por dois oceanos, o Atlântico a leste e o Pacífico a oeste, o território mexicano apresenta inúmeras áreas montanhosas — com altiplanos na parte central, onde vive a maioria da população — e duas importantes penínsulas, uma do lado ocidental (Califórnia) e outra do lado oriental (Iucatã). O clima em geral é tropical e ameno nos altiplanos e seco e desértico em amplas áreas ao norte do país.

Catedral em Guadalajara, México. Foto de 2013.

Texto e ação

1. Observe o mapa "México: físico", na página 138, e responda às questões.
   a) Qual o título do mapa?
   b) Que nome recebe a linha imaginária que corta o território mexicano?
   c) Que cor indica as maiores altitudes em relação ao nível do mar?
   d) Em que altitude está localizada a capital do país?
   e) Ao analisar a distribuição das cores no território mexicano, o que você conclui?

2. Selecione no texto a característica que está relacionada com as informações contidas no mapa que você observou na atividade anterior e registre-a no caderno.

3. Responda: há alguma relação entre a característica mencionada e a dificuldade de classificar o México como parte da América do Norte ou da América Central? Explique.

Unidade 2 • América Latina 139

Inconvenientes de ter um poderoso vizinho ao norte

O México se limita ao norte com os Estados Unidos. O rio Grande constitui a principal fronteira entre os dois países. Por causa dessa vizinhança, o país teve de enfrentar inúmeros problemas ao longo de sua história.

Perda de territórios — No século XIX, os Estados Unidos expandiram seu território — para o oeste, à custa das nações indígenas e, para o sul, à custa do México. Antigamente, quatro dos atuais estados norte-americanos — Texas, Califórnia, Novo México e Arizona — pertenciam ao México. Além deles, grandes porções dos estados de Utah e do Colorado também faziam parte do território mexicano. Compare os mapas a seguir: um mostra a fronteira do México com os Estados Unidos em 1800; o outro, as fronteiras do território mexicano estabelecidas em 1845.

México: fronteiras em 1800

Adaptado de: DUBY, G. *Atlas historique*. Paris: Larousse, 2004.

México: fronteiras a partir de 1845

Adaptado de: DUBY, G. *Atlas historique*. Paris: Larousse, 2004.

A conquista dessas terras, que se deu no período de 1824 a 1853, foi realizada pela força das armas e seguida de tratados impostos pelos Estados Unidos ao governo do México. Assim, o território mexicano, que em 1821 tinha cerca de 4 600 000 km², em apenas três décadas foi reduzido aos atuais 1 967 183 km². A maior parte dessa diferença se deve às anexações norte-americanas. O México também perdeu províncias na América Central por causa de guerras e instabilidades que teve de enfrentar após ter se tornado independente da Espanha, em 1821.

Desnacionalização de setores da economia — A vizinhança com os Estados Unidos divide a opinião dos mexicanos. Alguns a consideram positiva; outros, negativa. Nas últimas décadas, inúmeras empresas norte-americanas obtiveram permissão para se instalar no México. O país passou então por uma forte industrialização, graças principalmente à entrada de capitais estrangeiros. Mas os investimentos feitos por outros países — sobretudo pelos Estados Unidos — desnacionalizam boa parte da economia mexicana, especialmente nos setores mais avançados. Além disso, esses investimentos foram o resultado da busca de mão de obra barata. Veja a foto a seguir.

Complexo industrial no México, onde os automóveis produzidos são em sua esmagadora maioria exportados para os Estados Unidos. Foto de 2013.

Emigração — Outro fato desfavorável dessa vizinhança, com o qual o México tem de conviver, é a emigração de mexicanos para os Estados Unidos. Por exemplo, as plantações dos estados norte-americanos localizados ao sul dos Estados Unidos utilizam intensamente os *chicanos* ou *braceros*, trabalhadores mexicanos que cruzam ilegalmente a fronteira entre os dois países em busca de serviços temporários pelos quais ganharão em dólar, moeda bem mais valorizada que o peso mexicano.

Além de aproximadamente 2 milhões de *braceros*, existem por volta de 10 milhões de mexicanos residindo permanentemente nos estados norte-americanos sulinos. E grande parte desses mexicanos é clandestina, ou seja, não tem autorização legal para permanecer em solo estrangeiro.

Segundo alguns dados, anualmente cerca de 1 milhão de mexicanos cruzam ou tentam cruzar a fronteira com os Estados Unidos. A remessa de dinheiro de mexicanos trabalhando nos Estados Unidos para seus familiares no México constitui uma importante fonte de renda para o país.

Narcotráfico — No início do século XXI, acordos entre autoridades mexicanas e estadunidenses foram firmados visando ao combate ao narcotráfico que se implantou no México. Vários cartéis disputam o controle do comércio de drogas, dentro e fora do país, sobretudo nos Estados Unidos. Um dos cartéis mais importantes é o de Ciudad Juarez, localizada na fronteira com o Texas. Entre 2006 e 2014, estima-se que tais disputas provocaram a morte de 80 mil pessoas e o desaparecimento de outras 26 mil no México, o que mostra a violência dos traficantes.

Texto e ação

1. Os mapas da página 140 mostram que a linha de contorno do território mexicano em 1800 era diferente da linha de contorno desse território em 1845. Com base nessa informação, responda:
   a) Quais os fatos responsáveis pelo processo de mudança do tamanho do território mexicano?
   b) Podemos afirmar que as fronteiras dos países não são eternas? Por quê?

2. Uma das justificativas do lado negativo da vizinhança do México com os Estados Unidos é a questão da emigração de mexicanos para os Estados Unidos. Sobre o assunto, responda:
   a) Quem são os *chicanos* ou *braceros*?
   b) Quantos mexicanos residem permanentemente nos estados norte-americanos sulinos? Em que condições essas pessoas vivem?
   c) Anualmente, quantos mexicanos cruzam a fronteira do México com os Estados Unidos?
   d) Você já ouviu falar de brasileiros que tentaram entrar ilegalmente nos Estados Unidos pelo México? Em geral, o que acontece com essas pessoas?

Unidade 2 • América Latina

Turismo e economia

De todos os países latino-americanos, o México é o que mais recebe turistas todos os anos. Milhões de pessoas, principalmente norte-americanas, entram anualmente nesse país para conhecer, entre outras coisas, sua imensa metrópole — a Cidade do México —, com sua extraordinária riqueza histórico-cultural.

O nome original desse centro urbano era Tenochtitlán, fundado em 1322 para ser a sede do antigo império asteca. Na cidade atual ainda se podem encontrar, especialmente na praça das Três Culturas, ruínas de edifícios pré-colombianos, astecas, abaixo de prédios coloniais e de construções modernas. Veja a foto abaixo.

Praça das Três Culturas na Cidade do México, em 2011.

Além de capital federal e maior metrópole, a Cidade do México é também o grande centro industrial e cultural do país. Aí se concentra a maior parte das indústrias e da vida cultural (universidades, teatros, cinemas, livrarias, museus, etc.).

A economia é diversificada, com inúmeras atividades industriais, agrícolas e mineradoras. O petróleo é, desde a década de 1970, o principal produto de exportação do México, que é, atualmente, o principal fornecedor desse combustível para os Estados Unidos. O México também produz e exporta automóveis, produtos elétricos e eletrônicos, açúcar, feijão, café, milho, sorgo, frutas cítricas, fluorita, zinco e prata. É o maior produtor mundial deste último metal, que é extraído do seu subsolo desde a época em que era colônia da Espanha.

Até as primeiras décadas do século XX, era um típico país exportador de bens primários e importador de produtos manufaturados. Por volta de 1950, a industrialização mexicana se acelerou. Isso ocorreu, em parte, por causa dos investimentos estrangeiros, com a instalação de empresas multinacionais voltadas para a produção de automóveis, eletrodomésticos, aparelhos eletrônicos, etc.

Além disso, a industrialização mexicana deveu-se à ação do governo, que criou empresas industriais estatais. A descoberta, há mais de quarenta anos, de enormes jazidas petrolíferas na plataforma continental do litoral mexicano, especialmente no litoral atlântico, no golfo do México, trouxe não apenas um aumento nos ganhos com exportações, mas também o desenvolvimento de uma indústria petroquímica, fundamental para o país.

As atividades rurais, apesar de terem passado recentemente por uma relativa mecanização, ainda são executadas de forma tradicional. O México produz feijão e milho, alimentos básicos para a população, juntamente com a forte pimenta vermelha — o chili —, muito consumida na culinária do país. Também produz café, banana, laranja, tomate, algodão, cana-de-açúcar, sorgo, trigo e agave. O agave é uma planta usada na fabricação de bebidas alcoólicas populares, como o pulque, o mescal e a tequila, e serve também de matéria-prima para a produção de cordas. Veja as fotos abaixo.

Agave usado na produção do sisal (*Agave sisalana*).

Agave usado na produção de tequila (*Agave tequilana*).

Tenochtitlán, tesouro da civilização asteca

Quatro dias depois de ter entrado na capital do Império Asteca, Tenochtitlán, a 12 de Novembro de 1519, Hernán Cortés [...] foi visitar o mercado e o templo de Tlatelolco, [...]: a beleza da cidade, das suas ruas principais e dos seus edifícios, dos seus jardins e das suas estradas, dos seus canais e do seu aqueduto, cativou-o de tal modo que enviou uma carta a Carlos V, onde afirma que os índios vivem quase como na Espanha e com tanta ordem quanto nela. De fato, nenhuma cidade de Espanha merecia ser comparada com Tenochtitlán, e, talvez apercebendo-se disso, Cortés compara-a com outras grandes cidades do mundo: Havia entre nós soldados que estiveram em várias partes do mundo, em Constantinopla, em toda a Itália e em Roma, e eles disseram que jamais tinham visto um mercado tão bem organizado e ordenado, tão grande, tão repleto de gente. Tenochtitlán era uma vasta aglomeração urbana, que, espalhando-se pelas margens do lago, englobava no centro do vale mais de um milhão de almas. [...] o que mais impressionou os conquistadores foi, além da ordem e da abundância que reinavam nos domínios do grande Motecuzoma II (ou Montezuma II), a sua riqueza banhada de ouro. [...]

Disponível em: <cyberdemocracia.blogspot.com.br/2012/01/choque-de-dois-mundos-montezuma-ii-e.html>. Acesso em: 27 out. 2014.

Texto e ação

1. De todos os países latino-americanos, o México é o que recebe o maior número de turistas. Com base nessa informação, faça o seguinte:
   a) Cite alguns elementos que atraem turistas para a capital mexicana.
   b) Comente as paisagens retratadas nas fotos da página 137.

2. Sobre a economia mexicana, faça o que se pede.
   a) Preencha o quadro com as informações do capítulo.

   México: economia

Produtos agrícolas	
Recursos minerais	
Atividades industriais	

   b) Comente a economia mexicana. No seu comentário, utilize algumas informações do quadro que você preencheu.

O México no Nafta

A assinatura, em 1993, do North American Free Trade Agreement (Nafta), ou Acordo de Livre-Comércio da América do Norte, entre Estados Unidos, Canadá e México, sem dúvida nenhuma assinala importantes mudanças nas relações entre os dois vizinhos separados pelo rio Grande. Essas mudanças são, especialmente, de caráter econômico e político.

Deve-se ressaltar que as chamadas *maquilladoras*, até então restritas à área da fronteira, espalharam-se por boa parte do território mexicano. **Maquilladoras** são áreas industriais situadas principalmente no norte do país, que trabalham para as firmas multinacionais, ou seja, fabricam peças ou produtos com baixos custos que serão aproveitados pelas indústrias estadunidenses que instalaram filiais no México para fugir dos elevados salários que existem nos Estados Unidos. A este país interessava e interessa, antes de tudo, resolver uma questão crucial: diminuir as migrações clandestinas que saem do México em direção ao seu território, fenômeno responsável pelo aumento de problemas étnicos e econômicos no país, sobretudo nas grandes cidades norte-americanas.

O Nafta não é semelhante à União Europeia, é apenas uma zona de livre comércio sem a integração política (passaporte único, direito de ir e vir sem problemas através das fronteiras) que existe na Europa unificada.

Considerando a preocupação dos países do Norte com o desemprego e a emigração desde a última década do século XX, supõe-se que investir em algumas regiões do Sul poderia ser uma maneira de criar empregos nesses países pobres e de evitar a expansão do racismo (resultante da chegada dos imigrantes) nos países do Norte. Talvez o Nafta tenha representado uma experiência no sentido de gerar mais empregos no México.

De qualquer maneira, medidas político-sociais por parte do governo mexicano, a começar pela eliminação do trabalho infantil nas *maquilladoras*, são necessárias para redefinir os rumos do país. Políticas internas que valorizam a escolarização das crianças e o aumento de pesquisa e desenvolvimento (P&D) podem diminuir as desigualdades sociais e redefinir o papel do México no Nafta, tornando-o um parceiro à altura dos novos desafios dos Estados Unidos e do Canadá. Os radicalismos de toda natureza, a exemplo do racismo, do preconceito, do desrespeito à vida humana e à natureza, do consumismo desenfreado, etc., exigem uma atuação conjunta das potências mundiais e regionais, com o apoio dos demais países do Norte e do Sul geoeconômicos.

Texto e ação

1. A entrada do México no Nafta assinala importantes mudanças nas relações do país com os Estados Unidos. Cite no caderno as mudanças econômicas ocorridas no país.

2. Considerando os interesses dos Estados Unidos em incluir o México no Nafta, responda:
   a) Por que os Estados Unidos querem diminuir as migrações clandestinas que saem do México rumo a seu território?
   b) Que investimentos foram feitos pelos Estados Unidos para evitar novas migrações no país?

❷ América Central

A América Central, com exceção do norte e noroeste das Bahamas, localiza-se na zona intertropical, ou seja, ao sul do trópico de Câncer, que passa pelo México, e ao norte da linha do equador, que atravessa o Brasil, a Colômbia e o Equador. É banhada pelo oceano Atlântico a leste e pelo oceano Pacífico a oeste. Na vertente do Atlântico, onde se localizam muitas ilhas, encontra-se o mar do Caribe, também conhecido como mar das Antilhas. Essa área, que se estende do sul da América do Norte (golfo do México) ao norte da América do Sul (mar do Caribe), é parecida com a área abrangida pelo mar Mediterrâneo, localizado entre o sul da Europa e o norte da África. Por isso, essa área ou bacia marítima também é conhecida como *Mediterrâneo americano*.

Da área total do continente americano — mais de 42 000 000 km² —, a América Central ocupa uma pequena porção: apenas pouco mais de 742 000 km², o que representa cerca de 1,8% do total. Apesar disso, é na América Central que encontramos a maior parte dos países e territórios do continente, quase todos com pequenas extensões territoriais. Ela apresenta, como se pode observar no mapa da página seguinte, duas partes diferenciadas: uma continental, constituída pelo istmo que une a América do Norte à América do Sul, e outra insular, formada por um conjunto de ilhas denominadas Antilhas.

A **América Central continental** tem uma área de pouco mais de 500 000 km² e uma população de cerca de 45 milhões de habitantes (2013). Existem sete Estados independentes nessa região: Belize, Costa Rica, El Salvador, Guatemala, Honduras, Nicarágua e Panamá.

As inúmeras ilhas localizadas entre a América do Norte e a América do Sul formam a **América Central insular**, cuja área é de mais ou menos 242 000 km² e cuja população é superior a 36 milhões de habitantes (2013). Treze nações politicamente independentes formam a América Central insular: Antígua e Barbuda, Bahamas, Barbados, Cuba, Dominica, Granada, Haiti, Jamaica, República Dominicana, Santa Lúcia, São Cristóvão e Névis, São Vicente e Granadinas e Trinidad e Tobago.

América Central: político

Adaptado de: IBGE. *Atlas geográfico escolar*. 6. ed. Rio de Janeiro, 2012.

Existem também na América Central inúmeros territórios — geralmente ilhas — que pertencem a nações estrangeiras. É o caso das Ilhas Virgens americanas, Ilhas Virgens britânicas, Antilhas holandesas, Martinica, Porto Rico (Estado livre associado aos Estados Unidos), ilhas Cayman, etc.

Como se vê, a América Central tem um número bem maior de Estados-Nações que a América do Norte (três países) e a América do Sul (doze países). No entanto, essas duas porções do continente são muito mais extensas que a América Central.

Não existe nenhum país realmente industrializado em toda a América Central. São em geral nações pobres e com economias baseadas nas atividades primárias, que exportam açúcar, banana, café, cacau, tabaco e charutos, bebidas (principalmente o rum), algodão, coco, frutas cítricas e petróleo (apenas o Panamá). São também áreas em que, não raro, existem belas paisagens tropicais costeiras, com praias visitadas por um grande número de turistas.

As melhores condições de vida são encontradas nas Bahamas, com renda *per capita* de mais de 21 mil dólares, e também em Trinidad e Tobago (25 mil dólares) e Antígua Barbuda (18 mil dólares). São países minúsculos e pouco populosos (menos de 500 mil habitantes cada), que vivem do turismo ou do fato de serem **paraísos fiscais**.

Na parte continental da América Central, as melhores condições de vida estão no Panamá e, em segundo lugar, na Costa Rica. As piores condições de vida de toda a América Central e até mesmo de todo o continente são encontradas no Haiti e na Nicarágua. Essas nações estão entre as mais pobres do mundo, com baixíssimas rendas *per capita* (inferiores a 5 mil dólares), altas taxas de analfabetismo e de mortalidade infantil e baixa expectativa de vida (apenas 63 anos no Haiti).

Paraíso fiscal: local onde há bancos que recebem contas de pessoas ou empresas que não querem declarar seus bens nos países de origem, para não pagar impostos, ou porque esses recursos têm origem duvidosa (corrupção, narcotráfico, etc.).

O canal do Panamá

No fim do século XIX, surgiu a ideia de construir um canal que possibilitasse a navegação entre os oceanos Atlântico e Pacífico, para encurtar as distâncias no transporte marítimo. Uma companhia francesa iniciou, em 1881, a construção desse canal na parte mais estreita da América Central, no Panamá, mas as dificuldades encontradas nos terrenos e as doenças tropicais contraídas pelos trabalhadores acabaram paralisando as obras.

No início do século XX, os Estados Unidos interessaram-se em prosseguir com a construção do canal. O Panamá nessa época era uma província da Colômbia. Como o governo colombiano não se mostrava interessado nas condições norte-americanas para a construção e uso do canal, os Estados Unidos estimularam e apoiaram um movimento separatista na região. Esse movimento tornou-se vitorioso em 1903, conquistando a independência do Panamá. O governo norte-americano reconheceu imediatamente o novo país e impediu sua retomada pela Colômbia. Em troca, porém, os panamenhos tiveram de fazer grandes concessões aos Estados Unidos em relação a esse canal.

Com uma extensão de 82 quilômetros, o canal do Panamá foi inaugurado em 1914. Por causa da elevada altitude do terreno, foi preciso construir um lago artificial — o lago de Gatún — para que se pudesse navegar pelo canal. Existem seis comportas, destinadas a controlar o fluxo de água, e três eclusas para controlar os desníveis de altitude ao longo da linha de navegação. Veja o mapa, o esquema e a fotografia abaixo.

Navio atravessando as eclusas Miraflores, no canal do Panamá, em 2014.

Esquema do canal

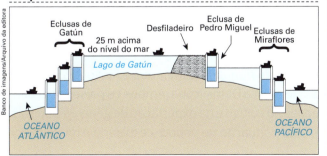

Canal do Panamá

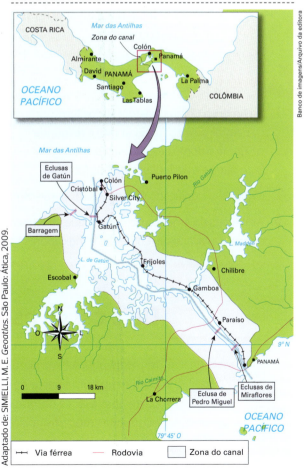

Unidade 2 • América Latina 147

Os norte-americanos obtiveram a concessão da zona do canal, mas, com o passar do tempo, os panamenhos perceberam que essa situação era insustentável. Além das vantagens econômicas que conseguiam com o canal do Panamá, os Estados Unidos também implantaram bases militares nessa área.

A população panamenha reagiu intensamente contra esse controle estrangeiro dentro de seu território. Em 1964, por exemplo, 21 estudantes do país morreram tentando hastear a bandeira do Panamá na zona do canal. Para não perder a popularidade, os políticos panamenhos tiveram de assumir a reivindicação popular de ter o controle do canal. Com esse objetivo, entraram em negociações com os Estados Unidos, contando com o apoio internacional.

Os dois países chegaram a um acordo em 1977. O canal do Panamá e a zona ao seu redor ficaram sob o domínio norte-americano até dezembro de 1999 e, em 2000, passaram para o controle do Panamá. Mas uma cláusula desse acordo prevê que, em caso de necessidade de defesa do canal, as tropas norte-americanas poderão intervir na região, o que provoca até hoje o descontentamento dos panamenhos.

Atualmente, atravessam o canal cerca de 15 mil navios por ano, ou seja, aproximadamente 42 por dia. O canal do Panamá, ao contrário do de Suez (entre os mares Mediterrâneo e Vermelho), não se tornou obsoleto com os avanços da construção naval, pois ele foi corrigido (alargado e aprofundado) várias vezes no fim do século XX para comportar os enormes navios militares e petroleiros que surgiram principalmente a partir dos anos 1970. Essas obras, no entanto, sempre foram feitas com tecnologia norte-americana, o que evidencia a dependência do Panamá, que dificilmente conseguirá administrar sozinho e de forma autônoma esse canal, sob o risco de ocorrer futuramente uma depreciação na sua importância técnica e comercial.

Texto e ação

1. Na América Central existem vários territórios que pertencem a nações estrangeiras. Observe o mapa "América Central: político" (página 146) e responda:
   a) Como o nome de cada nação estrangeira está representado no mapa?
   b) A que país pertencem as ilhas Cayman?
2. Explique o significado da expressão "paraísos fiscais".
3. As nações da América Central em que se registram as piores condições de vida são o Haiti, a República Dominicana e a Nicarágua. Comente os indicadores sociais e econômicos desses países.

Dois casos especiais: Haiti e Cuba

Haiti e Cuba são dois casos especiais na América Central por motivos diferentes: Haiti pela extrema pobreza e Cuba por uma situação de relativo isolamento. O Haiti ocupa uma parte da ilha Hispaniola, situada entre Cuba e Porto Rico. A outra parte dessa ilha é ocupada pela República Dominicana. Ambos os países possuem economias muito frágeis, baseadas no cultivo e na exportação de gêneros tropicais, como cana-de-açúcar e café. Mas a situação de pobreza e miséria é muito maior no Haiti.

Haiti

O Haiti foi a primeira colônia na América Latina a se tornar um país independente. Por esse motivo e porque quem assumiu o poder foram os antigos escravos africanos, e não a elite de origem europeia, sofreu boicote das potências europeias no século XIX. Para piorar a situação, no século XX o país conviveu durante inúmeras décadas com um regime político ditatorial denominado **duvalierismo**. Esse regime baseava-se no controle autoritário da população posto em prática por um pequeno grupo de privilegiados, os famosos *tontons-macoutes*. Apoiados nas forças militares e na polícia secreta, eles vigiavam as pessoas, prendiam sem ordem judicial, torturavam e matavam suas vítimas. Durante décadas, esse sistema ditatorial esteve identificado com seu idealizador, François Duvalier, conhecido por Papa Doc, que, de 1957 até sua morte, em 1971, dirigiu o país com braço de ferro e proclamou-se presidente vitalício. Após sua morte, o regime continuou mesmo sem seu criador.

Desde 1994, o Haiti vive uma situação política menos autoritária, com os militares tendo sido obrigados — pela comunidade internacional liderada pelos Estados Unidos — a abandonar o poder e permitir eleições livres. Aparentemente, o Haiti vivia um regime democrático desde então e realizou até mesmo eleições democráticas, que contaram com a fiscalização da ONU e dos Estados Unidos. Mas, em 2004, ocorreu um novo levante armado contra o governo eleito, desta vez acompanhado de uma forte rebelião popular por causa da corrupção e do crescimento do tráfico de drogas. Em fevereiro de 2004, com uma verdadeira guerra civil instalada, o presidente eleito deixou o país e um novo governo foi escolhido para efetuar a transição de mais um regime autoritário para uma eventual futura democracia.

Desde 2004, encontra-se aí a Missão de Estabilização das Nações Unidas no Haiti, que tem o objetivo de garantir paz e tranquilidade à população e evitar os frequentes distúrbios e golpes que costumam ocorrer no país. A missão, composta de tropas francesas, norte-americanas, chilenas, argentinas, uruguaias e brasileiras, é liderada por um general brasileiro. Para piorar a situação, em 2010 um forte terremoto atingiu o país, ocasionando enorme destruição. Até os dias atuais, o Haiti vive da ajuda internacional e continua sendo o país mais pobre — o que possui maior porcentagem de pessoas vivendo na miséria extrema — do continente americano. Veja a foto abaixo.

Favela em Porto Príncipe, Haiti, em 2013.

Cuba

Cuba é um país com características muito originais na América Latina. Foi o único país latino-americano que durante várias décadas rompeu com o domínio dos Estados Unidos e construiu um sistema socioeconômico diferente, baseado na propriedade estatal e no planejamento centralizado da economia. Foi o único representante do "mundo socialista" — ou seja, do conjunto de países com economias planificadas, inspiradas no exemplo pioneiro da antiga União Soviética — no continente americano. Entretanto, como o "mundo socialista" praticamente deixou de existir a partir dos anos 1990 e a União Soviética desapareceu, Cuba ficou órfã, sem seu principal apoio ou base de sustentação.

As principais mudanças ocorridas em Cuba, pelo menos em tese, iniciaram-se a partir de 1959, quando um grupo revolucionário depôs uma ditadura corrupta comandada por um militar que assumiu o poder através de um golpe e governava o país com o apoio de máfias norte-americanas. O novo governo, liderado por Fidel Castro, após ver seus pedidos de ajuda recusados pelo governo norte-americano, proclamou-se socialista e passou a ser um importante aliado da União Soviética.

Cuba, então, passou a simbolizar, na América Latina, a disputa que existia entre o capitalismo (economia de mercado) e o socialismo (economia planificada).

Todos os latino-americanos favoráveis ao socialismo e contrários ao capitalismo elogiavam Cuba e exaltavam as mudanças ocorridas a partir de 1959, principalmente as sensíveis melhorias na educação e na saúde. Quem defendia o capitalismo e questionava o socialismo enfatizava apenas o aspecto autoritário do regime cubano: a falta de democracia (de eleições livres, de liberdade de ir e vir, principalmente de viajar ao exterior, etc.) e as prisões em massa de opositores e de todos os que pensavam ou agiam de forma não convencional (homossexuais, feministas, escritores e artistas que não bajulavam o regime, etc.).

Atualmente, podemos dizer que ambos os lados tinham um pouco de razão: a situação de Cuba nunca foi somente de avanços (que existiram, de fato) nem apenas de autoritarismo e retrocessos (que também ocorreram em inúmeros setores). Veja abaixo foto de Havana, a capital de Cuba.

Vista de Havana, Cuba, em 2015.

Melhoria na qualidade de vida — Os índices que medem a qualidade de vida da população (principalmente taxa de alfabetização e, secundariamente, número de habitantes por médico) são um pouco maiores em Cuba que na maioria dos países latino-americanos. Mas, como já vimos, existem alguns países da América Central — como as Bahamas ou a Costa Rica — e também da América do Sul — como o Chile e o Uruguai — em que esses indicadores são semelhantes ou até melhores que os de Cuba.

Houve, de fato, inúmeras melhorias na qualidade de vida da população cubana em relação à situação que existia em 1959, embora isso também tenha ocorrido em maior ou menor grau em praticamente todos os países do mundo. Mesmo com uma baixa renda *per capita* (de apenas cerca de 6 mil dólares), a expectativa de vida é alta (79,7 anos), uma das maiores da América Latina — maior que a do Chile (79,5 anos) e a igual à da Costa Rica (79,7 anos) —, e a taxa de analfabetismo entre a população adulta é baixíssima.

A porcentagem de cubanos que chegam a cursar a universidade é muito alta para um país do Sul. Há facilidades e incentivos para o ingresso e a frequência dos jovens em um curso superior. Mas há um problema ligado à fragilidade da economia cubana: ela não é diversificada e, portanto, não oferece grande número de empregos especializados. Assim, desde os anos 1980, passou a haver excesso de certos profissionais, como médicos, arquitetos, economistas, advogados, engenheiros, etc., que, depois de formados, têm dificuldades em encontrar emprego em sua especialidade e acabam tendo de trabalhar como garçons, recepcionistas, motoristas de táxi, etc.

Estagnação da economia — Apesar desses avanços, ainda persistem — ou se agravaram nas últimas décadas — inúmeros problemas em Cuba: enorme falta de automóveis (veja foto abaixo), que não é compensada pelo transporte coletivo, pois os ônibus são ruins e andam sempre superlotados; insuficiência de habitações, com a presença de milhares de cortiços e habitações precárias nas cidades, especialmente na capital; falta de inúmeros produtos nas lojas, farmácias, restaurantes e supermercados (extensas filas disputam a pequena variedade de produtos disponíveis); excesso de centralização e de burocracia, fato típico da planificação econômica.

Quando os revolucionários assumiram o poder em 1959, o governo norte-americano achava que o novo regime iria durar pouco e resolveu adotar uma política de boicote a Cuba. Assim, os Estados Unidos deixaram de comprar o açúcar cubano, principal produto de exportação e base de sua economia, e decretaram um embargo econômico-comercial à ilha: não vendiam nada a Cuba nem compravam nada dela. Com isso, mesmo sem querer, os Estados Unidos jogaram Cuba nos braços da União Soviética, que passou a comprar o açúcar cubano e a fornecer, com baixos preços, petróleo e outros produtos, além de uma ajuda anual de milhões de dólares para este pequeno país insular da América Central.

Automóveis norte-americanos antigos nas ruas de Havana, Cuba, em 2015.

Essa dependência em relação à antiga União Soviética fez com que a economia cubana ficasse estagnada, sem se modernizar. Ela pouco mudou desde 1959: quase não há indústria e sua base continua sendo a produção açucareira, principalmente, além do turismo e da produção de charutos e rum. Com o fim da União Soviética, em dezembro de 1991, a situação econômica de Cuba piorou bastante, pois o país deixou de receber a costumeira ajuda financeira e também perdeu seu maior comprador de açúcar.

Refúgio de cubanos em Miami — Com o término da ajuda soviética e com a insistência de Fidel Castro em manter o regime dito socialista, Cuba terminou o século XX como um país relativamente isolado do resto do mundo e decadente, com uma visível piora nas condições de vida da população em geral. Descontentes com o regime, centenas de milhares de cubanos tentam atravessar de barco ou em precárias canoas e jangadas o agitado mar que separa essa ilha da Flórida, nos Estados Unidos.

O número de refugiados cubanos nos Estados Unidos chegou a tal proporção que Cuba recebe mais de 450 milhões de dólares por ano de ajuda. Os cubanos que vivem no exterior e se concentram em Miami, nos Estados Unidos, enviam alimentos e medicamentos às suas famílias. Empresas cubanas sediadas em Miami organizam esse intercâmbio, cuja importância pode ser medida pelo fato de o montante dessa ajuda ser igual ao arrecadado por Cuba com a exportação de seu famoso charuto.

Sinais de mudança — Para atrair moedas internacionais fortes (dólar, euro, iene, etc.), indispensáveis para o pagamento das importações que o país é obrigado a fazer, o governo cubano passou a permitir a construção, por empresas estrangeiras, de alguns hotéis luxuosos destinados a turistas — que possuem até mesmo praias particulares, de uso interditado aos cubanos — e tem incentivado a entrada de capitais estrangeiros no país. A prostituição, que era violentamente reprimida em Cuba, passou a ser tolerada e sutilmente incentivada, objetivando tanto agradar aos turistas quanto arrumar uma fonte de renda para milhares de pessoas desempregadas desde os anos 1990.

O contínuo agravamento da situação econômica do país e o aparecimento de uma oposição política, ainda incipiente e que encontra muita dificuldade para atuar, além da idade de Raul Castro, que sucedeu a seu irmão Fidel em 2008, são alguns dos sinais que mostram que o regime político cubano deverá sofrer alterações radicais em breve.

Em 2015, iniciaram-se discussões com vista ao restabelecimento de relações diplomáticas com os Estados Unidos, o que, certamente, implicará mudanças políticas e econômicas no futuro.

Texto e ação

1. Responda às questões:
    a) O que a foto da página 149 revela sobre o Haiti?
    b) Compare o perfil socioeconômico de Cuba com o dos demais países da América Central. O que você conclui?
2. Cite alguns fatores que fazem de Cuba e do Haiti dois casos especiais em relação aos demais países da América Central.

Atividades finais

+ Ação

1. A América Central apresenta duas partes: uma continental ou ístmica e outra insular. Analise o mapa da página 146 ("América Central: político"): observe o título, a legenda, a rosa dos ventos e a escala e cite:
    - o nome de três países da parte continental e suas capitais;
    - o nome de três países da parte insular e suas capitais;
    - o nome da maior ilha;
    - o nome dos oceanos que banham a América Central;
    - o nome do país da América do Norte que faz fronteira com Belize e Guatemala;
    - o nome do país da América do Sul que faz fronteira com o Panamá.

2. Pesquise a situação atual do Haiti. Comente-a em um texto, ilustre-o e dê-lhe um título.

3. Imagine que você é um agente de turismo e vai organizar uma viagem para o México. É preciso então criar um folheto de propaganda sobre a viagem. Para isso, faça o seguinte:
    a) Pesquise fotos de paisagens do país, mapas e informações sobre clima, pontos turísticos, culinária, moeda, festas, feriados locais, etc.
    b) Organize o material e confeccione o folheto.
    c) Combine com o professor uma data para apresentar seu trabalho.

De olho na imagem

1. Observem a imagem e façam o que se pede a seguir.

Muro delimitando a fronteira entre o México e os Estados Unidos da América, em 2014, para impedir a entrada de imigrantes ilegais neste último país.

a) Vocês já haviam ouvido falar desse muro? Ou já leram uma notícia no jornal, ou viram alguma reportagem na TV ou na internet a respeito?
b) Como vocês descreveriam a paisagem retratada na foto?

Unidade 2 • América Latina

2. As atividades econômicas desenvolvidas no México são tema da série de selos "México exporta".
   a) Observem as imagens.

   b) Respondam: que atividades econômicas estão representadas nos selos?
   c) Consultem o texto do capítulo e citem outros produtos exportados pelo México.

ATIVIDADES INTERDISCIPLINARES

Conexões

HISTÓRIA

1. Sobre o canal do Panamá, faça o que se pede.
   a) Releia o intertítulo *O canal do Panamá* (página 147) com bastante atenção.
   b) Trace uma linha horizontal no caderno para reproduzir a linha do tempo: 1881–2000.
   c) Com base no texto, complete a linha do tempo com os principais acontecimentos ocorridos no canal do Panamá nas respectivas datas.
   d) Comente a tirinha a seguir.

O melhor de Calvin Bill Watterson

Fonte: O ESTADO DE S. PAULO, 27 de abril de 2005.

Capítulo 8 • México e América Central

CIÊNCIAS DA NATUREZA E MATEMÁTICA

2. Sobre a poluição na Cidade do México, faça o que se pede.
a) Observe o gráfico abaixo e leia o texto.

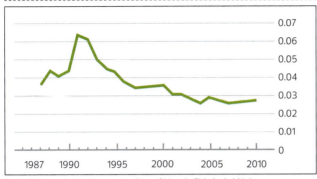

Cidade do México: níveis de ozônio (partes por milhão)

Fonte: Sistema de Monitoramento Atmosférico da Cidade do México.

Cercada por montanhas e vulcões, e localizada a uma altitude de 2 250 metros, a Cidade do México é famosa pela névoa de poluição que a cobre. Quando a névoa baixa, é difícil respirar na cidade, e os moradores da capital mexicana costumam dizer que as únicas criaturas capazes de sobreviver naqueles céus são os jatos.

No entanto, a névoa está se dissipando. A concentração média de ozônio, um dos poluentes mais comuns, é 50% menor do que a registrada no início dos anos 1990, quando o ar era mais poluído. As pessoas voltaram a correr nos parques, e beija-flores voam pela cidade. A renovação começou com o fechamento de indústrias, como a refinaria de Azcapotzalco, responsável por 7% da poluição da capital. A planta foi fechada em 1991, e parte de seu terreno foi transformada em um parque.

CIDADE do México toma medidas para combater poluição. Disponível em: <http://opiniaoenoticia.com.br/internacional/america-latina/cidade-do-mexico-toma-medidas-para-combater-poluicao/>. Acesso em: 30 set. 2014.

b) Responda: ao analisar as informações do gráfico, o que você conclui?
c) Escreva um pequeno comentário mostrando a relação entre as informações do gráfico e as do texto.

HISTÓRIA

3. Leia o texto e faça o que se pede.

O Porto de Mariel

Em janeiro de 2014, foi inaugurado o moderno e ampliado porto de Mariel, localizado a cerca de 50 quilômetros a oeste de Havana, em Cuba. O governo cubano pretende transformá-lo no maior porto do mar do Caribe, isto é, o primeiro no embarque e desembarque de contêineres. Com a conclusão de obras de alargamento do canal do Panamá, previstas para 2015, o porto de Mariel poderá redistribuir as mercadorias procedentes principalmente da Ásia para os grandes mercados mundiais. Ou seja, uma nova dinâmica comercial está aumentando e diversificando as relações entre vários países banhados pelo Pacífico e pelo Atlântico via canal do Panamá. As empresas estatais e privadas da China já manifestaram interesse em investir em Mariel. Afinal, o porto de Havana não apresenta mais as condições necessárias para acolher no cais os maiores navios do mundo contemporâneo.

O governo cubano também pretende instalar uma zona franca nesse porto modernizado, oferecendo a infraestrutura necessária para atrair empresas multinacionais do setor industrial e do setor de serviços.

O Brasil é o grande parceiro de Cuba nesse empreendimento. O Banco Nacional de Desenvolvimento Econômico e Social (BNDES) investiu US$ 802 milhões na contratação de 400 empresas brasileiras que produziram bens industriais e prestaram serviços na primeira fase da modernização e ampliação do porto de Mariel.

Adaptado de: <http://blog.planalto.gov.br/inauguracao-do-porto-de-mariel-faz-parte-do-processo-de-transformacao-economica-de-cuba-afirma-embaixador/>; <http://diplomatizzando.blogspot.com.br/2014/01/mariel-um-porto-moderno-do-seculo-xxi.html>; <www.thecubanhistory.com/2013/07/cubas-port-of-mariel-a-growing-brazilian-investment-video-el-puerto-del-mariel-una-inversion-brazilena-que-sigue-creciendo-video/>. Acesso em: 27 out. 2014.

a) O que chamou a sua atenção no texto?
b) Você já ouviu falar em zona franca? O que sabe a respeito?
c) Em sua opinião, o porto de Mariel contribui para a modernização da economia de Cuba? Explique.
d) Comente as relações entre Brasil e Cuba. Se necessário, consulte jornais, revistas e *sites* da internet.

Ponto de chegada

O que você estudou

Nesta Unidade, você utilizou e aprimorou várias habilidades, entre as quais:

- aplicar um critério natural e um critério social na regionalização do continente americano;
- identificar, localizar, caracterizar e diferenciar América Anglo-Saxônica e América Latina.
- reconhecer as desigualdades sociais e regionais dos países da América Latina;
- associar a elevada concentração de renda ao precário padrão de vida da população e à fragilidade do regime democrático na América Latina;
- identificar, localizar e caracterizar os países platinos, as Guianas, os países andinos, o México e a América Central;
- relacionar a especificidade histórico-geográfica brasileira na América do Sul com a liderança do Brasil neste subcontinente;
- identificar, localizar, caracterizar e problematizar as principais tentativas de integração latino-americana;
- reconhecer os elementos que tornam problemáticas as relações entre os Estados Unidos e o México;
- refletir a respeito do Nafta como um possível novo componente nas relações entre Estados Unidos e México.

Mix cultural

 Biblioteca

***Diário de Pilar em Machu Picchu*, de Flavia Lins e Silva, Pequena Zahar.** Conta as aventuras de Pilar e Breno na cidade sagrada de Machu Picchu, no Peru. Os personagens percorrem trilhas e templos antigos, entram em contato com o idioma quéchua e as tradições incas.

***Mitos, contos e lendas da América Latina e do Caribe*, de diversos autores, Melhoramentos.** Ricamente ilustrado, o livro apresenta uma seleção de contos sobre seres fantásticos, fantasmas, lendas de amor e lugares encantados.

***O mundo de cabeça para baixo: relatos míticos dos incas e seus descendentes*, de Rodrigo Montoya, Cosac Naify.** Apresenta uma coletânea de histórias do Império Inca, pertencentes à tradição oral peruana. Conta a chegada dos espanhóis, a fundação de Cuzco e a luta pela sobrevivência das tradições culturais desse povo.

***Os deuses da luz: contos e lendas da América Latina*, de diversos autores, Melhoramentos.** Antologia de lendas e mitos dos povos indígenas latino-americanos que mostram a diversidade cultural do continente.

# Geografia nos sites

- <http://brasil.embajada.gob.ve/> — *Site* em espanhol da Embaixada da Venezuela no Brasil. Traz calendários de eventos, notícias, entrevistas e informações turísticas do país.
- <http://mexico.itamaraty.gov.br/> — *Site* da Embaixada do México no Brasil. Traz informações sobre economia, população e cultura mexicanas e o histórico das relações México-Brasil.
- <www.inah.gob.mx/> — *Site* do Instituto Nacional de Antropologia e História do México, em espanhol. Traz informações sobre acervos, museus, monumentos, entre outras.
- <www.memorial.org.br> — *Site* da Fundação Memorial da América Latina, destinado a divulgar as artes, a literatura e a cultura dos países latino-americanos.
- <www.mercosur.int/> — *Site* da Secretaria do Mercosul. Possui versões em espanhol e português e traz informações sobre a história do bloco, dados sobre os países-membros, notícias e eventos.
- <www.oas.org/pt/> — *Site* da Organização dos Estados Americanos. Apresenta as iniciativas, projetos e diretrizes do organismo internacional.
- <www.telesurtv.net/> — *Site* do canal de televisão com sede na Venezuela que transmite a programação da emissora e tem como missão integrar toda a América Latina e Caribe.

Geografia nas telas

***Andes Água Amazônia*. Direção: de Marcio Isensee e Sá. Brasil e Equador, 2012.** O documentário faz parte de um projeto maior que tem como missão alertar os habitantes das montanhas andinas e os das florestas amazônicas para a necessidade de integração entre os países que compartilham as águas amazônicas. O filme parte do Equador para contar a história dos povos que dependem desse sistema natural.

***Cuba Libre: sangue e paixão*. Direção: Juan Gerard. Estados Unidos/Alemanha, 2003.** Em 1958, pouco antes da Revolução Cubana, quando Fidel Castro assume o poder, um garoto vê sua vida se transformar radicalmente.

***Diários de motocicleta*. Direção: Walter Salles. Estados Unidos, 2004.** Che Guevara era um jovem estudante de Medicina que, em 1952, decide viajar pela América do Sul com seu amigo Alberto Granado.

***Machuca*. Direção: Andrés Wood. Chile/Espanha/Inglaterra, 2004.** Em meio à política comunista de Salvador Allende no Chile, um diretor de escola decide abrir as portas para os filhos das famílias do povoado, integrando as classes sociais.

***Mapuche: gente da Terra*. Direção: Fábio Al´Camino, Fernando Silva, Jamila Venturini, Tom Laterza. Brasil, 2012.** O documentário retrata a viagem feita por quatro jovens, dos pampas até a Patagônia, em busca dos Mapuche, povo indígena ancestral, que luta há séculos para conservar a sua cultura e a posse de suas terras na América Latina.

***Pequenas vozes*. Direção: Jairo Eduardo Carrillo e Oscar Andrade. Colômbia, 2010.** Documentário de animação, o filme conta a história de quatro crianças que viveram em contextos de violência na Colômbia, em contato com grupos terroristas e paramilitares. Por meio de desenhos e animações feitos pelas crianças, elas compartilham as suas experiências e expectativas diante do mundo.

Unidade 3

Pintura de autor anônimo em Dar es Salaam, Tanzânia. Foto de 2010.

África e Oriente Médio

Nesta Unidade, vamos tratar de duas regiões do Sul geoeconômico: a África e o Oriente Médio. Com este estudo, você desenvolverá várias competências, como:
- compreender as diferenças políticas, econômicas, culturais e regionais da África;
- identificar as duas principais regionalizações da África;
- entender o caráter estratégico da localização e o significado econômico do Oriente Médio no mundo atual;
- avaliar os conflitos árabe-israelenses sabendo ponderar sobre os seus riscos para a paz na região e em todo o mundo;
- aprender a diferenciar o mundo islâmico e o mundo árabe;
- compreender as inter-relações entre os elementos naturais e a ação humana no agravamento de alguns problemas socioeconômicos e ambientais;
- desenvolver atitudes que contribuam para a concórdia e a preservação sustentável de recursos naturais.

 ## Ponto de partida

Observe a foto, converse com o professor e os colegas e responda:
1. Você sabe o que é a África subsaariana?
2. Você conhece a diferenciação entre mundo islâmico e mundo árabe?

Capítulo

9 Aspectos gerais da África

Em 2013, pelo menos 37 das 45 nações mais pobres do globo eram africanas. As nações mais pobres são aquelas que possuem um Índice de Desenvolvimento Humano (IDH) baixo, oscilando entre 0,337 e 0,540, e apresentam os maiores problemas de subnutrição, analfabetismo, altas taxas de mortalidade infantil, baixa expectativa de vida para a população, etc.

Neste capítulo, você vai estudar a África, um continente onde encontramos as mais típicas condições de subdesenvolvimento. Entretanto, também existem nesse continente países bastante industrializados, como a África do Sul, e populações com um bom padrão de vida (IDH médio), como Botsuana, Guiné Equatorial, África do Sul, Egito, Tunísia ou Gabão.

 Para começar, observe os selos, converse com o professor e os colegas e responda:

1. O que você conhece do continente africano?
2. O que os selos revelam sobre a África?
3. Você já assistiu a algum documentário que mostrasse a flora, a fauna e o modo de vida dos povos africanos? O que você achou?

1 Introdução

Com pouco mais de 30 milhões de quilômetros quadrados, a África é um imenso continente onde são visíveis as condições de pobreza. É na África em geral que encontramos as mais típicas condições de subdesenvolvimento, embora elas também possam ser encontradas em alguns países da Ásia (Bangladesh, Afeganistão, Mianmar, Nepal, Mongólia) ou da América (Haiti).

Em 2014, cerca de 1,1 bilhão de pessoas viviam no continente africano, onde existem 55 nações independentes, embora uma delas, o Saara Ocidental, seja um Estado nacional apenas *de jure*, isto é, pela lei, pelo direito internacional, mas não de fato.

Antiga colônia espanhola, o Saara Ocidental viu-se abandonado pela metrópole em 1975. No entanto, surgiu um movimento pela independência do país, que atualmente controla parte do território e é reconhecido por mais de cinquenta países do mundo — inclusive pela União Africana, embora ainda não pela ONU.

Além do Saara Ocidental, há mais três países que se tornaram independentes recentemente: a Namíbia, sob o domínio da África do Sul até 1990, a Eritreia, que pertencia à Etiópia até 1993, e o Sudão do Sul, que se separou do Sudão em 2011.

Próximo ao litoral africano, há um grande número de ilhas que estão sob o controle de países de outros continentes. Açores e Madeira, por exemplo, pertencem a Portugal; Canárias, à Espanha; Ascensão e Santa Helena, ao Reino Unido. Veja o mapa abaixo.

Adaptado de: IBGE. *Atlas geográfico escolar*. Rio de Janeiro, 2012.

Urbanização

A urbanização é uma das características mais marcantes da África nas últimas décadas. Em 2013, 17 países apresentavam maioria da população urbana, com um percentual variando entre 53% (Costa do Marfim, Gana e Seicheles) e 87% (Gabão). Depois do Gabão, a maioria da população urbana oscilou entre 66% e 78% apenas em quatro países: Líbia (78%), Djibuti (77%), Argélia (70%) e Tunísia (66%).

Na África do Sul, com 64% de população urbana, as cidades mais importantes, como Johannesburgo ou Cidade do Cabo, vêm atraindo empresas multinacionais em setores que exigem uma mão de obra mais qualificada. Porém, essa atração de empresas também ocorre no setor de bens de consumo não duráveis, mesmo em países cuja população ainda é predominantemente rural. Empresas chinesas são cada vez mais numerosas no continente, beneficiando-se da mão de obra barata.

A urbanização tende a se firmar na África na primeira metade do século XXI. Mercado consumidor em crescimento, presença de empresas multinacionais da China, da União Europeia, dos Estados Unidos, do Japão e da Rússia, entre as de outros países, diversificação da produção industrial e crescimento do setor de serviços, tudo isso contribui não apenas para estimular o crescimento econômico no continente, mas também para mudar a ideia segundo a qual a África seria apenas um continente com desertos, paisagens selvagens e climas exageradamente quentes.

Instalações de uma empresa multinacional de embalagens na África do Sul. Foto de 2012.

Texto e ação

1. Cite alguns traços comuns entre a África e alguns países da Ásia.

2. Muitas ilhas situadas próximas ao litoral africano pertencem a países de outros continentes. Localize-as no mapa político da África (página 161) e cite o nome delas. Cite também o nome do país a que pertencem.

3. Consultando livros, revistas, jornais e *sites* da internet, pesquise o significado da palavra *África*.

4. Do ponto de vista da distribuição da população no espaço geográfico, o que está acontecendo na África?

5. Em sua opinião, a urbanização da África é um processo importante? Explique.

Geolink

Refugiados climáticos

Nas primeiras décadas do século XXI, a intensidade da seca e das inundações na África vem comprometendo drasticamente o abastecimento alimentar em vários países. A desertificação de áreas de seu território e a elevação do nível das águas oceânicas no mundo também agravam a fome e a subnutrição. Outra consequência desses fenômenos climáticos é o aumento das migrações dos grupos humanos que, sem condições de cultivar (e colher) gêneros alimentícios em seus países de origem, se deslocam para os países vizinhos. São os chamados refugiados climáticos. Segundo o Centro de Monitoramento de Deslocamento Internacional e o Conselho Norueguês de Refugiados, 8,2 milhões de africanos se deslocaram pelo continente em 2012, um crescimento quatro vezes superior em relação ao ano de 2008. Paralelamente, conflitos políticos e militares, alguns dos quais resultantes do fundamentalismo islâmico, também provocam migrações.

Adaptado de: BOUGHRIET, Rachida. *Afrique*: les défis de l'adaptation au changement climatique. Disponível em: <www.actu-environnement.com/ae/news/pnue-afrique-couts-adaptation-changement-climatique-secheresse-refugies-climatiques-22496.php4>. Acesso em: 2 out. 2014.

Responda às questões:

1. Em sua opinião, são frequentes as notícias sobre a África nos meios de comunicação? Comente as informações a que você tem acesso.
2. O que você entende pela expressão *refugiados climáticos*?

Mulher cozinhando em um campo de refugiados na Nigéria. Foto de 2015.

2 Aspectos fisiográficos

A África é o mais tropical dos continentes. Essa afirmação é muito importante para entendermos esse continente. Cortadas ao meio pela linha do equador, ao norte pelo trópico de Câncer e ao sul pelo trópico de Capricórnio, as terras africanas são geralmente quentes, tipicamente tropicais. Os índices de chuva, contudo, não são elevados: são maiores nas proximidades da linha do equador, onde se localizam a bacia do rio Congo e a floresta do Congo, e diminuem tanto para o norte quanto para o sul.

Desertos

Há dois imensos desertos nesse continente: o Saara e o Kalahari. O Saara é o maior deserto do mundo: 9 milhões de quilômetros quadrados. Localiza-se ao norte do continente africano, ocupando terras de inúmeros países. O deserto de Kalahari fica ao sul, e sua área é de 600 mil quilômetros quadrados. Veja o mapa abaixo.

A origem dos desertos é explicada pela presença de montanhas no litoral, que agem como barreiras que dificultam a penetração de nuvens carregadas de umidade no interior. No caso dos desertos africanos, há um elemento a mais: ao longo do trópico de Câncer, que corta o Saara, existe uma zona de permanente alta pressão atmosférica. Esse fenômeno dispersa os ventos, em vez de atraí-los.

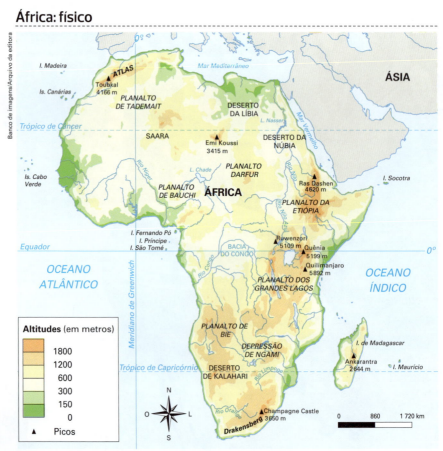

Adaptado de: IBGE. *Atlas geográfico escolar*. 6. ed. Rio de Janeiro, 2012.

Apesar de o deserto ser um fenômeno natural, sua área vem crescendo nas últimas décadas por causa da ação humana. É o caso, por exemplo, do forte desmatamento em regiões vizinhas, especialmente ao sul do Saara, com o estabelecimento de atividades agrárias inadequadas para conter essa expansão do deserto, como criações extensivas e monoculturas voltadas para a exportação.

Um meio de evitar a desertificação é plantar árvores nas bordas do deserto, o que não é feito por motivos econômicos, pois não dá lucros em curto prazo. A expansão do Saara para o sul e o uso dos melhores solos para cultivos voltados para o mercado externo vêm agravando a insuficiência de alimentos na África subsaariana. Veja a foto abaixo.

Dunas no Saara, no Marrocos, em 2014.

Relevo

A maior parte do relevo africano é de planaltos de médias ou elevadas altitudes que não possuem variações significativas de modelagem. Por serem formações muito antigas, esses planaltos sofreram a ação erosiva de diversos elementos. Em algumas porções do continente — trechos do norte e vastas áreas ao sul —, porém, é visível a influência de processos tectônicos recentes, ligados, principalmente, a atividades vulcânicas, o que contribui para a formação de altas montanhas.

Graças a um poderoso sistema de drenagem no centro e no norte do continente, também ocorre a formação de grandes vales, principalmente ao redor dos rios Congo, Níger e Nilo.

Costuma-se dividir o relevo africano em três grandes planaltos:

- **planalto setentrional**: localiza-se ao norte do continente. Nele situa-se o imenso deserto do Saara. A oeste desse planalto surge a planície costeira setentrional, região de terras agricultáveis que inclui a cadeia do Atlas, formação que se estende desde o litoral do Marrocos até a Tunísia, passando pela Argélia;
- **planalto centro-meridional**: prolonga-se do centro ao sul do continente e tem altitudes médias mais altas que o planalto setentrional. Começa na bacia do Congo e vai até o extremo sul da África, incluindo o deserto de Kalahari, que, na verdade, é uma grande depressão situada dentro desse planalto;
- **planalto oriental**: localizado na parte centro-leste do continente, é de origem vulcânica e possui altitudes elevadas juntamente com depressões ou fossas tectônicas que deram origem a extensos lagos, como o Tanganica, o Vitória e o Niassa. Nessa região dos lagos, especialmente no lago de Vitória, nasce o importante rio Nilo, o único a atravessar o deserto do Saara e a mais importante fonte de água para Uganda, Sudão e Egito.

Flora e fauna

Quanto à vegetação natural, na África encontramos diversos tipos de flora, adaptados às variações climáticas, como a floresta do Congo (mata equatorial), as raras plantas desérticas, as estepes e a vegetação mediterrânea. Mas são as savanas o tipo de vegetação — e de paisagem natural — mais característico desse continente e que chegou a ser divulgado por filmes e histórias em quadrinhos de conteúdo colonialista, como *Tarzan* e *Fantasma*.

As savanas — vegetação de clima tropical — são semelhantes ao cerrado do Brasil central. Caracterizam-se por apresentar uma mistura de plantas herbáceas com arbóreas e ocupam cerca da metade do continente, desenvolvendo-se principalmente ao sul do deserto do Saara. Uma rica fauna, composta de leões, elefantes, girafas, zebras, rinocerontes, etc., vive nas savanas, embora tenha sido em grande parte dizimada nos últimos cem anos. Atualmente, o que sobreviveu dessa fauna está restrito às poucas reservas que foram ou estão sendo criadas em alguns países africanos. Veja a foto abaixo.

Parque Nacional Tarangire, no Quênia, com elefantes bebendo água.

Texto e ação

1. Entre os aspectos fisiográficos da África, qual deles mais chamou a sua atenção? Por quê?
2. Escreva um pequeno texto comentando as paisagens naturais do continente africano.

3 África: colonização e descolonização

A dominação europeia na África teve início no século XV, com a expansão marítimo-comercial empreendida por alguns países europeus. Esse fato é importantíssimo para entendermos a África, pois a colonização deixou marcas que persistem na atualidade. Por exemplo: a grande diversidade étnico-cultural da maioria dos países africanos com os frequentes conflitos daí resultantes, as suas fronteiras arbitrárias, as grandes desigualdades sociais internas e até mesmo, em parte, o atraso ou subdesenvolvimento atual do continente africano só podem ser entendidos pelas grandes modificações aí introduzidas pelos colonizadores europeus. De fato, um dos maiores problemas africanos é a pesada herança colonial.

Colonização

Com a independência das colônias americanas e o grande desenvolvimento econômico europeu provocado pela Revolução Industrial, a Europa começou a colonizar a África no século XIX. Assim, nações europeias importantes na época ocuparam e dividiram entre si o continente africano. Essa divisão ou partilha não foi tranquila nem definitiva: houve guerras e conflitos, e muitas vezes terras de uma metrópole foram tomadas por outra. O momento áureo dessa partilha do continente africano deu-se com a Conferência de Berlim, entre 1844 e 1845, na qual doze países europeus decidiram o destino dos povos africanos, traçando de forma arbitrária um novo mapa político do continente. Com base unicamente em mapas, isto é, sem levar em conta os interesses dos povos que viviam nas áreas, as metrópoles europeias dividiram entre si a África, que ficou compartimentada em dezenas de colônias.

Com a redefinição do mapa político da África, feita pelos europeus, ignorando completamente a realidade e os interesses dos inúmeros povos africanos, foram criadas divisões absurdas para eles. Parentes ficaram divididos por fronteiras que antes não existiam, e grupos étnicos inimigos foram reunidos em um mesmo território.

Os frequentes conflitos na África se relacionam à grande diversidade étnico-cultural e resultam das modificações introduzidas no continente pelos colonizadores europeus. Na foto, mulheres e crianças somalis em um campo de refugiados no Quênia, em 2015.

Os africanos deviam adaptar-se aos novos colonizadores, pois as potências europeias se revezavam no controle da África. Viravam "belgas", "alemães" e "ingleses" praticamente sem nenhum dos direitos que os cidadãos desses países possuíam, mas com todos os deveres, inclusive o de lutar nas guerras deflagradas pelos colonizadores. Observe os mapas a seguir.

A colonização europeia na África até 1880

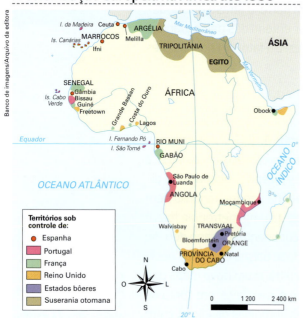

Observe, nestes mapas, que a África foi colonizada pelos europeus a partir da segunda metade do século XIX.

Adaptado de: L'ATLAS Jeune Afrique. Paris: Jaguar, 1997.

A colonização europeia na África em 1914

Adaptado de: IL MONDO — Grande Atlante Geografico. Novara: Istituto Geografico De Agostini, 1998.

Descolonização

Descolonização: processo de independência política das colônias europeias na Ásia e na África, que ocorreu após a Segunda Guerra Mundial, principalmente na década de 1950.

Com a Primeira Guerra Mundial (1914-1918) e, principalmente, com a Segunda (1939-1945), ocorreu um enfraquecimento das potências europeias e o fortalecimento das novas superpotências mundiais: os Estados Unidos e a antiga União Soviética. Com isso, a partir do fim da Segunda Guerra, a África e a Ásia passaram por um processo de **descolonização**.

Assim, em duas ou três décadas, a maioria das colônias africanas adquiriu sua independência. Em alguns lugares — como na Argélia —, houve guerras sangrentas para a conquista da independência política; em outros, esse processo foi pacífico. Houve até mesmo casos em que os africanos foram enganados ao obter a independência. Isso se deu, por exemplo, na África do Sul, em 1910, onde os ex-colonizadores brancos ficaram com o poder no novo país independente, deixando a maioria africana praticamente sem direitos políticos. Veja o mapa a seguir.

168 Capítulo 9 • Aspectos gerais da África

Etapas da descolonização da África

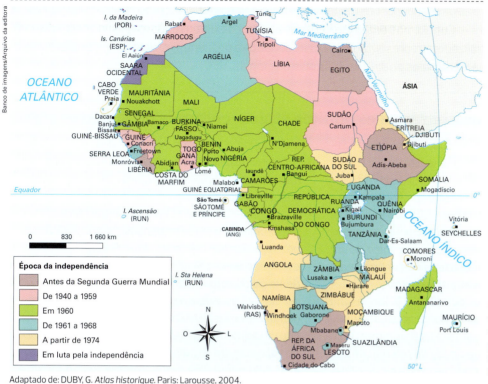

Adaptado de: DUBY, G. *Atlas historique*. Paris: Larousse, 2004.

A descolonização da África teve início com a Segunda Guerra Mundial. Note que foi a partir de 1960 que a maioria dos países africanos se tornou independente.

Texto e ação

1. Descreva, resumidamente, como se deu a dominação colonial da África.

2. Responda às questões abaixo:
   a) O que os mapas da página 168 e desta revelam sobre a história do continente africano?
   b) Quando e por que ocorreu a descolonização da África?

4 Conflitos étnicos, culturais e militares

Como a colonização europeia não respeitou as diferenças e particularidades dos povos africanos ao criar fronteiras arbitrárias no continente, os atuais países muitas vezes não possuem uma nação consolidada, e sim várias. Podemos observar isso em muitos aspectos dos países africanos:

- No traçado arbitrário das fronteiras, do que resultou a divisão da África em pequenos e médios países, a maior parte deles inviável economicamente. Esse traçado foi responsável pela separação de uma mesma etnia em três ou mais Estados vizinhos. Manter essas fronteiras herdadas do colonialismo, no entanto, foi fundamental para os governos dos novos países independentes; afinal de contas, ninguém quer perder terras.

- No fato de os Estados africanos não terem se originado de uma nação (um povo culturalmente homogêneo) ou do desenvolvimento gradual da convivência de duas ou mais nações, como ocorreu na Europa. Em quase todos os casos da África, as diversas etnias e mesmo vários impérios pré-coloniais foram integrados pela Europa num mesmo território colonial que depois se tornou país independente. A exploração colonial foi responsável pela formação de um sentimento difuso de pertencer a um mesmo país, o que, no entanto, não bastou para a constituição de uma consciência nacional. Somente a língua

Unidade 3 • África e Oriente Médio 169

do colonizador é que unia e ainda une os Estados, apesar de, na maioria das vezes, ser falada apenas por uma minoria que, geralmente, não ultrapassa 10% ou 20% da população.

Concluímos então que, nesses países, coexistem duas forças opostas: uma centralizadora, representada pelo Estado, e outra descentralizadora ou regionalista, representada pelos poderes tribais ou tradicionais.

Fronteiras arbitrárias e conflitos étnico-culturais no Sudão

O Sudão é um ótimo exemplo de rivalidades étnicas e culturais que resultam da violência provocada pelo estabelecimento de fronteiras arbitrárias na África, com consequências que perduram. Até 2011, era o maior país africano em território (2 505 813 km²), mas, nesse mesmo ano, a sua parte sul tornou-se independente com o nome de Sudão do Sul. Por meio de um referendo, 98,83% da população aprovou o surgimento do mais novo Estado soberano do mundo.

Atualmente, o Sudão tem 1 886 086 km² e uma população de 37,9 milhões de habitantes (2013), enquanto o Sudão do Sul possui um território com cerca de 620 mil km² e uma população de 11,5 milhões de habitantes. A população sudanesa era e ainda é bastante dividida etnicamente: existe uma parte árabe e muçulmana, situada principalmente no norte do atual Sudão, e, no Sudão do Sul, existem várias etnias com a cor da pele mais negra, que não são árabes nem muçulmanas e praticam religiões africanas tradicionais ou o cristianismo.

Houve uma guerra civil, que durou décadas — e talvez ainda não tenha terminado, pois há períodos de paz seguidos por novos períodos de conflitos — e que existe desde que o Sudão unificado se tornou independente do domínio britânico em 1956. No começo do século XXI, o conflito opõe principalmente o governo, dominado pelos muçulmanos, e grupos guerrilheiros não muçulmanos, cujas bases de apoio encontram-se no sul e sudeste do país. O governo, portanto, controlado pela população árabe, sempre tentou forçar a islamização do sul do país. A guerra quase interminável e os períodos de seca deixaram mais de dois milhões de mortos no Sudão. O governo muçulmano instalado na capital do país, Cartum, introduziu a sharia, isto é, a lei islâmica (obrigatoriedade de as mulheres usarem o véu cobrindo o rosto, proibição de bebidas alcoólicas, punições de ladrões por enforcamento ou mutilação, etc.), o que causou a fuga de mais de 350 mil sudaneses para países vizinhos.

O Sudão do Sul. Cartum teme o pior.

Adaptado de: <www.france24.com/fr/20101219-el-bechir-annonce-le-renforcement-charia-nord-cas-secession-referendum-soudan-sud/> e <http://southernsudan2011.com/>. Acesso em: 30 out. 2014.

 Texto e ação

1. Comente os conflitos étnico-culturais, militares e a arbitrariedade das fronteiras na África. Em seu comentário, cite como exemplo o caso do Sudão.

2. Se lhe perguntassem o que é *sharia*, o que você responderia?

⑤ Pobreza na África subsaariana

No começo dos anos 1980, as economias da maioria dos países ao sul do Saara — em grande parte dependentes das exportações de bens primários, como café, cacau e cobre — iniciaram uma grande queda quando os preços desses produtos desabaram no mercado mundial. Agravando esse problema, houve outros obstáculos ao desenvolvimento: desgoverno, corrupção e queda na produção agrícola de autossuficiência de alimentos para a população. Rodovias e usinas elétricas começaram a se deteriorar, o endividamento externo aumentou e os investimentos estrangeiros em geral não ocorreram.

Houve ainda uma grande explosão demográfica, com aumento populacional de 2,8% a 3% ao ano — de longe, o maior do mundo. No total, a população da África Negra hoje é de 936,1 milhões de habitantes e pode chegar a 1,6 bilhão no ano 2030. O perigo desse crescimento é que as economias precisam se expandir a todo vapor para oferecer empregos e produtos diversos a essa crescente população. E elas dificilmente se expandem; nos anos 1980, a renda *per capita* baixou quase 2% ao ano, deixando todos — exceto uma elite privilegiada — bem mais pobres. Segundo um estudo do Banco Mundial, cerca de 220 milhões de africanos — um em cada três — agora vivem na "pobreza absoluta", isto é, não conseguem atender às suas necessidades mais elementares.

Presença do vírus ebola

No início do século XXI, o conjunto de problemas africanos foi agravado pelo vírus ebola. Identificado pela primeira vez em 1976, numa região próxima do rio Ebola — que deu nome à doença —, no território da atual República Democrática do Congo, o vírus atingiu o centro do continente. Em 2014, provocou milhares de mortes em Serra Leoa, Guiné, Libéria, etc. O risco de morte das pessoas infectadas por esse vírus é muito elevado, e ele pode se disseminar pelo mundo inteiro. Várias medidas vêm sendo tomadas por autoridades do setor da saúde de todos os países, bem como por organizações internacionais, a fim de evitar a disseminação da doença nesse continente e no planeta.

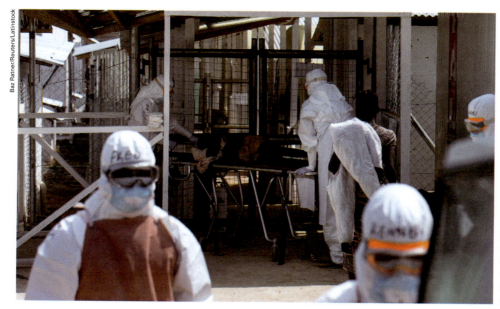

Centro de tratamento de pessoas com o vírus ebola em Serra Leoa: funcionários de saúde, usando equipamentos de proteção contra o vírus, recebem um novo paciente, em 2014.

Perspectivas de mudança

Apesar de tudo, existem perspectivas de mudança econômica e político-democrática na África. Vamos começar pela política. Em quase todos os países, os governos monopolizados por um só partido (ou pessoa) cedem lugar ao pluripartidarismo (isto é, vários partidos disputando o poder). No entanto, a divisão das sociedades africanas em vários grupos étnicos distintos responde por inúmeros surtos de violência tribal e "limpeza étnica" — isto é, uma etnia tentando exterminar outras que considera "inferiores" — no interior de alguns países do continente.

Observe as fotos abaixo. São duas mulheres liberianas, laureadas pelo Prêmio Nobel da Paz de 2011, que simbolizam os ventos de mudança política no continente neste novo século, mudanças que muitas vezes são protagonizadas pelas mulheres.

À esquerda, vemos a presidente da Libéria, Ellen Johnson Sirleaf. À direita, a também liberiana Leymah Gbowee. Ambas as fotos são de 2015. Ellen Sirleaf foi a primeira mulher a ser livremente eleita presidente de um país africano, em 2005, e reeleita em 2011. Economista e mãe de quatro filhos, a "Dama de Ferro" (como é chamada) contribuiu para garantir a paz na Libéria, promover o desenvolvimento econômico e social e reforçar o lugar das mulheres no país. Sua compatriota Leymah Gbowee teve um papel importante como ativista durante a segunda guerra civil liberiana, em 2003. Ela mobilizou as mulheres no país pelo fim da guerra, organizando até mesmo uma "greve de sexo" em 2002.

Vejamos agora as boas notícias econômicas sobre a África. A partir da primeira década do século XXI, por causa do grande aumento nos preços internacionais de certas matérias-primas — especialmente petróleo e minérios, além de alguns gêneros agrícolas —, vários países do continente africano passaram a crescer num ritmo intenso. O crescimento médio do PIB dos países africanos de 2000 a 2010 foi de 4,9% ao ano, bastante superior à média mundial e principalmente à média dos países desenvolvidos. Somente a China, a Índia e alguns poucos países cresceram mais que a média africana nessa década. É lógico que alguns países do continente cresceram bem mais, como os países exportadores de petróleo — Angola, Moçambique, Guiné Equatorial, Líbia e Nigéria —, enquanto outros, com economias baseadas numa precária agricultura — como a República Democrática do Congo, Serra Leoa, Mali, Zimbábue, Níger e Mauritânia —, cresceram muito pouco.

Outro fator que vem suscitando o crescimento econômico na África são os investimentos estrangeiros, principalmente da China — e também do Brasil, da Rússia, da Índia e de outros países. A China, país que mais cresce no mundo desde 1990, vem procurando diversificar suas fontes de fornecimento de matérias-primas (alimentos, petróleo, minérios) e, com isso, tem realizado acordos com vários países africanos — para a construção de estradas ou portos, usinas de eletricidade, modernização da agricultura, etc. — e comprado deles essas matérias-primas. Outros países também vêm realizando inúmeros acordos com países africanos para ampliar suas relações comerciais, mas, sem dúvida, a China, pela imensa capacidade de investimentos que possui, é o líder neste recente processo de redescoberta das economias africanas.

Texto e ação

1. Procure explicar com suas palavras o significado da expressão "pobreza absoluta".

2. Comente inúmeros surtos de violência tribal e "limpeza étnica" que vêm ocorrendo no interior de alguns países do continente africano.

3. Cite alguns fatores que vêm suscitando o crescimento econômico na África.

4. Examine a tabela abaixo e depois responda.

Países africanos com IDH acima de 0,5

1990		2013			
1. Maurício	0,794	1. Líbia	0,784	12. Marrocos	0,617
2. Seicheles	0,761	2. Maurício	0,771	13. Gana	0,573
3. África do Sul	0,673	3. Seicheles	0,756	14. Congo	0,564
4. Líbia	0,658	4. Tunísia	0,721	15. Zâmbia	0,561
5. Tunísia	0,600	5. Argélia	0,717	16. Guiné Equatorial	0,556
6. Botsuana	0,552	6. Botsuana	0,683	17. Quênia	0,535
7. Argélia	0,528	7. Egito	0,682	18. Suazilândia	0,530
8. Gabão	0,503	8. Gabão	0,674	19. Angola	0,526
		9. África do Sul	0,658	20. Camarões	0,504
		10. Cabo Verde	0,636	21. Nigéria	0,504
		11. Namíbia	0,624		

Fontes: PNUD. *Relatório do Desenvolvimento Humano 2014*; ALMANAQUE Abril, 1990.
Disponível em: <revistaescola.abril.com.br/geografia/pratica-pedagogica/petroleo-minerio-sao-destaques-economia-africana-606263.shtml?page=2>. Acesso em: 5 out. 2014.

a) Que país apresentou o mais alto IDH em 1990?

b) Qual foi o IDH desse mesmo país em 2013?

c) Em 2013, que país africano apresentou IDH mais alto?

d) O que os números da tabela revelam sobre a qualidade de vida da população nos países africanos, no período de 1990 a 2013?

Atividades finais

+ Ação

1. Leia o texto e depois responda.

Mudança de rumos: a economia verde na África

Em 2011, o Programa das Nações Unidas para o Meio Ambiente definiu economia verde como "uma economia que proporciona uma melhoria do bem-estar humano e igualdade social reduzindo de maneira significativa os riscos ambientais e a escassez de recursos". Ou seja, é uma economia que procura utilizar de maneira racional os recursos produzindo a mais baixa taxa de emissão de carbono possível e que defende a inclusão social para erradicar a pobreza.

Em 2014, autoridades governamentais dos países que fazem parte da Comunidade Econômica dos Estados da África Central decidiram reestruturar suas economias, introduzindo formalmente o meio ambiente na estrutura econômica de cada um. Isso acontece pela primeira vez em suas histórias. Para tanto, os ministros do meio ambiente e das finanças desses países criaram um Fundo para a Economia Verde da África Central. Essa comunidade é composta de dez Estados: Angola, Burundi, Camarões, Chade, Gabão, Guiné Equatorial, República Centro-Africana, República Democrática do Congo, República do Congo e São Tomé e Príncipe..

Até 2025, as lideranças desses países pretendem fazer da economia verde a chave de seu desenvolvimento, aumentando o número de empregos e distribuindo renda para a população; preservando a biodiversidade, por exemplo, da floresta do Congo, a segunda maior floresta tropical do mundo, que a organização não governamental (ONG) Fundo para a Natureza (WWF, na sigla em inglês) classifica como uma ecorregião de conservação prioritária; diversificando sua economia (em geral baseada na exploração de minérios, gás e petróleo), etc.

Adaptado de: PNUE. *Vers une économie verte*: pour un dévelopemment durable et une éradication de la pauvreté, 2011. Disponível em: <www.unep.org/greeneconomy/Portals/88/documents/ger/GER_synthesis_fr.pdf>; AFRIQUE centrale. *Création d'un fonds pour une économie verte*. Disponível em: <www.lesechos.fr/industrie-services/conso-distribution/afp-00614293-afrique-centrale-creation-dun-fonds-pour-une-economie-verte-1059349.php>. Acesso em: 31 out. 2014.

a) O que mais chamou a sua atenção no texto? Por quê?

b) Você já havia ouvido falar da economia verde? Em caso afirmativo, relate o que conhece a respeito.

c) Em um mapa político da África, localize os países que fazem parte da Comunidade Econômica dos Estados da África Central. Identifique-os em uma lista e acrescente o nome de suas capitais.

d) Em um mapa físico da África, observe a localização da floresta do Congo. Compare-a com a floresta Amazônica. O que você conclui?

2. Para entender melhor a desertificação na África, faça o seguinte:

a) Observe o mapa da página 164 e responda: Quais são os dois imensos desertos do continente africano?

b) O que é desertificação, onde e por que ela vem ocorrendo na África? Cite uma medida que poderia evitá-la.

3. Consulte jornais, revistas ou a internet para pesquisar sobre os conflitos étnicos, religiosos, etc. nos países do continente africano. Depois, escreva um texto sobre o assunto. O texto deve destacar o que você pensa sobre os efeitos negativos que a intolerância política, étnica, entre outras pode trazer para um povo.

4. Escolha um país africano e pesquise em jornais, revistas e na internet fotos, reportagens, mapas, gráficos, selos e cartões-postais sobre ele. Na data marcada pelo professor, traga o material pesquisado para a sala de aula. Nessa data, o professor vai dividir a classe em grupos para orientar as seguintes atividades:

a) Leiam as informações pesquisadas.

b) Separem o material pesquisado para elaborar um cartaz sobre o(s) país(es) escolhido(s).

c) Lembrem-se de dar um título para o trabalho.

174 Capítulo 9 • Aspectos gerais da África

De olho na imagem

1. Sobre a hidrografia da África, façam o que se pede.
   a) Observem a imagem:

Cataratas Vitória, no Zimbábue. Foto de 2015.

   b) As cataratas Vitória são uma das sete maravilhas naturais do mundo. Que tal realizarem uma pesquisa para conhecê-las melhor? Consultem um mapa da África, livros, jornais, revistas, *sites* da internet, inclusive aqueles que organizam viagens de turismo, e considerem os seguintes aspectos:
   - Em que rio elas se localizam? Onde esse rio desemboca?
   - Que países esse rio atravessa?
   - Qual é a denominação original das cataratas? O que ela significa?
   - Quem foi o primeiro europeu a chegar lá? Por que ele as batizou com o nome Vitória?
   - Por que Livingstone é o nome da capital turística da Zâmbia?
   - Vocês gostariam de conhecer as cataratas Vitória? Justifiquem a resposta com base na imagem e na pesquisa que realizaram.

2. As pirâmides do Egito são consideradas uma das sete maravilhas do mundo antigo.
   a) Observem a imagem:

Milhares de pessoas visitam anualmente as pirâmides do Egito. Na foto de 2012, guias de turismo aguardam os turistas perto das pirâmides.

   b) Façam uma pesquisa para descobrir outras informações sobre as pirâmides do Egito e escrevam uma nova legenda para a foto.

Unidade 3 • África e Oriente Médio

ATIVIDADES INTERDISCIPLINARES

ARTE, HISTÓRIA E LÍNGUA PORTUGUESA

1. Leia o texto e responda às questões a seguir.

A tecnologia africana

O Brasil herdou muita riqueza da cultura africana. Porém, geralmente, destaca-se a herança africana no campo das manifestações artísticas e da religião, e se ignora sua contribuição no setor das técnicas. Esse fato revela o desconhecimento de que, até o século XVI, alguns povos africanos possuíam conhecimentos mais avançados do que os europeus em algumas áreas, a exemplo da mineração.

Nesse sentido, é preciso lembrar que sua posição geográfica havia facilitado o intercâmbio com as culturas da China e da Índia. E que ocorriam trocas importantes com os povos árabes estabelecidos ao norte do continente. Isso lhes permitiu apreender, entre outros elementos, as técnicas dos referidos povos. Com criatividade, eles as adaptaram às suas necessidades, o que revela inovação, e foi de extrema importância quando chegaram ao Brasil. Em outras palavras: a contribuição técnica dos escravos africanos foi decisiva para a mineração no Brasil, a começar pela construção das ferramentas (via fundição do ferro) necessárias à extração do ouro e pelo uso das técnicas de extração propriamente ditas.

Adaptado de: CUNHA JUNIOR, Henrique. *Tecnologia africana na formação brasileira*. Rio de Janeiro: CEAP, 2010.

a) O que mais chamou a sua atenção no texto? Explique por quê.

b) Em sua opinião, por que se enfatiza a contribuição africana no campo das manifestações artísticas e na religiosidade do povo brasileiro? Justifique.

c) No que se refere à presença da religião e das artes africanas no Brasil, ou no lugar onde vive, o que você aprecia mais? Por quê?

ARTE, HISTÓRIA E LÍNGUA PORTUGUESA

2. O Brasil herdou muita riqueza da cultura africana.

a) Leia o texto.

A presença afro-brasileira na dança e na música

As danças e os ritmos musicais africanos são marcantes nas regiões que receberam maiores contingentes de negros. Desenvolveram-se principalmente nas grandes cidades, onde o negro gozava de maior independência e onde seu esforço por ascender socialmente obtinha algum resultado. Isso permitiu que os cultos, as danças e a música afro-brasileiros fossem ganhando cada vez mais importância.

A herança africana na dança e na música

Batuque – Dança paulista praticada nas cidades de Tietê, Capivari e Piracicaba. Um gesto característico dessa dança é a umbigada, que está ligada a antigos rituais congo-angolanos de fertilidade.

Catopé – Dança mineira em que os dançarinos antecedem os congos tocando ganzás (uma espécie de reco-reco longo feito de bambu) e acordeões.

Congo – Também é uma dança mineira em forma de cortejo que antecede os moçambiques. Os dançarinos abrem caminho com passos rápidos e roupas brilhantes, saudando lugares santos e a residência de algumas pessoas.

Samba – Uma modalidade de batuque. Ao som de instrumentos de percussão, forma-se um círculo de dançarinos. Então, um deles ocupa o centro da roda e, após executar alguns passos, dá uma umbigada. É por isso que esse gênero musical também já foi chamado de "samba de umbigada".

Moçambique – Dança de Minas Gerais, atualmente praticada nas festas dos padroeiros Nossa Senhora do Rosário, Santa Ifigênia e São Benedito. É uma espécie de cortejo ou procissão de dançarinos que escoltam os reis congos, que são representantes da realeza africana.

COLL, César; TEBEROSKY, Ana. *Aprendendo história e geografia*. São Paulo: Ática, 2000. p. 68-69.

b) Escolha a dança que mais chamou a sua atenção e faça um desenho ou colagens no caderno para ilustrá-la.

Capítulo 10
Diversidades regionais da África

É comum pensar, equivocadamente, na África como um continente exótico, muito quente, inóspito e como um espaço geográfico homogêneo, onde todos os países são semelhantes. Na realidade, existem várias Áfricas, inúmeras regiões e países bastante diferentes entre si. Há no continente africano enormes diferenças tanto econômicas quanto políticas e culturais. São essas diferenças que vamos estudar neste capítulo.

Em 2000, o Defense Meteorological Satellite da Nasa tirou fotos da Terra em noites sem nuvens, que foram unidas para formar esse mapa-múndi noturno.

Para começar, observe a foto e responda à questão:

- Na imagem, a concentração de luzes indica as áreas mais povoadas do mundo. Essa luminosidade é igual ou desigual pelo continente africano? Em sua opinião, o que isso significa?

1 Introdução

Disparidades econômicas

A produção econômica total — isto é, o Produto Interno Bruto (PIB) do continente africano — em 2013 foi de cerca de 1,5 trilhão de dólares. Existem na África algumas economias diversificadas, que produzem desde bens industriais até minérios, produtos agrícolas variados, rendas oriundas do turismo, etc. As maiores e mais diversificadas são a África do Sul, o Egito, o Marrocos e a Tunísia, além da Nigéria (exportadora de petróleo). Esses cinco países possuem juntos cerca de 90% da economia de todo o continente. A África do Sul sozinha contribui com mais de 30% da economia de toda a África. Ela é a potência regional da África, principalmente da parte subsaariana, embora a Nigéria — país mais populoso e terceira economia do continente — possa também reivindicar esse *status*.

Diferenças políticas e culturais

Existem atualmente na África alguns regimes democráticos (com eleições periódicas para os cargos políticos importantes), como a África do Sul, Namíbia, Mali, Gana e Botsuana, ao lado de regimes em que impera uma forte ditadura militar ou de uma só pessoa, como ocorre em Uganda, Sudão, Etiópia, Zimbábue e em outros países.

Quanto à cultura, restringindo-se à religião, temos na África países predominantemente muçulmanos, sobretudo no norte do continente, como Egito, Líbia, Argélia e Sudão e países onde imperam as religiões cristãs (católicas e principalmente protestantes) e/ou as religiões africanas tradicionais, que geralmente são tribais e têm por base o culto aos espíritos, a presença de curandeiros e da magia, etc.

As religiões cristãs predominam na África austral (ao sul), central e oriental: África do Sul, Moçambique, Angola, Zâmbia, República Democrática do Congo, etc. As religiões tradicionais, que se encontram em crise por causa da urbanização e do desmanche de tribos com base rural, são mais fortes na África ocidental: Nigéria, Níger, Senegal, Serra Leoa, etc. Veja o mapa ao lado.

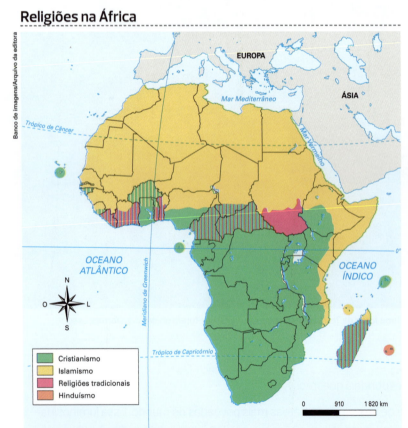

Religiões na África

Adaptado de: <http://pt.wikipedia.org/wiki/Ficheiro:Religion_distribution_Africa_crop.png>. Acesso em: 16 mar. 2015.

Regionalizações

Existem duas principais regionalizações da África. Uma delas divide o continente em cinco regiões de acordo com a localização de cada parte: África setentrional ou do Norte; Ocidental; Oriental; Central e Meridional ou Austral.

Outra maneira, cada vez mais utilizada, de regionalizar a África tem como base critérios étnicos e culturais (religiões e etnias predominantes em cada região) e divide o continente em duas partes:

- **África Branca** ou **norte da África**: constituída por oito Estados, incluindo o Saara Ocidental.
- **África Negra** ou **subsaariana**: formada pelos outros 47 países do continente.

Vamos adotar esta segunda divisão ou regionalização do continente africano, o que significa considerar duas imensas regiões na África: Veja o mapa abaixo.

África: conjuntos regionais com base em fatores étnicos e culturais

Adaptado de: SIMIELLI, M.E. Geoatlas. São Paulo: Ática, 2009.

 Texto e ação

1. Alguns países africanos se destacam na economia do continente. Quais são eles?
2. Comente as diferenças políticas e culturais no continente africano.
3. Observe o mapa acima e responda: que critério de regionalização foi utilizado?
4. A ideia de regionalização do continente africano é polêmica. Em sua opinião, por que isso acontece?

2 África setentrional

A África Branca, do Norte ou setentrional, é formada por Estados onde predominam os povos caucasoides, isto é, com a cor da pele mais clara. Em geral os povos que habitam essa parte da África, com exceção do Sudão, são de origem árabe. E mesmo nesse país a etnia predominante é chamada de árabe-sudanesa, ou seja, os membros dessa etnia são descendentes de árabes, especialmente egípcios, que dominaram o país durante séculos. A religião muçulmana ou islâmica predomina em toda essa região africana.

Existem cerca de 300 milhões de habitantes na África Branca, o que equivale a mais ou menos 30% do total da população do continente africano.

Semelhanças com o Oriente Médio

O norte da África praticamente representa uma continuação do Oriente Médio, que fica na Ásia, do outro lado do canal de Suez, construído entre os continentes africano e asiático para ligar o mar Mediterrâneo ao Vermelho. Muitos autores hoje em dia (e uma boa parte da imprensa), quando falam ou escrevem sobre o Oriente Médio, costumam incluir nessa região o norte da África.

De fato, tanto o Oriente Médio quanto a África Branca são habitados por povos árabes ou de troncos étnicos comuns — israelitas, camitas, turcos, sudaneses — e apresentam a mesma paisagem natural. Nessas imensas regiões predomina o clima desértico, só amenizado nas áreas litorâneas e nas margens dos rios, principalmente do rio Nilo. A religião predominante em ambas as regiões é o islamismo, e até na economia existe semelhança: assim como no Oriente Médio, a grande riqueza do norte da África é o petróleo, seguido pelo turismo. Existe ainda outra semelhança importante: o Oriente Médio e a África setentrional são regiões onde existem, há décadas, intensos conflitos étnicos, religiosos e político-territoriais, que provocam um estado de constante insegurança e instabilidade.

Atividades econômicas e padrão de vida

A grande riqueza da África setentrional é o petróleo, encontrado principalmente na Líbia e na Argélia, os dois países de maior renda *per capita* dessa região. Também o Egito, a Tunísia e a Mauritânia exportam petróleo, mas em quantidades bem menores. Outras atividades econômicas importantes dessa parte da África são:

- o **turismo**, especialmente no Egito, na Tunísia e no Marrocos — no Egito estão importantes monumentos históricos, como as pirâmides;
- a **mineração**, com destaque para o fosfato e o manganês;
- a **agricultura**, com o cultivo de azeitonas, frutas cítricas, tâmaras, trigo e algodão.

O padrão de vida da população em geral é baixo, mesmo nos países que exportam bastante petróleo, mas, em média, é superior ao dos países da África subsaariana. A distribuição social da renda é muito desigual, o que é comum nos países do Sul, com uma minoria de ricos e uma maioria vivendo em condições precárias.

Considerando o meio físico e sua ocupação humana, a África setentrional possui três áreas mais ou menos distintas: o Magreb, o Saara e o vale do Nilo.

O Magreb, o Saara e o vale do Nilo

Magreb — Corresponde à porção oeste ou ocidental do norte da África, onde se localizam o Marrocos, a Argélia, a Tunísia, o Saara Ocidental e a Mauritânia. A palavra *Magreb*, em árabe, significa "onde o Sol se põe", ou seja, o poente (oeste). Trata-se, portanto, da parte mais ocidental do norte desse continente. O relevo dessa área é montanhoso, e seu clima é subtropical mediterrâneo: o verão é quente e seco, e o inverno é frio e mais chuvoso. As maiores cidades e as principais atividades econômicas estão na faixa litorânea, onde se cultivam espécies mediterrâneas, como a oliveira e a videira.

Vista de Ait-Ben-Haddou, uma cidade fortificada, no Marrocos. Foto de 2014.

Saara — Localizado no norte do continente africano, o Saara vai desde o oceano Atlântico até o mar Vermelho, estendendo-se por vários países. O clima aí é seco o ano todo, com forte calor durante o dia e grande esfriamento à noite. A densidade demográfica dessa área é baixíssima, e as atividades econômicas são poucas.

Jovem conduzindo uma caravana de camelos através do deserto do Saara, no Egito. Foto de 2015.

Unidade 3 • África e Oriente Médio

Vale do Nilo — Abrange terras do Egito e do Sudão, localizadas nas margens do Nilo, o único rio a atravessar o deserto do Saara de sul a norte. Por corresponder às áreas mais férteis e úmidas da África, o vale do Nilo forma uma espécie de imenso oásis. Durante as cheias, o rio inunda uma ampla faixa de terra às suas margens. Ao retornar ao seu leito, as terras inundadas tornam-se férteis, e a população egípcia desenvolve aí sua agricultura. Existe até uma antiga expressão que diz: "O Egito é uma dádiva do rio Nilo".

Esse rio foi fundamental para a extraordinária civilização que se desenvolveu na Antiguidade, nessa região. A importância do Nilo para a vida das pessoas explica por que a maioria da população e as principais cidades do Egito — Cairo, Alexandria e El--Giza — e do Sudão — Cartum e Ondurmã — estão situadas às suas margens.

Embarcações e ponte no rio Nilo, na cidade do Cairo, Egito. Foto de 2014.

Texto e ação

1. Explique a frase: "O norte da África praticamente representa uma continuação do Oriente Médio".
2. Exploração de petróleo, turismo, mineração e agricultura são atividades econômicas importantes desenvolvidas na África do Norte. Comente cada uma delas.
3. Comente a expressão "O Egito é uma dádiva do rio Nilo" e explique por que a maioria da população e as principais cidades do Egito se concentram próximo às suas margens.

182 Capítulo 10 • Diversidades regionais da África

③ África subsaariana

Abrangendo a maior parte do continente e também de sua população, a África subsaariana é constituída por 47 Estados independentes. É a "verdadeira África", nos dizeres de alguns especialistas. É a África dos povos de cor da pele negra, dos Estados construídos de cima para baixo, geralmente de forma arbitrária, com várias etnias num mesmo território nacional, cada uma com idioma e cultura específicos.

Comparada à parte norte do continente, a África subsaariana é bem mais heterogênea, isto é, apresenta maiores diversidades econômicas, culturais, étnicas e naturais. Há paisagens desérticas, onde as condições de vida são extremamente precárias, mas também existem paisagens tropicais exuberantes, que permitem a agricultura e a pecuária. Vamos conhecer dois países que se destacam nessa parte da África: a Nigéria e a África do Sul.

Nigéria

O país que se destaca na parte ocidental do continente e que constitui a verdadeira "potência" de toda a África subsaariana, com exceção da África do Sul, é a Nigéria.

O território nigeriano é relativamente grande (923 768 km²), o que é significativo nesse continente, dividido em pequenos territórios. Além disso, a Nigéria merece destaque por possuir a maior população do continente (cerca de 174 milhões de habitantes em 2013) e exportar petróleo.

É o país mais industrializado da África ocidental e o segundo da África subsaariana, ficando atrás somente da África do Sul. Conta com algumas filiais de empresas estrangeiras (de automóveis, alimentos, bebidas e de óleo de algodão), que aí se instalaram por causa da mão de obra barata e das facilidades para exportação. A Nigéria possui uma grande dívida externa, a segunda de toda a África, inferior apenas à do Egito.

A renda *per capita* da Nigéria (2 760 dólares) e a expectativa de vida de sua população (apenas 52,1 anos) são extremamente baixas. Aproximadamente 55% da população nigeriana vive no meio rural. Apesar disso, a Nigéria possui o maior aglomerado urbano da África e um dos maiores do mundo: Lagos, no sul do país (golfo da Guiné), em cuja área metropolitana vivem atualmente mais de 15 milhões de habitantes. Veja a foto abaixo.

Tráfico intenso de veículos nas ruas de Lagos, Nigéria. Foto de 2012.

Um exemplo do artificialismo na formação das nações africanas

A Nigéria foi colônia britânica durante aproximadamente cem anos, mas, com a independência em 1960, a classe dominante percebeu que a unidade nacional só poderia ser mantida pela língua do colonizador.

Praticamente todos os países africanos possuem problemas semelhantes aos da Nigéria, a qual é apenas mais um exemplo do profundo artificialismo na formação das nações ou países africanos. Eles são formados por povos diferentes, com idiomas próprios, culturas e tradições seculares ou até milenares, que foram agrupados pelos colonizadores e que têm de viver sob fronteiras impostas.

A Nigéria é bastante heterogênea etnicamente, como, aliás, é regra geral no continente e, especialmente, na África subsaariana. Três etnias principais — hauçá, ioruba e ibo — representam a maioria da população (65%), mas existem ainda dezenas de outras etnias minoritárias, cada uma com idioma e cultura específicos.

Religião e conflitos político-militares

Aproximadamente 45% da população nigeriana é islâmica, cerca de 35% são cristãos e os 20% restantes praticam as religiões africanas tradicionais. Os muçulmanos predominam do centro ao norte do território nigeriano, a partir da capital, Abuja, situada mais ou menos no centro do país (veja foto abaixo). Nessa região centro-norte concentra-se a etnia hauçá, que possui a maioria dos membros das forças armadas e do governo nacional. Essa etnia, além de possuir, em média, maiores rendas e mais propriedades que as demais, controla o poder (o governo nacional), o que já deu origem a vários movimentos separatistas de outras etnias, especialmente as situadas na região sul do país, que é a mais rica da Nigéria por causa do petróleo e das indústrias ali localizadas.

Abuja, Nigéria. Foto de 2014.

No começo do século XXI, os conflitos político-militares entre cristãos e muçulmanos se agravaram, o que provocou a morte de milhares de pessoas. Um grupo de fundamentalistas islâmicos está tentando impor pela força das armas a *sharia* em todo o país, espalhando o terror em algumas regiões. Supermercados, universidades, escolas e grupos sociais que rejeitam a proposta autoritária desse grupo fundamentalista e as atrocidades que comete para atingir tal objetivo são alvo de atentados violentos. Veja a foto a seguir.

Boko Haram, grupo de fundamentalistas islâmicos que espalha o terror em algumas regiões da Nigéria. A imagem foi capturada de um vídeo em que o grupo fazia um pronunciamento em lugar indefinido. Foto de 2014.

África do Sul

Com cerca de 53 milhões de habitantes em 2013, a África do Sul é a verdadeira potência regional da África subsaariana e de todo o continente. É o único país africano que possui litoral em dois oceanos, o Atlântico e o Índico. Por essa razão e por situar-se no extremo sul do continente — ponto de passagem da Europa e da América para o Oriente Médio ou para a Ásia —, esse país tem uma posição geográfica bastante privilegiada, considerada mesmo estratégica, isto é, de enorme importância econômica e militar. Veja a foto abaixo.

Povoação com farol (ao fundo, à direita), ao lado de Cabo das Agulhas, cidade da África do Sul onde fica o ponto mais meridional da África e onde os oceanos Atlântico e Índico se encontram. Foto de 2014.

Economia e padrão de vida

A República da África do Sul é seguramente o país que, pelas suas dimensões (1 221 037 km²), possui a maior concentração mundial de riquezas minerais: ouro, diamantes, carvão, antimônio, minérios de ferro e manganês, urânio, platina, cromo, vanádio, titânio, etc.

Apenas os países de dimensão continental — como a Rússia, os Estados Unidos, a China, o Canadá, o Brasil e a Austrália — possuem maior quantidade de riquezas minerais que a África do Sul. Mesmo assim, esse país conta com as maiores reservas de alguns minérios básicos para a indústria moderna, como manganês, platina, vanádio e cromo. Isso explica o apoio norte-americano ao governo da África do Sul mesmo durante a vigência do *apartheid*, um sistema oficial de racismo e de segregação (separação) étnica, que veremos adiante

A África do Sul é o país mais industrializado de todo o continente. O seu PIB, o maior do continente, era de cerca de 380,7 bilhões de dólares em 2013, bem maior do que a soma do segundo e do terceiro colocados na África (Egito e Nigéria). A renda *per capita* de 7,1 mil dólares é a segunda mais elevada da África, atrás apenas da Líbia (14,1 mil dólares). Apresenta também um padrão de vida bem mais alto para a minoria branca, descendente de ex-colonizadores holandeses ou ingleses, e, mais recentemente, para uma nova elite negra que se desenvolveu. Mas o que prevalece é uma baixa qualidade de vida para a maioria da população, principalmente para a grande maioria dos negros (70% da população total) e para os 10% de mestiços e os 3% de asiáticos.

Apartheid

O *apartheid* foi um sistema de segregação racial implantado na África do Sul após sua independência completa do Reino Unido, em 1961. Antes disso, já havia enormes desigualdades entre brancos e negros, pois uma das bases do colonialismo é exatamente a divulgação, pelos colonizadores, de sua "superioridade" racial em relação aos colonizados. Quem mais defendeu o *apartheid* foi a população branca de origem holandesa, os chamados africânderes, muito mais radicais no seu racismo que os de origem inglesa.

No restante da África subsaariana em geral, com a descolonização, os novos países independentes passaram a ser governados pelos próprios africanos, pelos negros, enfim. Na África do Sul, porém, o novo governo, representante da minoria branca, achou que era necessário oficializar as diferenças étnicas para manter os privilégios dos brancos e evitar uma maior participação dos negros nas decisões. Assim, a Constituição oficializou o *apartheid*, um racismo que estabeleceu direitos desiguais de acordo com a cor da pele. Nas décadas de 1960 e 1970, essa discriminação se tornou mais radical. As diferenças entre brancos e negros — e também mestiços e asiáticos, em menor proporção — se ampliaram. Em 1945, por exemplo, o salário pago a um negro correspondia a 25% do que era pago a um branco para realizar a mesma tarefa. Já em 1970, esse salário recebido por um negro equivalia a somente 17% do que um branco recebia pelo mesmo serviço.

Atualmente, os brancos vivem em bairros exclusivos, limpos, com boa iluminação, água encanada, telefone e habitações amplas. Os negros em geral, salvo exceções, foram obrigados a se fixar em "cidades negras" — as *townships* —, situadas estrategicamente na periferia das "cidades brancas", para facilitar o acesso dessa população, utilizada como mão de obra barata, aos locais de trabalho.

A infraestrutura (calçamento, água, luz, telefone, etc.) das "cidades negras" é precária. Essas cidades já foram palco de inúmeras manifestações *antiapartheid*, de violentos choques de negros com a polícia. Sharpeville e Soweto, situadas nas vizinhanças da maior e mais industrializada cidade do país — Johannesburgo —, são exemplos de *townships*. Veja a foto a seguir.

Soweto, na África do Sul, em 1984. Desde a década de 1970, o nome dessa "cidade negra" tornou-se símbolo da luta contra o *apartheid*.

Depois de um boicote internacional, liderado pela ONU, contra o sistema oficial de racismo na África do Sul, o governo do país percebeu que a situação estava insustentável e resolveu eliminar gradativamente o *apartheid*. Numerosas restrições que afetavam a vida dos negros foram eliminadas, como proibição de frequentar piscinas e praias reservadas só a brancos e proibição de usar ônibus só de brancos. Também foi abolida a lei de censura.

Apesar dessas medidas, os líderes negros continuaram reivindicando a eliminação total do *apartheid*, para que brancos e negros pudessem gozar de igualdade absoluta. Em 1992, o governo realizou um plebiscito (consulta à população) sobre o fim do *apartheid*, que foi aprovado até mesmo pela maioria da população branca.

A partir de abril de 1994, com a realização das primeiras eleições livres e multirraciais na África do Sul para os cargos legislativos e para a presidência da República, desapareceu oficialmente o *apartheid*. Uma nova Constituição foi promulgada, tornando iguais os direitos de todas as pessoas, qualquer que seja a sua etnia ou cor da pele, e várias línguas dos povos africanos foram oficializadas no país. Além das duas línguas oficiais que existiam (o inglês e o africânder, um idioma derivado do holandês, falados respectivamente por 15% e 9% da população total do país), também os idiomas zulu e xosa, além de outros sete, tornaram-se línguas oficiais da África do Sul.

Unidade 3 • África e Oriente Médio

Nelson Mandela discursando no aniversário de 50 anos da Organização das Nações Unidas (ONU). Foto de 1995.

O governo de Nelson Mandela

Nelson Mandela (1918-2013), um famoso ex-preso político de origem xosa, ligado ao Conselho Nacional Africano, tornou-se o primeiro presidente negro da história do país (1994-1999). Ele tentou realizar uma união nacional, com a participação no seu governo de negros e brancos, representados por seus partidos políticos. Esse governo de unidade nacional conseguiu evitar uma guerra civil (entre brancos e negros, entre grupos étnicos negros diferentes, como os zulus e os xosas, e entre estes e os indianos).

Desafios atuais

Um dos maiores desafios do governo sul-africano é o de criar meios para permitir, o mais breve possível, a melhoria da situação da grande maioria da população negra, cujas condições de vida ainda são precárias. Também o nacionalismo precisa ser incentivado ou até criado, para se firmar acima das inúmeras identidades étnicas ou tribais. A África do Sul representa uma espécie de laboratório para grande parte do continente africano, uma experiência de construir uma verdadeira sociedade democrática — o que nunca existiu na África — no seio de uma população multirracial. Isso é muito mais difícil de realizar em uma população heterogênea, do ponto de vista étnico e cultural, do que em um povo mais ou menos homogêneo, como é o caso das sociedades democráticas mais antigas (Reino Unido, Estados Unidos, França, etc.).

Texto e ação

1. Cite alguns aspectos que fazem da Nigéria a "potência" de toda a África subsaariana, com exceção da África do Sul.

2. Reproduza o quadro abaixo no caderno e preencha-o com as informações do capítulo.

África do Sul

Área	
Principais recursos minerais	
Indústrias	

3. Elabore um texto justificando por que a África do Sul é um país tão importante para o continente africano. No texto, inclua algumas informações do quadro acima.

4. O *apartheid* foi um sistema oficial de racismo e de segregação étnica na África do Sul. Sobre ele, responda:
   a) Quando ele foi implantado? Quem foi o seu maior defensor?
   b) O *apartheid* desapareceu oficialmente a partir de 1994. Como se deu esse processo?

5. Nelson Mandela, o primeiro presidente negro da história da África do Sul, governou o país de 1994 a 1999. Comente o projeto de união nacional que esse líder tentou realizar no país.

Atividades finais

+ Ação

1. A Aids é um dos graves problemas existentes no continente africano. Por causa dela, pesquisadores estimam que, em 2013, havia cerca de 14,8 milhões de crianças órfãs na África subsaariana. A situação é tão dramática que há famílias compostas apenas por crianças; os adultos morreram. Sobre o assunto, faça o que se pede.

a) Observe a imagem abaixo.

Crianças na fila do almoço em Bulembu, Suazilândia. Foto de 2012. Elas vivem em um orfanato que abriga crianças cujos pais, na maioria, morreram de Aids. A Suazilândia tem o maior número de pessoas infectadas pela Aids no mundo (um em cada quatro adultos é portador do vírus) e tem mais de 120 mil crianças morando em orfanatos (acima de 10% da população total).

b) O que chama a sua atenção na legenda? Por quê?
c) Em sua opinião, as condições de vida da população dessa região da África contribuem para a proliferação da Aids? Explique.
d) Consultando jornais, revistas, livros e *sites* da internet, escolha uma organização humanitária — dos países da África ou de países estrangeiros — que atua em prol da redução e/ou progressiva eliminação da Aids e contra os preconceitos que afetam as crianças (impedidas de frequentar escolas e de ter tratamento médico e psicológico), os jovens, os adultos, etc. Escreva um texto, ilustre-o e lhe dê um título.

2. Leia o texto e depois responda às questões.

A África e a comunidade internacional na contemporaneidade

Em 25 de maio de 1963, na capital da Etiópia (Adis-Abeba), foi criada a Organização de Unidade Africana (OUA), assinada por 32 países recém independentes das antigas potências colonizadoras. Enfatizar a luta dos povos africanos na conquista de sua independência política e repudiar o apartheid que já havia se estabelecido na África do Sul pode ser apontado como o objetivo principal.

Em virtude de conflitos políticos entre alguns de seus membros, a OUA acabou se fragilizando nas décadas seguintes. E, na década de 1990, mergulhada em conflitos étnicos e disputas políticas internas, em problemas de saúde pública (a exemplo da disseminação descontrolada da Aids), a África foi praticamente ignorada pelas grandes potências, que quase a isolaram do mundo. Uma das tentativas de reação foi a substituição da OUA por outra instituição, a atual União Africana (UA), por meio de um tratado assinado em 2000, na capital do Togo (Lomé).

Inspirada pelos propósitos da União Europeia e da Comunidade das Nações, a UA entrou em vigor em 2002. Conta com a participação de todos os países do continente, à exceção do Marrocos, porque esse país controla o Saara Ocidental, o que contraria os princípios dessa organização. Entre outros princípios, a UA defende a disseminação da democracia, o respeito aos direitos humanos e o desenvolvimento econômico. Quando um de seus membros desconsidera tais princípios, pode ser suspenso; foi o que aconteceu com o Egito, após o golpe de estado de 2013.

Adaptado de: Organization of African Unity (OAU)/African Union (AU). Disponível em: <www.dfa.gov.za/foreign/Multilateral/africa/oau.htm>; L'UA en bref. Disponível em: <http://au.int/fr/about/nutshell>. Acesso em: 27 out. 2014.

a) Onde, quando e com que objetivos a Organização de Unidade Africana foi fundada?
b) No início do século XXI, os países africanos reagiram para serem reconhecidos como participantes do mundo em igualdade de condições com os demais membros da comunidade internacional. De que maneira?
c) Cite os princípios mais importantes da União Africana.

Unidade 3 • África e Oriente Médio 189

3. Examine o quadro referente aos indicadores socioeconômicos do Brasil e da África do Sul e realize a atividade proposta.

Indicadores socioeconômicos (2013)	Brasil	África do Sul
PIB *per capita*	US$ 11 690	US$ 7 100
População	200,4 milhões	53 milhões
Expectativa de vida	70 anos (H) 77 anos (M)	54 anos (H) 58 anos (M)
Mortalidade infantil	14 (por mil)	44 (por mil)
Taxa de analfabetismo	9,1%	10,7%
IDH	0,744	0,658

Fonte: WORLD BANK 2014.

- Escreva um pequeno texto comentando as semelhanças e as diferenças entre os indicadores socioeconômicos do Brasil e da África do Sul.

4. No dia da morte de Zumbi dos Palmares, comemora-se o Dia da Consciência Negra no Brasil.
   - Pesquise e descubra como o Dia da Consciência Negra é comemorado no estado ou município onde você mora. Traga suas descobertas para serem comentadas na sala de aula.

5. Procure notícias e reportagens em jornais, revistas e na internet sobre a situação atual da fome nos países africanos e escreva um texto sobre o assunto. No seu texto, procure relacionar a questão da fome no continente africano com o tipo de economia e a agricultura, sem se esquecer do processo de desertificação e dos conflitos étnicos e culturais que ocorrem em alguns países da África.

De olho na imagem

1. Observem a imagem, leiam o texto e façam o que se pede.
   Vejam uma charge sobre o presidente e a crise do Egito em 2011:

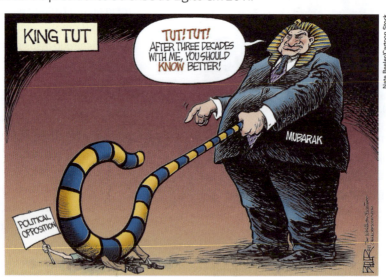

Traduzindo o balão: "Depois de três décadas comigo vocês deveriam saber melhor". Rei Tut.

"Primaveras árabes"

Entre dezembro de 2010 e os primeiros meses de 2011, conflitos ocorridos no norte da África ganharam destaque na imprensa internacional. Dada a diversidade das reivindicações populares de cada país - de melhores condições de vida (inclusive emprego para os jovens) à democratização (entre outras reivindicações, o direito de usar livremente a internet e outros recursos da tecnologia) –, as enormes manifestações públicas que aconteceram inicialmente em Túnis e no Cairo são conhecidas como "Primaveras Árabes". Em dezembro de 2010, em Túnis, os jovens foram os primeiros a contestar as autoridades políticas do país nas ruas e incentivaram grande parte da população da Tunísia a segui-los. O mesmo aconteceu alguns dias depois, em outros países do norte da África, como Egito e Líbia, e do Oriente Médio, como Síria, Iêmen, Bahrein.

Adaptado de: AYAD, Ch., et al. Le "grand jeu" de l'Arabie saoudite pour étoufferles "printemps arabes". Disponível em: <http://www.lemonde.fr/libye/article/2014/01/13/le-grand-jeu-de-riyad-pour-etouffer-les-printemps-arabes_4346993_1496980.html>. Acesso em: 27 out. 2014.

a) Na opinião de vocês, há alguma relação entre as "Primaveras Árabes" e as críticas representadas na charge da página anterior? Expliquem.

b) Façam uma pesquisa sobre a situação sociopolítica atual do Egito. Tragam suas descobertas para serem comentadas na sala de aula.

2. Uma das atividades econômicas que mais crescem no continente africano é o turismo.

a) Observem e comentem a imagem a seguir.

Grupo de turistas na Cidade do Cabo, na África do Sul. Foto de 2014.

b) Consultem revistas, jornais e *sites* da internet e descubram as regiões do continente africano onde o turismo é praticado. Tragam suas descobertas para a sala de aula.

3. Na África do Norte, o islamismo é a religião predominante.

a) Observem a imagem a seguir.

Tunisianos orando em uma mesquita de Túnis, na Tunísia. Foto de 2012.

b) Façam uma pesquisa sobre o islamismo e escrevam uma nova legenda para a foto.

Unidade 3 • África e Oriente Médio 191

ATIVIDADES INTERDISCIPLINARES

CIÊNCIAS DA NATUREZA

1. Em sua opinião, o que você, adolescente, deve fazer em face da Aids? Discuta o assunto com os familiares (se possível), os amigos, o professor e os colegas de classe. Em grupos, escrevam um relatório com suas impressões. Na data marcada, o professor coordenará o debate em sala de aula, convidando, por exemplo, o professor de Ciências para participar.

ARTE E HISTÓRIA

2. Você já ouviu falar no complexo de templos de Abu Simbel, no sul do Egito?
Sobre o assunto, veja a foto, leia o texto e faça o que se pede.

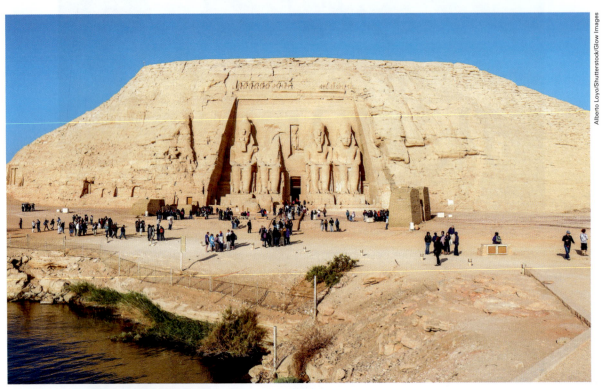

Grande Templo de Abu Simbel na região da Núbia, no Egito. Foto de 2015.

> Na década de 1950, o governo egípcio decidiu construir a barragem de Assuã. Porém, essa hidrelétrica inundaria algumas preciosidades culturais da Antiguidade, a exemplo dos templos de Abu Simbel, na região da Núbia, que se localiza no sul do Egito. Esses templos foram construídos pelo faraó Ramsés II, no século XIII a.C.
> Para evitar seu desaparecimento nas águas do rio Nilo, a Unesco decidiu realizar uma campanha internacional de doações. Foi assim que obteve os recursos financeiros necessários para efetuar a remoção de tais obras para um planalto desértico muito próximo de seu local de origem. Graças a um excepcional trabalho de engenharia – desmonte, remoção e reconstrução dos dois templos de Abu Simbel originalmente escavados na rocha – , tais templos e outros monumentos antigos da Núbia, salvos da inundação, se tornaram Patrimônio Mundial da Humanidade em 1979.

Adaptado de: MIGUEL, J. Abu Simbel (Egipto). Disponível em: <www.flickr.com/photos/oliventino/4610103324/>. Acesso em: 27 out. 2014.

a) Consulte um mapa e localize o rio Nilo e Assuã.
b) Qual o papel da Unesco na remoção dos templos que ficariam submersos com a construção da barragem que inundaria o vale onde se encontravam alguns tesouros da Antiguidade, entre eles os templos de Abu Simbel?
c) Em sua opinião, é importante preservar tesouros culturais das civilizações da Antiguidade? Explique.

Capítulo 11
Aspectos gerais do Oriente Médio, Israel e Palestina

Neste capítulo, você vai começar a estudar o Oriente Médio, uma região do Sul geoeconômico. No próximo capítulo, completaremos esse estudo.

Comício em apoio ao presidente da Síria em Hasaka, em 2011, um dia após a Liga Árabe pressioná-lo para que estabelecesse um acordo que pusesse fim à violência contra os manifestantes de oposição.

Pessoas agitam bandeiras do Egito durante um comício em prol da democracia, na praça Tahrir, no Cairo, em 2011.

 Para começar, observe as fotos e responda à questão:

- Além dos dois conflitos retratados acima, na década de 2010 o Oriente Médio conheceu outros. Você acha que existe uma ligação entre esses conflitos ou eles são isolados?

1 Introdução

O Oriente Médio é a porção sudoeste da Ásia, onde o continente asiático se encontra com a África (ao sul) e com a Europa (a oeste). Dois mares — o Mediterrâneo e o Vermelho — separam a África da Ásia. Entre eles, porém, existe uma faixa de terra, situada no território do Egito, que liga esses dois continentes e onde foi construído o canal de Suez, interligando os mares Mediterrâneo e Vermelho. Em relação à Europa, os montes Urais, o rio Ural e o mar Cáspio costumam ser considerados as linhas divisórias entre os continentes asiático e europeu. O Egito, como já vimos, é o único país que possui terras na África (a maior parte) e no Oriente Médio, e a Turquia é o país que tem parte do seu território no Oriente Médio e outra parte (menor) na Europa.

Portanto, o Oriente Médio corresponde à porção sul-ocidental, ou sudoeste, da Ásia, constituindo um verdadeiro ponto de contato com a Europa e com a África. Na verdade, podemos afirmar que o norte da África é quase um prolongamento do Oriente Médio ou vice-versa: em ambos, a paisagem natural dominante é desértica, é grande a presença de povos árabes ou de troncos étnicos semelhantes, a religião predominante é o islamismo e há muito petróleo, além de tradições históricas comuns, que remontam à expansão muçulmana a partir do século VII da nossa era. Veja, no mapa abaixo, a divisão política do Oriente Médio.

Oriente Médio: político

Adaptado de: SIMIELLI, M. E. *Geoatlas*. São Paulo: Ática, 2009.

O clima desértico predomina nessa região, lembrando o deserto do Saara, no norte do continente africano. Em alguns trechos, especialmente próximos ao litoral, o clima é subtropical mediterrâneo. Aí se concentra a maioria da população e das atividades agrícolas.

194 Capítulo 11 • Aspectos gerais do Oriente Médio, Israel e Palestina

O relevo em geral é baixo, com exceção das partes leste e, especialmente, norte dessa região — Afeganistão, norte do Irã e da Turquia —, onde surgem planaltos e cadeias de montanhas. A principal planície é a da Mesopotâmia, localizada na Síria e, principalmente, no Iraque. Essa planície, formada pelos rios Tigre e Eufrates, apresenta grandes densidades demográficas e nela se cultivam vários gêneros agrícolas, como arroz, trigo, cevada e algodão. Veja, no mapa abaixo, os aspectos físicos do Oriente Médio.

Oriente médio: físico

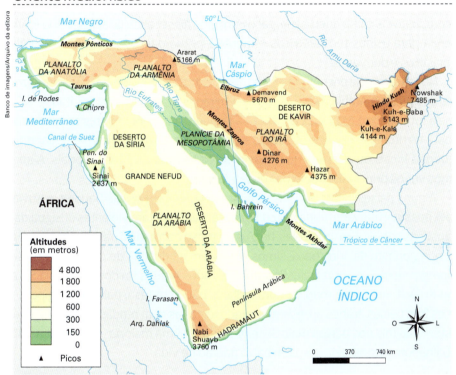

Adaptado de: IBGE. *Atlas geográfico escolar*. 6. ed. Rio de Janeiro, 2012.

A estrutura geológica — formação geológica dos terrenos, suas rochas e seus recursos minerais — constitui uma característica fisiográfica importantíssima para o Oriente Médio. Aí predominam as bacias sedimentares — especialmente na península Arábica e ao redor do golfo Pérsico —, que são áreas rebaixadas e preenchidas por rochas sedimentares. Essas bacias atendem plenamente às condições necessárias para a ocorrência de **hidrocarbonetos**, ou seja, existe aí um anticlíneo (formação curva ou em forma de cúpula), uma fenda que foi preenchida há milhões de anos por organismos marinhos que ficaram aprisionados no meio de camadas rochosas e transformaram-se em petróleo e gás natural no decorrer desse tempo. Esse anticlíneo foi produzido pela colisão de duas placas tectônicas, a Eurasiana e a Árabe, que têm uma zona de encontro nessa região.

Hidrocarboneto: substância formada principalmente por hidrogênio e carbono; o petróleo é o principal exemplo de hidrocarboneto.

 Texto e ação

1. Reproduza o quadro ao lado no caderno e preencha-o com a ajuda do texto e do mapa "Oriente Médio: físico".

2. Há relação entre a estrutura geológica do Oriente Médio e a presença de petróleo na região? Explique sua resposta.

Aspectos físicos do Oriente Médio

Clima	
Relevo	
Estrutura geológica	

Unidade 3 • África e Oriente Médio **195**

2 Aspectos gerais

O Oriente Médio é uma das principais áreas estratégicas de todo o mundo por causa de sua localização — no cruzamento da Ásia com a Europa e a África — e de sua importância econômica. Aí se localiza grande parte das reservas mundiais de petróleo, principalmente, e de gás natural. Calcula-se que cerca de 60% das reservas mundiais de petróleo e quase 30% das de gás natural estejam no subsolo dessa região. Como se sabe, o petróleo ainda é a principal fonte de energia do mundo; dele são extraídos os combustíveis como querosene, gasolina e óleo *diesel*, além de servir como fonte de energia para usinas termelétricas e matéria-prima das indústrias petroquímicas, de plásticos e derivados.

Nessa região se encontram alguns dos maiores produtores e exportadores mundiais de petróleo: Arábia Saudita, Kuwait, Emirados Árabes Unidos, Irã, Iraque e Catar (veja a foto abaixo). Mas o Oriente Médio também apresenta muitas tensões e conflitos — territoriais, religiosos e sociais —, que costumam periodicamente dar origem a guerras locais ou até mesmo a movimentos terroristas internacionais. A seguir, vamos ver os principais problemas dessa região.

Alguns países, como os Emirados Árabes Unidos, a Arábia Saudita, o Kuwait e Israel, possuem elevada renda *per capita*, porém apresentam violentas desigualdades e injustiças sociais. Em todos eles, há o uso intenso de força de trabalho de estrangeiros, que ganham salários baixíssimos e não têm os direitos de cidadãos. Em Israel, emprega-se mão de obra palestina; nos Emirados Árabes Unidos, na Arábia Saudita e no Kuwait, utiliza-se mão de obra indiana, paquistanesa, palestina, egípcia, etc. Esses três países árabes apresentam ainda minorias com rendas altíssimas, que investem capitais nos países mais desenvolvidos, e uma maioria — especialmente os trabalhadores estrangeiros — com baixo padrão de vida.

Vista geral do porto em frente da cidade de Doha, Catar, no golfo Pérsico, em 2015.

Principais problemas do Oriente Médio

Entre os principais problemas do Oriente Médio, podemos destacar:

Questão do povo palestino — Deve-se salientar a difícil questão de pôr em prática os termos do acordo entre Israel e a Autoridade Palestina (AP) —, que, em 1993, depois de 46 anos de terríveis conflitos, ações terroristas, guerras e milhões de mortes, levaram ao reconhecimento recíproco de ambos os povos. Esse reconhecimento político-diplomático foi o primeiro passo para resolver a complicada questão do povo palestino, desprovido de território desde a criação do Estado de Israel, em 1948.

Convivência do islamismo com outras religiões — É importante destacar a difícil convivência da religião muçulmana, que predomina nessa região de forma absoluta, com outras religiões (judaísmo, catolicismo e cristianismo ortodoxo oriental) e os conflitos internos do próprio islamismo, entre os xiitas, mais radicais, que predominam no Irã, no Iraque e no Iêmen, e os sunitas, mais moderados, que constituem a maioria nos demais países islâmicos.

Oposição ao Ocidente — Com o fim da Guerra Fria, as disputas políticas desses países em torno dos centros mundiais de poder mudaram de natureza, mas continuam a existir. Até o fim da década de 1980, havia uma acirrada disputa entre aliados dos Estados Unidos e da União Soviética nessa região; desde os anos 1990, existe uma tendência de união dos povos muçulmanos contra o Ocidente — simbolizado principalmente pelos Estados Unidos, em primeiro lugar, e pelas potências da Europa ocidental. Apesar de rivais em alguns aspectos, os regimes políticos do Irã e da Síria promovem uma permanente campanha para isso, advogando (geralmente até com o investimento de milhões de dólares anuais em propaganda, doutrinação ou treinamento de pessoas, etc.) uma oposição de todos os islâmicos ao Ocidente, que é visto como culpado pelos problemas da região e do mundo. Todavia, outros países islâmicos da região — o Kuwait, os Emirados Árabes Unidos, a Jordânia e a Arábia Saudita — continuam aliados do Ocidente, especialmente dos Estados Unidos.

"Barril de pólvora" — Com tudo isso, podemos perceber por que o Oriente Médio, às vezes, é chamado de "barril de pólvora". De fato, alguns dos principais conflitos armados das últimas décadas ocorreram — e continuam a ocorrer — nessa região, como as inúmeras guerras entre Israel e os árabes (em 1956, 1967, 1973, etc.), a ocupação do Afeganistão por tropas soviéticas (1980-1989) e norte-americanas (desde 2001, com previsão para retirada completa em 2016), a guerra entre o Irã e o Iraque (1980-1988), a guerra civil no Líbano (1975-1991), a primeira guerra do Golfo, em 1991, e a segunda guerra do Golfo, ou invasão do Iraque (2003-2011), etc.

Retirada de tropas norte-americanas do Iraque, em 2011.

Mohammed Ameen/Reuters/Latinstock

Geolink

Petróleo, a razão da guerra

A decisão do presidente [norte-americano] Barack Obama de intervir no Iraque (em meados de 2014) para "evitar um genocídio" não é a verdadeira razão dessa mobilização. Na verdade, trata-se de proteger as multinacionais do setor de petróleo implantadas no Curdistão (área do Iraque habitada pelos curdos).
[...]

Não é importante observar [...] que, das reservas petrolíferas de 143 bilhões de barris no Iraque, cerca de 43,5 bilhões se encontram no Curdistão, além dos 25,5 bilhões de supostas reservas e de 3 000 a 6 000 bilhões de metros cúbicos de gás? As grandes multinacionais do setor de hidrocarbonetos se comprimem no Curdistão [...] e já investiram na região mais de 10 bilhões de dólares. Mobil, Chevron, Exxon e Total estão bem implantadas [...] nesse lugar do mundo onde os empresários do petróleo obtêm 20% do total dos lucros.

Assim, relatórios recentes mostram que a produção petrolífera curda, atualmente de 200 000 barris por dia, atingirá 250 000 no próximo ano (2015) [...], o que significa [...] que, se o Curdistão iraquiano fosse um país, e não um pedaço do Iraque, ele se classificaria entre as dez potências petrolíferas mais ricas do mundo. E, portanto, mereceria ser amplamente defendido (por tropas dos Estados Unidos e de outros países). [...]

Adaptado de: FISK, Robert. *Le pétrole, le nerf de la guerre*. Disponível em: <www.courrierinternational.com/article/2014/08/11/le-petrole-le-nerf-de-la-guerre?page=all>. Acesso em: 28 out. 2014.

Plataforma flutuante de petróleo no porto de Basra, no Iraque. Foto de 2014.

Faça o que se pede:
- Comente o texto acima. Procure considerar de que forma o controle de um recurso natural estratégico pode afetar as relações entre os países e como isso pode repercutir na economia brasileira.

O petróleo no mundo

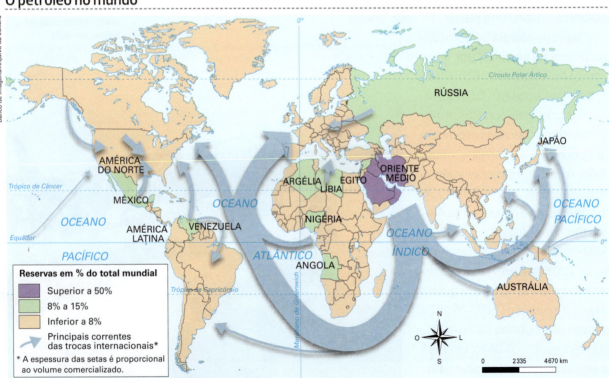

Adaptado de: SIMIELLI, M. E. *Geoatlas*. São Paulo: Ática, 2012.

Presença militar estrangeira — Por causa de conflitos territoriais, da importância do petróleo dessa região e de sua localização estratégica, é muito grande a presença militar estrangeira no Oriente Médio e nas imediações. Os navios de guerra, principalmente norte-americanos, vigiam permanentemente o mar Mediterrâneo, o mar Vermelho, o norte do oceano Índico, aí denominado mar Arábico, e principalmente o golfo Pérsico, onde se localizam as maiores reservas de petróleo. Essas águas, importantíssimas para a navegação mundial, são muito perigosas por serem extremamente militarizadas.

A colocação de minas em certos trechos dessas águas marítimas — pelo Irã e pelo Iraque, por exemplo, no golfo Pérsico — foi muito comum durante a guerra entre esses dois países, sendo que muitas delas ainda permanecem e constituem um perigo para a navegação.

Organizações terroristas — O Oriente Médio é a região do globo onde existem mais grupos terroristas, geralmente (embora nem sempre) fundamentalistas islâmicos. Existem dezenas ou talvez centenas de organizações terroristas no Oriente Médio, que às vezes são conflitantes entre si e que atuam em várias áreas: nos territórios palestinos ou em Israel, no Afeganistão, no Iraque, na Turquia, na Síria e, às vezes, até na Europa e nos Estados Unidos. Essas organizações possuem origens e causas variadas: podem ser curdos que lutam contra os turcos pela sua independência; fundamentalistas islâmicos que combatem o Ocidente (Estados Unidos e Europa, principalmente) com vistas à propagação do ideal de vida islâmico e contra a ocidentalização; árabes (principalmente palestinos) que lutam contra os israelenses; ou mesmo islâmicos radicais que combatem as tropas estrangeiras (principalmente norte-americanas) que existem na região, etc.

Escassez de água — Petróleo e água, embora por diferentes razões, são dois recursos naturais estratégicos no Oriente Médio — e também no norte da África. O petróleo pela sua abundância, e a água potável pela sua escassez. O Oriente Médio é a região do globo mais rica em petróleo e ao mesmo tempo mais pobre em água.

O primeiro poço de petróleo da região, descoberto em 1931, no Bahrein. Foto de 2014.

Escavação de um poço para extração de água na Síria, em 2014.

Unidade 3 • África e Oriente Médio

Apesar de ter cerca de 5% da população mundial, essa região asiática dispõe de menos de 1% da água potável do globo, quantidade inferior até mesmo à da África, onde há quase 15% das reservas mundiais de água e 14% da população mundial. É evidente que na África existem grandes disparidades na distribuição desse recurso natural, com áreas (nas bacias dos rios Congo e Níger) onde há abundância de água ao lado de outras — principalmente nos imensos desertos — onde a escassez de água é semelhante ou às vezes superior à do Oriente Médio, embora a disponibilidade hídrica seja em média maior no continente africano do que no sudoeste asiático.

Água potável: fonte de guerra ou de paz no Oriente Médio?

A África do norte e a península Arábica são as regiões mais áridas do mundo. No Oriente Médio, somente a Turquia, o Iraque, o Líbano e Israel escapam, relativamente, da carência de água. A Síria está em situação de estresse hídrico, [...] (pois), segundo a ONU, [...] os recursos disponíveis se situam entre 1 000 e 1 700 metros cúbicos por habitante/ano. Os outros países da região estão em situação de penúria hídrica (menos de 1 000 metros cúbicos por habitante/ano). O nível médio dos recursos em água do conjunto dos países da região gira em torno de 1 400 metros cúbicos por habitante/ano. Até 2025, esse nível será dividido pela metade em razão do crescimento demográfico. A agricultura devora quase 90% da água doce, contra uma média mundial de 70%. [...] Um dos litígios centrais da região é o consumo de Israel, várias vezes superior ao dos (países) vizinhos.

Adaptado de: CLÉMENT, Pierre-Alain. *La géopolitique de l'eau au Moyen-Orient*: guerre improbable, paix impossible? Disponível em: <www.moyenorient-presse.com/?p=228>; QU'EST-CE que le stress hydrique? Disponível em: <http://infos-eau.blogspot.com.br/2010/08/quest-ce-que-le-stress-hydrique.html>. Acesso em: 28 out. 2014.

Mulher carrega em um balde água retirada de um canal de irrigação no Iraque. Foto de 2011.

Texto e ação

1. Comente os principais problemas do Oriente Médio.

2. Responda às questões:
   a) Por que o Oriente Médio é chamado de "barril de pólvora"?
   b) Existem dezenas ou talvez centenas de organizações terroristas no Oriente Médio. Quais são as áreas de atuação dessas organizações?

3. Explique por que o petróleo e a água são dois recursos naturais estratégicos no Oriente Médio.

3 Principais produtores de petróleo

Em 2010, os dez principais produtores mundiais de petróleo foram, em ordem decrescente: Arábia Saudita, Rússia, Estados Unidos, China, Irã, Canadá, México, Emirados Árabes Unidos, Nigéria e Kuwait. Alguns desses grandes produtores, como Estados Unidos e China, consomem mais do que produzem, daí serem também grandes importadores desse combustível. Os demais são grandes exportadores de petróleo.

Oriente Médio: petróleo

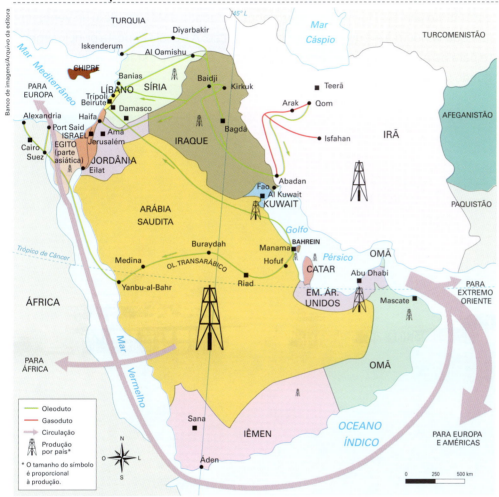

Adaptado de: SIMIELLI, M. E. *Geoatlas*. São Paulo: Ática, 2009.

Já vimos que a Arábia Saudita tem as maiores reservas mundiais, mas mantém uma produção de cerca de 10,5 milhões de barris por dia, apesar de ter a capacidade de produzir mais de 15 (ela deixa, de forma proposital, uma capacidade ociosa de quase 5 milhões de barris por dia para uma eventual necessidade, como, por exemplo, uma crise mundial de abastecimento). Em contrapartida, a Rússia passou a produzir cerca de 10,2 milhões de barris por dia, apesar de não ter tantas reservas, como uma estratégia para se recuperar da crise econômica dos anos 1990. Mas é uma estratégia arriscada porque o petróleo e o gás natural são recursos naturais não renováveis. A China, que até os anos 1980 era um exportador de petróleo, passou a ser o segundo maior importador mundial, perdendo somente para os Estados Unidos.

No Oriente Médio, além desses grandes produtores e exportadores de petróleo mencionados acima — Arábia Saudita, Irã, Emirados Árabes Unidos, Kuwait e Iraque —, existem ainda outros Estados que exportam esse combustível, e cujas economias têm em sua base esse recurso natural: Omã, Bahrein, Catar e Iêmen, todos localizados nas imediações do golfo Pérsico. O Iraque, que antes dos conflitos militares de 1991 e 2003 produzia mais de 4 milhões de barris de petróleo por dia, atualmente está produzindo apenas cerca de 2,3 milhões ao dia em razão da destruição de algumas instalações e dutos. Observe o mapa da página anterior.

Nos últimos anos o maior comprador de petróleo do Oriente Médio passou a ser a China, que substituiu os Estados Unidos (que ficaram em segundo lugar), pois este último país tem fornecedores vizinhos — Canadá e México, além da Venezuela — que vendem a ele quase toda a sua produção. A Rússia exporta principalmente para os países europeus, em primeiro lugar, e para os Estados Unidos, em segundo lugar.

Navios-tanques ao lado de uma plataforma flutuante de petróleo perto de Basra, no Iraque. Foto de 2014.

 Texto e ação

1. Observe o mapa da página 198 e responda à questão:
   As espessuras das setas indicadas no mapa são diferentes. Por quê?

2. Podemos afirmar que alguns países ou continentes são ao mesmo tempo produtores e consumidores de petróleo? Cite um exemplo.

3. Na sua opinião, por que o Oriente Médio tem grande importância político-estratégica?

4 A criação dos Estados na região

O mapa político do Oriente Médio tal como existe hoje — isto é, com países como o Líbano, Israel, Jordânia, Iraque, Kuwait, Arábia Saudita, etc. — é muito recente. Até a Primeira Guerra Mundial (1914-1918) nenhum desses países existia. Eles foram criados a partir desse grande conflito mundial, quando ocorreu uma divisão das terras que eram ocupadas pelos impérios persa e otomano.

Durante séculos, desde a expansão da religião muçulmana (iniciada no século VII) até a Primeira Guerra Mundial, toda essa região era parte do império persa (a leste) e principalmente do império turco-otomano (a oeste). Por muito tempo, esses impérios islâmicos rivalizaram entre si e com o Ocidente, isto é, com a Europa. Até o século XVIII, inclusive, eles (principalmente os otomanos) tinham o maior poderio militar e um padrão de vida superior ao do continente europeu.

Mas o desenvolvimento do capitalismo e a Revolução Industrial na Europa, iniciada em meados do século XVIII, mudaram completamente esse quadro. Os europeus, fortalecidos por novas máquinas e armas, além de conhecerem uma expansão demográfica causada pela diminuição das taxas de mortalidade, no século XIX começaram a ocupar terras desses dois impérios: a Rússia, principalmente, tomou várias áreas do império persa; e o Reino Unido e a França se apossaram de regiões que pertenciam ao império otomano.

O golpe final se deu na Primeira Guerra Mundial, pois o império otomano ficou do lado dos alemães e com isso o Reino Unido e a França, que lutavam contra a Alemanha, incentivaram os povos árabes a se unirem e combaterem os turcos, os senhores desse império. Os árabes eram povos (várias tribos diferentes e às vezes rivais) submetidos aos turcos no império otomano (assim como outros povos: curdos, armênios, judeus, ciganos, etc.), que viviam em áreas desérticas, como beduínos, pastores de cabras ou comerciantes, e tinham um idioma principal: o árabe. Os atuais países só foram criados por causa de determinadas circunstâncias (o enfraquecimento primeiro do império otomano e depois da França e o Reino Unido) e após muitas mudanças nas relações de força entre as grandes potências mundiais.

Iraque, Arábia Saudita e Jordânia

Em 1932 os britânicos permitiram que os árabes que residiam no atual Iraque fizessem uma eleição para escolher um rei; daí ter surgido um novo país, o Iraque, que até 1968, quando houve um golpe militar, era uma monarquia. E os britânicos permitiram que a família Saud (daí vem o nome saudita), que havia tomado Meca em 1925, ficasse no poder como governantes (reis) desse novo país, a Arábia Saudita (na época ninguém imaginava o enorme valor que o petróleo do subsolo dessa área teria). Depois da Segunda Guerra Mundial, a Arábia Saudita só continuou independente porque os Estados Unidos, interessados no suprimento de petróleo, estabeleceram uma aliança com a frágil monarquia da família Saud, garantindo a sua soberania.

Vista de Meca, na Arábia Saudita, em 2014.

Os demais países da região — com exceção da Turquia, que é uma pequena parte que restou do antigo império turco otomano, e do Irã, que é uma sobra do antigo império persa — também tiveram origem semelhante, isto é, foram criados com permissão das antigas metrópoles — Reino Unido e França. A Jordânia foi instituída em 1925 com a permissão dos britânicos, e os demais países, menos o Irã e a Turquia, também surgiram na segunda metade do século XX com o afastamento das metrópoles.

Turquia e Irã

A Turquia atual, herdeira do império otomano (mas com menos de um terço da sua área territorial), surgiu após a Primeira Guerra Mundial, em 1920, quando os militares liderados por Kemal Ataturk tomaram o poder e depuseram o califa, proclamando o regime republicano. Na verdade, isso representou uma espécie de modernização (ou até, em parte, ocidentalização) da Turquia, que a partir daí procurou deixar de ser um rival da Europa almejando tornar-se um Estado europeu.

O Irã, que até 1921 era chamado de Pérsia, é um herdeiro do império persa (embora com um território bem menor, pois perdeu terras no transcorrer da primeira metade do século XX para a Rússia, a França e o Reino Unido), que também procurou se ocidentalizar depois da Primeira Guerra Mundial. Era um fiel aliado do Ocidente, em particular dos Estados Unidos, até 1979, quando ocorreu uma revolução islâmica, com a deposição do Xá e a instituição de um regime teocrático e antiocidental.

Os demais países

O Afeganistão era uma colônia do Reino Unido e se tornou independente em 1919. Os sete Emirados Árabes Unidos eram protetorados britânicos até 1971, quando o Reino Unido lhes concedeu independência. Os protetorados eram áreas administradas, neste caso, pelos britânicos, um tipo de colônia. O mesmo ocorreu com Omã, Catar e Bahrein, que também eram protetorados britânicos até 1971 e tiveram uma independência tranquila e consentida.

O caso do Iêmen é um pouco mais complicado. O país se unificou em 1990, logo após a crise do mundo socialista, mas até hoje existem movimentos separatistas que querem dividir o país.

 Texto e ação

1. Podemos afirmar que o mapa político do Oriente Médio tal como existe hoje é muito recente? Explique sua resposta.
2. Escreva um comentário sobre a criação de países como o Líbano, Jordânia, Iraque, Kuwait, Arábia Saudita, etc.

5 Israel, um caso especial

A criação de Israel segue mais ou menos a trajetória descrita anteriormente de formação de Estados nessa região, no transcorrer do século XX, a partir da influência de potências estrangeiras, especialmente do Reino Unido. A grande diferença entre Israel e os demais países é que os judeus em sua imensa maioria vieram de fora da região; eles não eram (a não ser uma minoria insignificante) habitantes que já ocupavam essas áreas, como é o caso dos árabes nos atuais países árabes, dos persas no Irã, dos turcos na Turquia, etc.

A criação de um Estado judaico foi ideia de um movimento denominado sionismo (o nome vem do monte Sião, uma colina a sudeste de Jerusalém), que nasceu no fim do século XIX na Europa. Os judeus estavam — e estão, em grande parte — espalhados por vários países e continentes e, no fim do século XIX, sofriam perseguições em alguns países (por exemplo, na Rússia), seja porque eram estigmatizados pelos cristãos como aqueles que teriam crucificado Jesus Cristo, seja porque alguns deles eram muito ricos (banqueiros, por exemplo) e as autoridades locais queriam se apropriar de seus bens.

No início, o sionismo não sabia exatamente onde fundar o Estado judaico, havendo várias possibilidades: na ilha de Chipre, no sul da Argentina ou no Congo, entre outros locais julgados propícios. Mas acabaram se decidindo pela Palestina, por ser a terra — que já foi chamada de Canaã e de Judeia na Antiguidade — onde os judeus residiram há mais de 2 mil anos (junto com outros povos que também a habitavam), antes de terem sido expulsos pelos romanos, quando ocorreu a diáspora judaica (isto é, a sua dispersão por várias regiões do globo).

Após o fim da Segunda Guerra Mundial, ocorreu a criação da ONU, que propôs, em 1947, a criação de dois Estados na Palestina, um judeu e um árabe. Essa decisão estabelecia ainda que a cidade de Jerusalém, considerada sagrada por três religiões (judaísmo, cristianismo e islamismo), seria proclamada uma área internacional, não pertencente nem ao Estado judaico nem ao árabe ou palestino.

Os árabes — e a Liga Árabe, criada em 1945 — discordaram veementemente dessa decisão da ONU, argumentando que o povo local, isto é, os árabes palestinos, que eram a maioria da população na área (70% do total), não foi consultado. Além disso, eles reclamaram contra o fato de que uma minoria, os judeus, ficou com mais da metade das terras da Palestina (14,1 mil km², ou 57% do total), enquanto à maioria foi destinada uma pequena parte dessa área (11,5 mil km², ou 43% do total). Apesar da reação dos vizinhos árabes, o Estado de Israel foi criado em 1948. Logo que a indepen-

Judeus: o mesmo que hebreu, um povo ou um grupo que pratica a religião judaica. Não se pode confundir judeu com israelense, pois nem todo judeu é israelense (isto é, cidadão de Israel) e nem todo israelense é judeu (isto é, uma pessoa de cultura ou de origem familiar judaica). Alguns árabes são israelenses, tendo a cidadania do país, embora a imensa maioria dos israelenses seja de judeus. Milhões de judeus, que residem em vários países (Estados Unidos, principalmente, mas também em inúmeros outros países americanos, europeus, asiáticos e até africanos), não são israelenses, isto é, não têm a cidadania de Israel e muitas vezes nem sequer qualquer tipo de ligação com esse país.

Palestina: nome tradicional da área onde hoje se encontram o Estado de Israel, a Cisjordânia e a Faixa de Gaza e que, até 1947, pertencia ao Reino Unido. É povoada por palestinos (que são árabes) e judeus.

Vista geral de tendas erguidas pelos palestinos na Faixa de Gaza, perto de suas casas, que foram destruídas por Israel. Foto de 2015.

dência de Israel foi proclamada, ele entrou em guerra com os países árabes vizinhos (Egito, Jordânia, Síria, Iraque e Líbano), que o invadiram, fato que ocasionou a fuga de cerca de 800 mil árabes palestinos, que perderam suas casas e passaram a ser refugiados em países vizinhos (foto da página anterior). Aí começou o problema dos refugiados palestinos, aqueles que moram — muitas vezes em campos de refugiados, em tendas improvisadas — em outros países e almejam, pelo menos uma parte deles, um dia voltar à Palestina.

Esse primeiro conflito entre Israel e os árabes também ampliou a área territorial de Israel: o país se expandiu e passou a controlar 75% do território que seria destinado aos palestinos, além de ter se apossado da parte ocidental da cidade de Jerusalém. Apesar de terem uma população muito maior que a de Israel, os árabes foram — nessa e em várias outras ocasiões — sempre derrotados porque o Estado judaico conta com a ajuda das potências ocidentais, principalmente dos Estados Unidos (onde há a maior comunidade judaica do mundo fora de Israel), que lhes forneceram e ainda fornecem recursos financeiros e os mais modernos armamentos. Desde sua criação, Israel conta com militares competentes, ao contrário dos árabes, que eram verdadeiras tribos, pois inúmeros judeus que serviram como oficiais ou soldados na marinha e no exército britânico (ou no francês), foram para a nova pátria após a Segunda Guerra Mundial.

Texto e ação

1. Responda às questões:
   a) De quem foi a ideia da criação de um Estado judaico?
   b) Onde e como moram os refugiados palestinos?
2. Comente as consequências que a constituição do Estado de Israel provocou no Oriente Médio, sobretudo nos países vizinhos.

Os conflitos árabe-israelenses

A primeira guerra de Israel contra os vizinhos árabes correu em 1948, a segunda em 1956, a terceira em 1967 e a quarta em 1973. Mas, além dessas guerras convencionais — forças armadas lutando entre si, usando aviões, tanques, etc. —, existem as guerras não declaradas, isto é, os conflitos diários nos quais soldados israelenses matam palestinos, terroristas árabes matam israelenses, etc. Isso aparentemente não tem fim.

A guerra de 1956 ficou conhecida como a Guerra de Suez, porque foi deflagrada com a nacionalização do canal de Suez pelo governo do Egito. Israel, apoiado pelos franceses e ingleses britânicos, invadiu o norte do Egito, a região da península do Sinai, de onde se retirou após a pressão da União Soviética e dos Estados Unidos, já que vivíamos em plena Guerra Fria.

Em 1967 ocorreu a chamada Guerra dos Seis Dias, quando houve vários ataques terroristas contra Israel, que reagiu bombardeando zonas fronteiriças. Isso levou a uma situação de pré-guerra com os países vizinhos, que finalmente foram invadidos por tropas israelenses, se antecipando a um ataque ao seu território. Nesse conflito Israel ocupou áreas no Egito (novamente a península do Sinai, devolvida em 1979), na Síria e na Jordânia, além de ter se apossado da parte oriental de Jerusalém, ampliando a sua extensão territorial.

Em 1973, na guerra do Yom Kippur (o "dia do perdão", para os israelenses) ou do Ramadã (o "período do jejum", para os árabes), o Egito e a Síria, ajudados pela Jordânia, tentaram, sem sucesso, retomar as áreas de seus territórios anexadas por Israel em 1967. Com a assinatura dos acordos de paz de Camp David, em 1979, Israel concordou em devolver ao Egito a península desértica do Sinai. Após a devolução dessas terras ao Egito, Israel passou a ter uma área de 20 900 km². Todavia, o Estado israelense ainda ocupa outras áreas que, oficialmente, não fazem parte do seu território: as colinas de Golan (1 500 km²), a parte leste ou oriental de Jerusalém (70 km²), a **Cisjordânia** (5 879 km²) e a **Faixa de Gaza** (378 km²), sendo que estas duas últimas áreas constituiriam o virtual ou embrionário Estado palestino. Essas áreas, objeto de disputas e negociações, são pleiteadas pelos árabes e em tese serão devolvidas a eles após negociações que conduzam a uma situação de paz. São as áreas constantemente discutidas nos diversos processos ou negociações de paz que ocorreram nos últimos anos, geralmente promovidos com a intermediação dos Estados Unidos, pois sem a participação desse país — a única potência do mundo (incluindo a ONU) que poderia pressionar Israel e garantir a criação efetiva de um Estado palestino — dificilmente haverá uma paz nessa região.

Cisjordânia: área situada a leste de Israel, nas vizinhanças com o mar Morto e a Jordânia. Desde 2005, essa área está sob o domínio da Autoridade Palestina, apesar de as tropas israelenses fazerem frequentes incursões em busca de terroristas e de haver milhares de colonos judeus ocupando trechos dessa área.

Faixa de Gaza: área a sudoeste de Israel, nas vizinhanças com o Egito e o mar Mediterrâneo. O nome deriva da cidade principal dessa zona, Gaza. Essa área também está desde 2005 sob o controle dos palestinos — inicialmente da Autoridade Palestina e, a partir de 2006, do grupo radical Hamas.

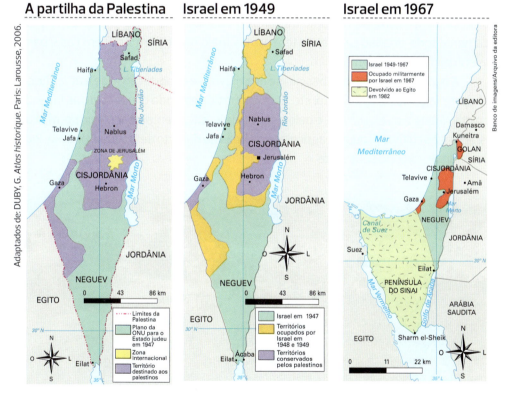

Texto e ação

1. Sobre os conflitos árabe-israelenses, explique:
    a) o que são guerras não declaradas;
    b) por que a guerra de 1956 ficou conhecida como a Guerra de Suez;
    c) a assinatura dos acordos de paz de Camp David.
2. Explique o que é a Faixa de Gaza.

Uma economia desenvolvida na região

País mais industrializado do Oriente Médio juntamente com a Turquia, Israel possui uma indústria de armamentos bastante desenvolvida, além de indústrias químicas, têxteis, de informática, de material de transportes, de lapidação de diamantes, de produtos eletrônicos, etc. A população do país é de cerca de 8,1 milhões de habitantes (em 2013), sendo cerca de 81% judeus e 19% árabes, além de cerca de 300 mil trabalhadores de diversas nacionalidades que foram para Israel em busca de emprego.

A ajuda internacional — especialmente dos Estados Unidos e, até recentemente, também da Alemanha, que pagou aos israelenses indenizações devidas a perseguições de judeus pelo regime nazista — sempre foi e continua sendo importante para a economia israelense. E não apenas para a economia, mas também para a sobrevivência do país, pois ele é cercado por vizinhos mais populosos e hostis e se mantém em boa parte devido aos armamentos modernos, como os mais avançados aviões de combate ou mísseis terra-ar que os norte-americanos não vendem para nenhum outro país do mundo. Israel gasta cerca de 25% a 30% do seu orçamento na defesa, um percentual elevadíssimo, provavelmente o mais elevado em todo o mundo. Também o treinamento militar israelense é rigoroso, talvez o mais intenso do mundo: todo cidadão, com exceção dos judeus ultraortodoxos, deve servir às forças armadas, onde será bem treinado para o combate, durante três anos (homens) ou um ano (mulheres). E praticamente todo cidadão israelense tem armas (pelo menos um fuzil) em casa, para a eventualidade de algum conflito.

Kibutzim: plural de *kibutz*, a fazenda coletiva em Israel.

A agricultura israelense baseia-se no cultivo — e exportação — de frutas cítricas, abacate, legumes, trigo, batata, etc. Ela é conhecida em todo o mundo pelas fazendas coletivizadas — os ***kibutzim*** — e pelo sistema de irrigação empregado, que permite aos israelenses cultivar produtos agrícolas em áreas do deserto de Neguev, onde se localiza grande parte de seus solos.

Vista de Jerusalém, em 2014.

Do ponto de vista de seu desempenho na economia e na tecnologia (sobretudo para fins militares), a elevada renda *per capita* (34 100 dólares em 2013) e a boa qualidade de vida (expectativa de vida de 78 anos, taxa de mortalidade infantil de apenas 4 por mil, etc.), não resta dúvida de que Israel apresenta todas as condições para ser classificado como um país do Norte. Mas, como vimos, sua existência como Estado e seu desenvolvimento econômico estão intimamente ligados às relações tensas e conflituosas que, desde sua criação, mantém com os seus vizinhos.

Texto e ação

1. Qual é a base da agricultura israelense?
2. Considerando a divisão regional do mundo em países ricos (desenvolvidos) e pobres (subdesenvolvidos), cite alguns fatores que permitiriam classificar Israel entre os países desenvolvidos.

❻ A difícil criação de um Estado palestino

A situação do povo palestino constituiu a mais grave e dramática questão do Oriente Médio, com repercussões em todo o mundo por ser o grande motivo para o radicalismo árabe e islâmico, inclusive para os principais grupos terroristas na região e no mundo.

Tendo perdido o seu território em 1948 e passando a viver como refugiados — ou então como populações vigiadas, verdadeiros "cidadãos de segunda classe" nas áreas controladas por Israel —, os palestinos começaram a reagir por meio de ações armadas, entre o fim da década de 1950 e o começo da década de 1960. Assim, fundaram-se várias organizações palestinas com o objetivo de retomar as suas terras ou de criar o seu Estado.

Em 1964, foi fundada a Organização para a Libertação da Palestina (OLP), que se tornou a mais importante delas. Em 1993, depois dos acordos de Oslo, na Noruega, onde palestinos e israelenses discutiram a paz com a intermediação dos Estados Unidos, a OLP passou a constituir a Autoridade Palestina (AP), com jurisdição na Cisjordânia (foto da página 210) e na Faixa de Gaza. Mas com a morte de Arafat, líder carismático palestino e fundador da OLP, em 2004, e as frequentes denúncias de corrupção de seus líderes (que desviariam boa parte do dinheiro que os palestinos recebem como ajuda internacional para contas particulares), a OLP perdeu grande parte de sua popularidade perante os palestinos. Em 2006, os palestinos votaram a favor da organização terrorista e islâmica fundamentalista Hamas, que passou a controlar a Faixa de Gaza. Interessante é que o Hamas foi fundado em 1987 com ajuda israelense e norte-americana, que acreditavam com isso estar incomodando a OLP, que pensavam ser o grande inimigo na região. Hoje a situação se inverteu: Israel e Estados Unidos procuram ajudar a AP, formada a partir da OLP, pois os militantes do Hamas são muito mais radicais e intransigentes, não aceitando — ao contrário da AP — a existência de Israel, um Estado que querem destruir.

Ramallah, na Cisjordânia, coberta de neve, em 2015.

A convivência entre israelenses e palestinos é problemática e violenta, desde 1948. Em 1987, a população palestina, sobretudo jovem, inclusive crianças, iniciou um forte movimento de protesto contra a ocupação israelense lançando pedras contra as tropas. Esse movimento, que causou a morte de várias centenas de jovens palestinos e de alguns soldados israelenses, recebeu o nome de intifada (rebelião). Também é conhecido como a revolta de pedras, pois os jovens palestinos fizeram das pedras o seu instrumento de luta. Mas as outras intifadas que ocorreram, principalmente neste século, não foram de pedras, e sim de fuzis, metralhadoras e até lança-foguetes, pois os palestinos passaram a receber ajuda financeira (e armamentos) do Irã e, eventualmente, da Síria.

Enfim, o conflito árabe-israelense talvez seja o de mais difícil solução em todo o mundo. Existem várias dificuldades quase incontornáveis para a paz. Não há dúvida de que o único caminho é a troca de terras por paz, ou seja, Israel devolver terras que ocupou, incluindo parte de Jerusalém, e conceder uma efetiva soberania aos palestinos na Cisjordânia e na Faixa de Gaza. Mas é improvável que isso ocorra, pois existem radicais judeus que não apenas são contra essa devolução como almejam tomar mais terras para construir uma "grande Israel", argumentando que toda essa área seria a terra que Deus (Jeová) lhes teria prometido. E do lado dos árabes existem aqueles grupos radicais que pensam que a guerra só vai terminar no dia em que Israel não mais existir, o que significa que eles querem de volta toda a Palestina.

Outro importante problema para a paz é o desejo de retorno dos refugiados palestinos que residem em países vizinhos. Calcula-se que existam cerca de 3,5 milhões de palestinos vivendo na Jordânia e no sul do Líbano, principalmente, e também na Síria, no Iraque e em outros países da região ou às vezes até em regiões mais distantes. As áreas destinadas (ou melhor, que sobraram) para a criação do Estado palestino — a Faixa de Gaza e a Cisjordânia, que por sinal estão relativamente distantes entre si (cerca de 70 quilômetros) e separadas por território israelense — evidentemente não são suficientes para garantir a volta de todos esses refugiados.

A Faixa de Gaza é uma das áreas mais superpovoadas do mundo (com uma densidade demográfica de quase 4 mil hab/km^2), com baixíssimas condições de vida e sérios problemas de moradia, de abastecimento de água, de rede de esgotos, etc., a ponto de alguns afirmarem que é uma imensa favela. Por esse motivo, nas negociações internacionais as autoridades israelenses sempre recusam colocar na pauta o direito ao retorno dos refugiados palestinos. Essa atitude de Israel se explica pelo fato de que, se aceitar o direito de retorno dos refugiados, logo será pressionado pela comunidade internacional a devolver suas terras e casas ou lhes dar uma indenização, algo no qual não querem nem pensar.

Campos de refugiados palestinos

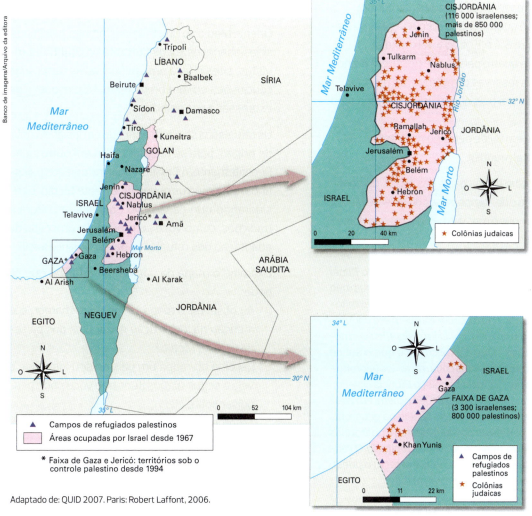

Adaptado de: QUID 2007. Paris: Robert Laffont, 2006.

 Texto e ação

1. Comente a expressão: "cidadãos de segunda classe". No seu comentário, escreva o que significa para você uma pessoa ser considerada "cidadão de segunda classe".

2. Cite:
   a) os motivos que levaram os palestinos a fundar várias organizações;
   b) o significado da sigla OLP e quando foi fundada essa organização.

3. Explique o movimento que recebeu o nome de intifada.

4. Em sua opinião, o que mais dificulta as negociações de paz entre árabes e israelenses?

Unidade 3 • África e Oriente Médio

Atividades finais

+ Ação

1. Sobre as reservas mundiais de petróleo, observe o mapa da página 198 e cite:
   a) o nome de quatro países que possuem mais de 50% das reservas de petróleo do mundo;
   b) o nome de quatro países com reservas de petróleo entre 8% e 15% do total mundial;
   c) o nome de quatro países que possuem menos de 8% das reservas de petróleo do mundo;
   d) o nome de um país que exporta petróleo para o Brasil;
   e) reservas (em %) de petróleo no Brasil em relação ao total mundial.

2. O mar Vermelho banha parte das terras do continente africano e de alguns países do Oriente Médio. Você sabe por que o mar Vermelho tem esse nome?
   a) Leia o texto a seguir.

   > No século I, quando a expressão mar Vermelho já era antiga, o historiador romano Plínio levantou a possibilidade de que o nome fosse uma homenagem ao rei Éritras, personagem da mitologia persa: na época, o mar também era chamado de Eritreu, e o prefixo "eritro" significa vermelho em grego. "Outra explicação é que o sul da Palestina era conhecido como terra dos edomitas, os vermelhos", afirma o zoólogo Francis Dov Por, da Universidade Hebraica de Jerusalém, em Israel. Uma terceira hipótese se baseia na geografia. No sul da península do Sinai existem montanhas ricas em ferro, minério de cor avermelhada. O vento desgasta o deserto rochoso e arrasta a poeira para o mar, tingindo-o de vermelho.
   >
   > Disponível em: <http://mundoestranho.abril.com.br/materia/por-que-o-mar-vermelho-tem-esse-nome>. Acesso em: 12 out. 2014.

   b) Com base no mapa da página 194, dê a localização geográfica do mar Vermelho.
   c) Das hipóteses levantadas para o nome do mar Vermelho, qual você considerou a mais provável? Justifique sua resposta.

3. As guerras e conflitos no Oriente Médio são frequentemente noticiados em jornais e telejornais do mundo todo. Com base nas informações do capítulo, escreva uma matéria jornalística sobre o assunto. A matéria deve ter uma manchete e conter as seguintes palavras-chave: *território*, *diversidade cultural e religiosa*, *paz* e *conflito*.

4. O que você sabe sobre a convivência de povos do Oriente Médio no Brasil (judeus, árabes, palestinos, sírios, libaneses, etc.)? Consulte livros, jornais, revistas, *sites* e faça uma pesquisa. Resuma suas conclusões em um breve texto. Não esqueça de expressar a sua opinião.

5. Os refugiados se veem obrigados a deixar seu país de origem para se resguardarem em outro lugar. Recentemente, o Brasil recebeu refugiados palestinos, entre outros povos do Oriente Médio. Considerando que cada povo possui sua cultura e tradições, como você acha que foi o processo de adaptação dos refugiados palestinos no Brasil?

6. Examine o mapa da página 194 e faça o que se pede:
   a) Ao observar o mapa, o que mais chamou sua atenção na localização geográfica dos países do Oriente Médio?
   b) Escolha no mapa um país de seu interesse e veja a seguir alguns itens que você pode pesquisar sobre ele:
      - nome do país;
      - continente a que pertence;
      - capital;
      - língua oficial;
      - moeda;
      - número de habitantes;
      - principais cidades;
      - localidades turísticas;
      - cultura popular (festas, comidas, danças, lendas, músicas típicas, etc.).
   c) Escreva no caderno as informações que você pesquisou.
   d) Faça um desenho ou uma cópia da bandeira do país pesquisado para ilustrar seu trabalho. Se possível, acrescente imagens de jornais e revistas.

De olho na imagem

1. Observem a imagem a seguir. Ela retrata a paisagem de uma forma de relevo do Oriente Médio resultante do acúmulo de sedimentos transportados pelas águas dos rios.

Planície da Mesopotâmia, com o rio Eufrates, na Turquia, em 2012.

- Respondam às questões:
    a) Qual a forma de relevo mostrada na foto?
    b) De que cor ela está representada no mapa "Oriente Médio: físico"?

2. Sobre a capital de Israel, façam o que se pede:
    a) Observem a imagem.

Vista da cidade de Jerusalém, em 2014.

   b) Respondam às questões:
      - Que elementos da paisagem retratada na foto mais chamaram a atenção de vocês?
      - Na opinião de vocês, o que atrai turistas a Jerusalém? Expliquem.
      - Recentemente, as constantes guerras entre palestinos e judeus são apontadas como um entrave ao desenvolvimento do turismo na capital de Israel. Comentem essa afirmação.
   c) Criem uma nova legenda para a foto.

Unidade 3 • África e Oriente Médio

ATIVIDADES INTERDISCIPLINARES

Conexões

CIÊNCIAS DA NATUREZA E HISTÓRIA

1. Entre os grandes vazamentos de petróleo já registrados na história, alguns deles ocorreram no Oriente Médio. Sobre o assunto, faça o que se pede.

a) Examine as seguintes informações.

1. *Em fevereiro de 1983, durante a guerra Irã-Iraque, um tanque colidiu com a plataforma de Nowruz causando o vazamento diário de 1 500 barris de petróleo. O volume total do vazamento foi de cerca de 260 mil toneladas de petróleo.*

   Adaptado de: <http://exame.abril.com.br/economia/meio-ambiente-e-energia/noticias/10-maiores-acidentes-petroliferos-historia-556774?page=2&slug_name=10-maiores-acidentes-petroliferos-historia-556774>.
   Acesso em: 12 out. 2014.

2. *Um dos maiores vazamentos de petróleo da história foi provocado pelo governo do Iraque, que em janeiro de 1991 jogou no golfo Pérsico mais de 1 milhão de toneladas de óleo dos poços do Kuwait para dificultar o desembarque aliado. A mancha negra se estendeu por cerca de 3 200 quilômetros quadrados e causou enormes danos ecológicos.*

   Adaptado de: <www.estadao.com.br/noticias/vidae,principais-vazamentos-de-petroleo-no-mundo-e-nos-estados-unidos,545094,0.htm>.
   Acesso em: 12 out. 2014.

b) Em sua opinião, quais os impactos ambientais causados por tais vazamentos? O que poderia ser feito para deter os efeitos dos possíveis acidentes?

c) Pesquise os maiores vazamentos de petróleo ocorridos no mundo e os efeitos ecológicos desse tipo de poluição. Traga suas descobertas para a sala de aula.

CIÊNCIAS DA NATUREZA E HISTÓRIA

2. Leia a notícia abaixo e faça o que se pede.

> **Esponja suga petróleo do mar**
>
> Barata, reciclável e de fácil utilização, uma esponja desenvolvida no Departamento de Química da Faculdade de Filosofia, Ciências e Letras de Ribeirão Preto (FFCLRP) da Universidade de São Paulo (USP), absorve até 85% do petróleo derramado no mar e, segundo seus inventores, pode ser extremamente útil para controlar esse tipo de problema ecológico. Feita de polímeros flexíveis, como o poliuretano ou o PVC, a bucha é dotada de estruturas denominadas cucurbiturilas, que contam com uma cavidade central hidrofóbica capaz de acomodar moléculas de óleos ou produtos químicos que não se misturam à água. O novo material é ideal para ser usado como complemento ao processo de bombeamento, que retira o grosso do petróleo vertido no mar, mas deixa finas camadas de óleo potencialmente prejudiciais ao meio ambiente. Esses resíduos de material poluente podem ser recuperados com o emprego da bucha, passível de ser reutilizada ao menos 10 vezes. A esponja foi patenteada pela Agência USP de Inovação e pode ser licenciada por empresas interessadas na exploração dessa tecnologia.
>
> Disponível em: <http://revistapesquisa.fapesp.br/2014/08/21/esponja-suga-petroleo-mar/>.
> Acesso em: 15 mar. 2015.

a) Em sua opinião, a invenção de uma esponja para sugar o petróleo derramado no mar é importante? Por quê?

b) Há alguma relação entre a notícia acima e os temas discutidos nesse capítulo? Qual?

c) Ao ler a notícia acima, o que chamou a sua atenção? Por quê?

Capítulo 11 • Aspectos gerais do Oriente Médio, Israel e Palestina

Capítulo

12 Países árabes, Turquia, Irã e Afeganistão

Neste capítulo, vamos conhecer a Turquia, o Irã, o Afeganistão e os países árabes do Oriente Médio (Síria, Líbano, Iraque, Arábia Saudita, etc.). São quase todas as nações dessa região do globo menos Israel e a Palestina, que estudamos no capítulo anterior. Vamos ver que o Oriente Médio também é uma região de contrastes, com áreas riquíssimas (Emirados Árabes e Kuwait) ao lado de outras pobres (Afeganistão, por exemplo), com países exportadores de petróleo e elevadas rendas *per capita* ao lado de outros que são pouco industrializados, vivem com uma agricultura precária e possuem baixas rendas médias. Mas em toda essa região predomina a religião islâmica (com exceção de Israel), com a sua cultura característica.

Prato com comidas da cozinha árabe.

Rua com cafés em Beirute, Líbano. Foto de 2014.

 Para começar, observe as fotos e responda às questões:

1. Você sabe quais são os países árabes do Oriente Médio?
2. O que você já ouviu falar sobre o mundo árabe?
3. Em sua opinião, o que as imagens revelam sobre o mundo árabe?

❶ Países árabes

Um erro muito comum é confundir países árabes com países islâmicos. Na verdade são dois conjuntos diferentes, pois nem todo islâmico é árabe, nem todo árabe é islâmico. O mundo islâmico é formado pelos países onde predomina a religião muçulmana ou islâmica. Isso significa que inclui muitos povos que não são árabes: persas ou iranianos, turcos, indonésios, paquistaneses, etc. Por exemplo, o Estado com maior população islâmica do mundo é a Indonésia, onde 88% dos cerca de 250 milhões de habitantes praticam essa religião. E a Indonésia não é formada por um povo árabe, e sim indonésio, isto é, que fala principalmente o idioma indonésio. O mundo islâmico, portanto, é bem maior que o mundo árabe, isto é, que os países onde se fala o idioma árabe.

Isso quer dizer que nem todo islâmico é árabe, apesar de o islamismo ter surgido inicialmente no meio de tribos árabes e o seu texto sagrado, o Alcorão, ter sido escrito em árabe. Por outro lado, também existem milhões de árabes que não são islâmicos: boa parte dos libaneses (40%) são cristãos (maronitas, principalmente, ortodoxos e, às vezes, católicos); na Síria, cerca de 10% da população é cristã.

Liga Árabe

Os países árabes fundaram em 1945 a Liga Árabe, ou Liga de Estados Árabes, cuja sede fica no Cairo, Egito. A Liga Árabe atualmente compreende 22 Estados, que possuem uma população total superior a 200 milhões de habitantes. Nessa Liga existem países da África (Argélia, Egito, Líbia, Sudão e outros) e do Oriente Médio. Os países árabes do Oriente Médio são: Arábia Saudita, Bahrein, Catar, Emirados Árabes Unidos, Iêmen, Iraque, Jordânia, Kuwait, Líbano, Omã e Síria. Pode-se acrescentar a eles a Palestina, ou Autoridade Palestina, embora esta não seja de fato um Estado independente com soberania sobre um território nacional.

A invasão do Kuwait pelo Iraque, em 1990, enfraqueceu essa liga na medida em que dois membros árabes entraram em guerra. Em janeiro de 2005, entrou em funcionamento uma Zona de Livre Mercado formada por dezessete países da Liga Árabe.

Cerimônia de abertura da reunião da XXV Cúpula Árabe, realizada no Kuwait. Foto de 2014.

Quem são os persas?

São os descendentes de tribos que ocupam uma região na Ásia Central há cerca de 3 mil anos. Em sua maior expansão, o território persa estendeu-se por uma área hoje ocupada por nações como Usbequistão, Turcomenistão, Afeganistão, Turquia, Paquistão, Iraque e Irã. Os iranianos, aliás, são descendentes diretos dos persas. Tanto que o país se chamou Pérsia até o século passado – o nome Irã, que na língua persa significa 'terra dos arianos' (uma referência à etnia de seus ancestrais), só foi adotado oficialmente em 1935.

Ao longo de três milênios, o povo persa trilhou uma trajetória de conflitos com quase todos os seus vizinhos. Atualmente, a briga mais explosiva não é com a galera da região, mas com a "civilização ocidental" e com os Estados Unidos em particular. A raiz da briga é, em grande medida, cultural.

Durante boa parte do século XX, os governantes do Irã tentaram modernizar o país apoiados na economia de mercado capitalista. Setores mais religiosos não viam esse processo com bons olhos: em 1979, o aiatolá Khomeini liderou um golpe que depôs o presidente e transformou o Irã em uma república islâmica, com leis conservadoras baseadas no islamismo.

Até recentemente, os americanos e o estilo de vida capitalista foram o inimigo preferencial, tanto nos discursos quanto nas ações. Porém, o presidente Hassan Rouhani, que tomou posse em 2013, vem procurando melhorar as relações políticas com os demais países do mundo, inclusive os EUA.

Adaptado de: <http://mundoestranho.abril.com.br/materia/quem-sao-os-persas>. Acesso em: 13 out. 2014.

Diferenças entre os países árabes

Já vimos que a maior riqueza do Oriente Médio é o petróleo, que se distribui desigualmente no mundo e na região. Alguns países têm esse recurso natural em abundância, enquanto outros não o possuem. Em geral, os países produtores e exportadores de petróleo, nessa região, são aqueles com maiores rendas *per capita*, e os demais possuem baixas rendas médias e baixo padrão de vida para a população em geral. Existem exceções, como Israel e Turquia, que não dependem do petróleo e mesmo assim têm economias relativamente industrializadas com um bom ou razoável padrão de vida.

Os países do Oriente Médio com maiores rendas *per capita* são os Emirados Árabes Unidos, o Catar, o Kuwait e o Bahrein, com mais de 40 mil dólares cada. Eles estão entre os vinte países mais bem colocados no mundo. Depois vêm Arábia Saudita, Omã e Israel, que também possuem rendas *per capita* elevadas, geralmente superiores a 30 mil dólares. O Iraque, a Síria, a Jordânia e o Líbano têm baixas rendas *per capita*, geralmente inferiores a 6 mil dólares. A renda média dos palestinos é a mais baixa de todas, sendo provavelmente inferior a 3 mil dólares.

O regime político dos países árabes é muito variado. Aí encontramos:
- **monarquias absolutistas semifeudais**: Arábia Saudita, Omã, Bahrein e Catar;
- **monarquias constitucionais**: Kuwait e Jordânia;
- **repúblicas presidencialistas**: Síria, Líbano, Iêmen e Iraque;
- **regimes políticos originais**: Irã, um país teocrático, e Emirados Árabes Unidos, uma federação de sete emirados.

Apesar dessas diferenças entre os regimes políticos, que são apenas formais (emirados, monarquias, repúblicas), o poder político está sempre monopolizado por uma minoria da população, que dispõe também da maior parte das propriedades e da renda. Em praticamente todos esses países, a regra geral é a concentração do poder nas mãos de duas ou três famílias.

País teocrático: país cuja forma de governo é a teocracia, ou seja, a autoridade política é exercida por um líder religioso.

Emirado: território administrado por um emir, que é um título de nobreza usado nas nações islâmicas.

Texto e ação

1. Explique e exemplifique a seguinte afirmação: "Nem todos os países árabes são islâmicos, nem todos os países islâmicos são árabes".

2. Reproduza o quadro a seguir no caderno e preencha-o com a ajuda do texto.

Países árabes

Nome dos países que se destacam na produção de petróleo	
Regimes políticos	

3. Há uma forte relação entre islamismo e o regime político de alguns países árabes. Em sua opinião, a relação entre religião e política é prejudicial para um país? Justifique.

Líbano

O Líbano, juntamente com a Síria, é um dos países árabes que mais enviaram emigrantes para o Brasil. É um pequeno país, em geral montanhoso, com 10 452 km² e uma população de cerca de 4,5 milhões de habitantes (2013). Já foi um dos países mais prósperos da região — possui solos férteis, clima agradável e excelente posição geográfica para o comércio mundial —, mas hoje é um dos mais pobres e enfrenta enormes problemas internos, apesar de, nos últimos anos, estar se reconstruindo.

Guerra civil libanesa

Após a sua independência em relação à França, em 1945, o Líbano, chamado de "Suíça do Oriente Médio", era considerado o país mais estável da região. O turismo gerava muitos recursos, havia um forte setor financeiro e existiam em Beirute, a capital, alguns dos hotéis mais luxuosos do mundo. O comércio era intenso, e a agropecuária (criação de cabras, plantações de frutas, tomates, legumes, olivas, uvas, etc.), uma das mais desenvolvidas da região. Mas a guerra civil libanesa (1975-1990) arrasou o país, destruindo prédios, plantações, afugentando o turismo e diminuindo drasticamente o comércio e as finanças (os depósitos bancários, o mercado de capitais).

Essa guerra civil opôs principalmente os cristãos (que algumas vezes tiveram o apoio de Israel) e os muçulmanos (que contaram com um forte apoio sírio). As duas principais causas dessa guerra foram:

- a questão política: a Constituição do país, que existe desde 1926 (desde a época colonial, portanto), estabelece que os cargos de presidente da República, primeiro-ministro e chefe do Parlamento devem ser ocupados, respectivamente, por um cristão maronita, por um muçulmano sunita e por um muçulmano xiita. Essa exigência se deve ao fato de a contagem da população, feita antes de se promulgar essa Constituição, ter mostrado que 51% da população libanesa era cristã (principalmente maronita), e os restantes 49%, muçulmanos (sunitas em primeiro lugar e depois xiitas). Mas, com o decorrer do tempo, os cristãos foram deixando de ser maioria, pois a taxa de natalidade é maior entre os islâmicos, e a imensa maioria dos refugiados palestinos que foi para o país desde 1948 é mu-

218 Capítulo 12 • Países árabes, Turquia, Irã e Afeganistão

çulmana — e com o tempo alguns deles adquirem a cidadania libanesa, pois seus filhos nascem lá, eles acabam conseguindo emprego e moradia no país, etc. Assim, como a distribuição dos cargos políticos depende da proporção de cada grupo religioso, os muçulmanos queriam um novo recenseamento demográfico, para que se procedesse a uma redivisão daqueles cargos, algo que a comunidade cristã libanesa rejeitou categoricamente;

- a contaminação do Líbano pelos conflitos entre Israel e palestinos, que também são árabes como os libaneses: milhões de refugiados palestinos passaram a morar no Líbano, principalmente em acampamentos no sul do país, e isso levou a frequentes invasões israelenses no território libanês (para combater os grupos terroristas que surgiam no meio dos refugiados) e acabou dividindo a população libanesa: os muçulmanos apoiavam e apoiam os palestinos, e os cristãos diziam que o Líbano não tinha nenhuma relação com esse problema (ainda que, em algumas ocasiões, tenham se aliado com Israel contra os muçulmanos).

Situação atual

Embora a guerra civil tenha terminado em 1990, ainda existem eventuais conflitos entre esses grupos. A Síria enviou tropas, estabelecidas principalmente no norte e no centro do Líbano, para ajudar os muçulmanos libaneses, e boa parte delas continuou no país até 2007, quando saíram após as reclamações de vários políticos libaneses (alguns até foram assassinados por terroristas que, segundo denúncias, foram pagos pela Síria) e principalmente após a ONU ter decidido se retirar da Síria. Mas a Síria continua interferindo na política do Líbano, financiando políticos pró-Síria e alguns grupos terroristas, como a Hesbollah, que nasceu nos campos de refugiados palestinos no sul do Líbano.

Vista geral de Beirute, Líbano. Foto de 2012.

A mesma coisa acontece do lado israelense. Israel já invadiu várias vezes o sul do Líbano, apesar dos protestos internacionais, e chegou inclusive a bombardear Beirute. Sempre que algum terrorista do sul do Líbano lança um míssil contra o território israelense (o norte de Israel), tropas deste país invadem o Líbano e disparam contra centenas ou milhares de pessoas, com o pretexto de capturar terroristas. É uma retaliação que ainda prossegue e que provavelmente vai se agravar mais, pois os grupos terroristas, financiados pela Síria e pelo Irã, estão começando a comprar no mercado negro lança-mísseis cada vez mais modernos e com maior alcance.

Nos anos 2010, o Líbano vem recebendo refugiados sírios por causa da guerra civil que se iniciou na Síria em 2011. Essa guerra civil, um movimento que começou a contestar o presidente Bachar Al-Assad e a defender a democratização do país, é um dos desdobramentos das "Primaveras Árabes" que agitaram alguns países do Oriente Médio a partir de dezembro de 2010, conforme você aprendeu no capítulo anterior.

De qualquer maneira, o Líbano vem aos poucos se recuperando, recebendo ajuda financeira ou investimentos dos países árabes exportadores de petróleo e reconstruindo prédios e vias públicas, principalmente em Beirute, uma cidade belíssima cuja construção — a arquitetura, o urbanismo — foi inspirada em Paris. Veja a foto na página anterior.

Texto e ação

1. Responda às questões:
   a) Quais são os principais problemas enfrentados pelo Líbano?
   b) A religião predominante no Líbano é o islamismo. Que outras religiões são praticadas no país?
   c) Por que o Líbano já foi chamado de "Suíça do Oriente Médio"?

2. Em sua opinião, os frequentes conflitos armados entre Líbano, Síria e Israel e a invasão de territórios em suas fronteiras acentuam a instabilidade política que permite caracterizar o Oriente Médio como um "barril de pólvora"? Explique.

Iraque

O Iraque, com 437 072 km² e uma população de cerca de 33,4 milhões de habitantes (2013), representa um caso especial entre os países árabes e também no Oriente Médio em geral. O país, que já foi bem mais rico no passado, pois tem a segunda reserva mundial de petróleo (inferior somente à da Arábia Saudita e praticamente igual à do Kuwait), encontra-se, há algumas décadas, num estado de extrema penúria, com uma enorme falta de alimentos, de remédios, de bens e equipamentos.

Até 2003, o Iraque foi governado por um partido único e oficial, o partido Baath, pan-arabista e de origem sunita (apesar de os sunitas representarem apenas cerca de 20% da população iraquiana; cerca de 60% são xiitas e os restantes 20%, curdos). Esse regime político de partido único não admitia oposições nem liberdades democráticas — principalmente para os xiitas, a maioria, e para os curdos. Além disso, desde 1979 existia a ditadura pessoal do líder desse partido, Saddam Hussein, que se apoderou de grande parte das riquezas do país: os principais bancos e indústrias, as propriedades rurais, os poços de petróleo, etc.

Em 2003, os Estados Unidos e o Reino Unido resolveram invadir o Iraque e derrubar o governo de Saddam Hussein e do partido Baath, instalando um outro regime político com a participação dos xiitas e dos curdos. O principal pretexto para essa ação militar foi que o governo iraquiano estaria fabricando armas de destruição em massa (nucleares, químicas e/ou biológicas), o que nunca foi comprovado. Em dezembro de 2011, as tropas estadunidenses retiraram-se do país, pondo fim a essa guerra.

Estudantes iraquianas em uma sala de aula em Bagdá, Iraque. Foto de 2014.

O "novo" Oriente Médio

Alguns autores chamam de "novo Oriente Médio" os países que formam o Conselho de Cooperação do Golfo (CCG), composto por Bahrein, Kuwait, Omã, Catar, Arábia Saudita e Emirados Árabes Unidos. Esse "bloco" de Estados vem ganhando muito dinheiro com as exportações de petróleo, principalmente a partir de 2000, quando o preço desse combustível disparou. Calcula-se que, somente de 2000 a 2008, esse bloco arrecadou mais de 2 trilhões de dólares com as vendas de petróleo.

Grande parte desse imenso recurso vem sendo investida na própria região, especialmente nessa área ao redor do golfo Pérsico, que fica relativamente distante dos grandes problemas que existem em Israel e na Palestina, no Iraque, no Afeganistão, etc.

Muitos governos desse bloco estão investindo em novos setores (turismo, principalmente, e tecnologias de ponta, como informática), preparando-se para a época em que o petróleo se esgotar ou deixar de ser tão importante para a economia mundial. Basta lembrar da criação, em 1996, da rede de televisão *Al Jazeera*, na cidade de Doha, no Catar, que em pouco tempo se tornou uma das mais poderosas do mundo e com maior audiência no Oriente Médio.

O grande símbolo do novo Oriente Médio é Dubai, um dos sete Emirados Árabes Unidos. Está se transformando em centro de turismo de alta classe, centro universitário de elite e centro midiático, isto é, com desenvolvimento da mídia, dos meios de comunicação, especialmente a televisão. A empresa local de aviação, a Emirates Airline, está se tornando a maior companhia aérea do mundo nos últimos anos graças à compra de centenas de modernos aviões e ao estabelecimento de voos para quase todas as partes do globo. Os recursos dos países desse bloco também se espalham, com grandes investimentos no Líbano, no Paquistão, no Marrocos e em vários outros países da Ásia e até da África. Estão investindo até mesmo na China, comprando ações de empresas que foram ou estão sendo privatizadas.

Vista de Dubai, Emirados Árabes Unidos, destacando o maior arranha-céu do mundo, o Burj Khalifa. Foto de 2014.

Texto e ação

1. Explique o que é o "novo Oriente Médio". Ele pode ser tomado como exemplo a seguir pelos demais países da região? Justifique.
2. Comente a afirmação: "O grande símbolo do 'novo Oriente Médio' é Dubai".

❷ Turquia

A Turquia é um país especial no Oriente Médio. É o ponto de contato com a Europa, daí uma das dificuldades de aceitação do país na União Europeia, que não quer fazer fronteira com os países problemáticos do Oriente Médio. A Turquia ocupa um território de 780 576 km², que fica em dois continentes: na Ásia (a maior parte) e na Europa. A população do país (em 2013) era de cerca de 78 milhões de habitantes, a maior do Oriente Médio; os turcos constituem o maior grupo étnico (80% do total), seguido pelos curdos (18%) e outros (principalmente árabes).

Na Europa, a Turquia faz fronteira com a Grécia e a Bulgária. Nessa porção europeia encontra-se Istambul, antiga Constantinopla e maior cidade do país, com cerca de 13 milhões de habitantes. Na Ásia estão 90% da área total do território turco. Localizada entre os mares Negro, ao norte, e Mediterrâneo, ao sul, a Turquia faz fronteira a sudeste com a Síria, o Iraque e o Irã, e a nordeste, com a Armênia e a Geórgia.

Na parte asiática da Turquia concentra-se a maioria de sua população. Aí se localiza a capital do país, Ancara, com aproximadamente 4,5 milhões de habitantes. A Turquia ocupa também cerca de um terço da pequena ilha onde se localiza Chipre, um pequeno país cuja população em sua maioria é de origem grega. Na verdade, uma ocupação indireta ou sutil, pois formalmente essa parte da ilha é independente. Por sinal, essa disputa entre gregos e turcos pela ilha de Chipre é outro obstáculo à aceitação da Turquia pela União Europeia. Em 2004, o Chipre foi aceito na União Europeia; desde 2008, integra a Zona do Euro. O Chipre almeja unificar a ilha, hoje dividida em República do Chipre (de maioria grega), que fica na parte sul, e República Turca do Chipre, que ocupa uma porção um pouco menor da ilha, ao norte.

Turquia

Adaptado de: QUID 2007. Paris: Robert Laffont, 2006.

Ao contrário do antigo rico e poderoso Império Otomano, a Turquia atual é um país relativamente pobre: o seu PIB de cerca de 820,6 bilhões de dólares (2013) é o 15º do mundo, mas a sua renda *per capita* é de cerca de 10 mil dólares, um valor apenas razoável e bem abaixo dos seus vizinhos europeus e dos seus vizinhos exportadores de petróleo do Oriente Médio.

Pessoas em um parque coberto de neve durante o inverno, em Ancara, Turquia. Foto de 2015.

Unidade 3 • África e Oriente Médio 223

Existe uma boa base industrial no país, com indústrias automobilísticas, petroquímicas e eletrônicas, e uma forte agricultura, que produz e exporta figo, amêndoa, avelã, damasco, tomate, pimentão, berinjela, lentilha, etc. Também os milhões de turcos que residem e trabalham no exterior, principalmente na Alemanha, enviam bilhões de dólares por ano para os seus parentes na Turquia. Outro setor econômico forte na Turquia é o turismo, pois o país tem importantes cidades históricas (como Istambul, plena de museus e belíssimas igrejas e mesquitas construídas há séculos), áreas que pertenceram aos gregos da Antiguidade ou aos romanos, com as suas ruínas, e também balneários nos mares Egeu e Mediterrâneo.

Aspiração de ingressar na União Europeia

A grande aspiração geopolítica da Turquia é ingressar na União Europeia. Mas a sua candidatura já foi recusada inúmeras vezes por vários motivos. Um deles é o regime político pouco democrático: até há pouco tempo as mulheres não tinham muitos direitos (a Turquia procurou mudar muitos de seus costumes e de suas leis tentando agradar aos europeus), existia muita arbitrariedade policial (prisões sem mandato, por exemplo, além da prática comum da tortura dos presos), muita corrupção no governo, além da pena de morte. Outro motivo são os massacres contra os curdos, que almejam se tornar independentes.

Há ainda os problemas com a Grécia (um membro da União Europeia), por causa da disputa pela ilha de Chipre e também do massacre turco aos gregos. De fato, a Turquia perpetrou dois genocídios ou grande matança de pessoas na primeira metade do século XX: o primeiro foi o massacre dos armênios; o segundo, foi o massacre dos gregos. Em 1915, quando a Armênia era parte do Império Otomano, os armênios foram acusados pelos turcos de se aliarem aos russos, contra os quais lutavam na guerra. Cerca de 1,5 milhão de armênios foram mortos nesse primeiro genocídio. O segundo foi entre 1921 e 1922, quando tropas gregas invadiram o litoral oeste da Turquia, ocupando terras que na Antiguidade eram gregas, e foram violentamente reprimidas pelos turcos, que massacraram 1 milhão de pessoas.

Contudo, o grande obstáculo para a aceitação da Turquia no bloco europeu é algo que os europeus não admitem abertamente: a sua população majoritariamente islâmica. Isso contraria os hábitos liberais dos europeus, que em sua imensa maioria são cristãos não fanáticos que separam de forma rígida a religião (considerado um assunto privado) da vida política ou pública. Como se sabe, os islamitas em geral — existem exceções — misturam a religião com a vida pública e a política, apregoando que as mulheres devem usar véus cobrindo o rosto em público, que devem ser submissas aos homens, que os fiéis devem orar cinco vezes ao dia voltados para Meca (isso até atrapalha o trânsito em algumas cidades europeias, pois os islâmicos se espalham nas ruas durante os períodos de orações e impedem a circulação dos veículos e às vezes até das pessoas).

Além disso, a Turquia enfrenta ainda hoje um sério problema interno de separatismo. A minoria étnica constituída pelos curdos — que representam 18% da população total do país — ocupa uma área no sudeste da Turquia, bem como regiões do Irã, do Iraque, da Síria e até mesmo pequenas áreas no Azerbaijão e na Armênia. Os curdos chamam de Curdistão essa região com terras em vários países, principalmente na Turquia. É aí que pretendem fundar um futuro ou hipotético território nacional curdo (veja o mapa a seguir). O separatismo curdo, que também é forte no Iraque (embora o seu centro esteja na Turquia), já deu origem a muitos conflitos e atentados terroristas perpetrados por vários grupos curdos, com destaque para o proscrito Partido dos Trabalhadores do Curdistão, o PKK, o mais atuante de todos.

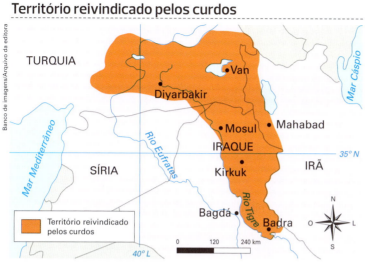

Adaptado de: GRAND atlas historique. Paris: Larousse, 2004.

Os curdos também são majoritariamente islâmicos e sunitas, mas têm idioma, hábitos, tradições e uma história próprios, diferentes daqueles dos turcos, dos armênios, dos persas e dos árabes sírios ou iraquianos. Os curdos são considerados internacionalmente o maior povo ou nação sem Estado — portanto, sem um território próprio — em todo o mundo nos dias de hoje. Segundo estimativas, existem de 25 a 30 milhões de curdos no mundo, dos quais cerca de 15 milhões vivem na Turquia.

A própria população turca é muito dividida em termos de valores e projetos para o futuro, o que pode levar a um sério conflito interno. Uma elite econômica, cultural e militar deseja que o país seja parte do Ocidente, da Europa enfim, esquecendo o seu passado islâmico e de rivalidade com o Ocidente. Essa elite turca, inclusive a oficialidade das forças armadas, gostaria que a Turquia fosse um país europeu, e não do Oriente Médio. Mas a imensa maioria da população, principalmente aquela que habita a parte asiática da Turquia, continua a se identificar como islâmica e não ocidental, como parte dos muçulmanos do Oriente Médio juntamente com os árabes e os persas.

Relações com os países do Oriente Médio

Em relação aos demais países do Oriente Médio, situados ao sul e a leste da Turquia, existem algumas divergências:
- tropas turcas já invadiram várias vezes o norte do Iraque por causa dos curdos que vivem nesse território e que perpetram atos terroristas na Turquia;
- existe uma disputa da Turquia com o Iraque e com a Síria pelo uso das águas dos rios Tigre e Eufrates;
- a Turquia reclama do apoio do Irã aos muçulmanos xiitas turcos;
- a Turquia é acusada por Líbia, Síria e Irã de ser um "fantoche dos Estados Unidos" (ela é de fato um país aliado militar dos Estados Unidos, membro da Otan, além de ser o país do Oriente Médio que mantém as melhores relações diplomáticas e comerciais com Israel).

1. Reproduza a ficha no caderno e preencha-a com base nas informações do capítulo.

Turquia	
População	
Economia	
Problemas internos de separatismo	
Relações com os países vizinhos	
Aspiração geopolítica	

2. Por quais motivos a União Europeia ainda não aceitou a entrada da Turquia no bloco?

 Irã

O Irã, com uma área de 1 648 732 km² e uma população de aproximadamente 75 milhões de habitantes (2013), tem a segunda maior população (só perde para a Turquia) e o segundo maior território do Oriente Médio (a Arábia Saudita tem o primeiro). A economia iraniana tem em sua base o petróleo, sendo o país um dos maiores produtores e exportadores mundiais dessa fonte de energia. As empresas petrolíferas no país, tal como ocorre em quase todos os países produtores do Oriente Médio (na Arábia Saudita, nos Emirados Árabes Unidos, etc.), são nacionais e de propriedade estatal.

Um fato que marca o Irã no plano internacional é a originalidade do seu regime político, instalado após a chamada revolução islâmica de 1979. Esse regime teocrático é profundamente religioso e antiliberal. O chefe de Estado é o chefe religioso do país, inicialmente o aiatolá Khomeini, que foi o grande líder dessa revolução islâmica; depois de sua morte em 1989, o Guia Supremo, isto é, o líder religioso e chefe do Estado, passou a ser o aiatolá Khamenei. *Aiatolá* é um título religioso do xiismo, uma espécie de papa ou líder supremo da religião. Mas, além do chefe de Estado e da religião, que tem um mandato vitalício, há o chefe do Executivo, o presidente, que é a segunda autoridade do país e tem um mandato de quatro anos. O presidente é eleito por sufrágio universal, embora os candidatos à eleição devam obrigatoriamente ser homens e xiitas e ter os seus nomes aprovados pelo Conselho dos Guardiões, formado por religiosos. O presidente governa o país, mas é vigiado pelo Guia Supremo, o chefe de Estado, e pode ter o seu mandato suspenso por ele.

Um dos maiores problemas geopolíticos do Irã é a oposição da ONU, liderada pelos Estados Unidos, contra o seu programa nuclear. Em parte, os Estados Unidos são instigados por Israel, que teme o crescimento do poderio militar desse país com um islamismo radical e que já fornece ajuda financeira a grupos guerrilheiros palestinos. Existe o temor de que esse programa nuclear iraniano não seja voltado para obtenção de energia, mas para uma eventual fabricação de armas atômicas, o que é perigoso porque o regime do país não é confiável, assim como os de outros países que possuem armamentos nucleares, como a Coreia do Norte — outro país estigmatizado na comunidade internacional por estar teoricamente caminhando para a obtenção desses armamentos.

Hassan Rouhani (foto ao lado), que assumiu a Presidência do Irã em 2013, parece inclinado a mudar as relações de seu país com a comunidade internacional e a rever o programa nuclear. E, talvez, repensar a dinâmica social interna do país, cujos jovens, moças e rapazes, reivindicam liberdade de pensamento, livre acesso à internet e redes sociais, regime político democrático, etc.

Hassan Rouhani assumiu a presidência do Irã em 2013. Foto de 2015.

Texto e ação

1. Responda às questões:
   a) Qual é a base da economia do Irã?
   b) Qual é o fato político que marca o Irã no plano internacional?

2. Comente a forte oposição que o programa nuclear iraniano sofre por parte da ONU e outros países e dê a sua opinião. A seguir, suponha que o governo iraniano reveja esse programa na prática, como Hassan Rouhani indicou em 2013. Você considera que tal medida pode contribuir para a construção de um futuro de paz nessa região do mundo? Explique.

4 Afeganistão

Com 652 225 km² e aproximadamente 31 milhões de habitantes (2013), o Afeganistão é uma nação peculiar no Oriente Médio. O país não tem litoral, o que dificulta seu comércio externo. Sua economia é pouco desenvolvida, com a mais baixa renda *per capita* da região — cerca de 700 dólares em 2013 —, aproximando-se da renda média dos países mais pobres da África subsaariana. A população é composta de diversos grupos étnicos, que vivem em constantes conflitos. Esses povos em geral praticam a religião muçulmana, porém são bastante diferentes dos árabes e dos turcos que predominam no Oriente Médio. Até mesmo a localização do país suscita dúvidas, pois alguns o consideram parte do sul da Ásia, e não do Oriente Médio.

O Afeganistão, atualmente, é um país arrasado. Desde os anos 1980, vem sofrendo perdas humanas e materiais em várias guerras: contra os soviéticos, contra movimentos guerrilheiros internos e contra uma coalizão liderada pelos Estados Unidos, que bombardeou e invadiu o território afegão em 2001.

Após uma fase de intensas disputas pelo poder, em 1995 assumiu o governo do país o grupo guerrilheiro talibã, apoiado pelo Paquistão e pelo grupo terrorista Al-Qaeda e formado por fundamentalistas sunitas da etnia patane (majoritária no Afeganistão e também no Paquistão). O governo talibã, que durou até dezembro de 2001, pouco contribuiu para reconstruir a economia afegã, pois se preocupou mais com a imposição de determinadas regras morais, extremamente rígidas: os canais de televisão e todos os cinemas foram fechados, a música foi proibida, as mulheres foram impedidas de sair sozinhas de casa (além de serem obrigadas a vestir um véu que cobre todo o rosto), os homens foram proibidos de se barbear, etc. Durante a vigência do governo talibã, grande parte da população só se alimentou graças à ajuda internacional.

Em 11 de setembro de 2001, ocorreram fortes atentados terroristas contra os Estados Unidos (em Nova York e em Washington), e as autoridades norte-americanas culparam o grupo terrorista Al-Qaeda por esses atos. A principal base e os campos de treinamento desse grupo terrorista situavam-se no Afeganistão. Como o governo talibã se recusou a prender os líderes desse grupo terrorista, os Estados Unidos, com o auxílio da ONU e de inúmeros Estados, em 2001, bombardearam e invadiram o Afeganistão, além de apoiarem outro grupo guerrilheiro afegão, a Aliança do Norte, que combatia o governo do talibã.

Em dezembro de 2001, com a intermediação da ONU, da Europa Ocidental e dos Estados Unidos, foi instalado um governo de coalizão, ou seja, formado por pessoas de diversos grupos: representantes da Aliança do Norte, do antigo rei (que foi deposto em 1973) e de outros grupos étnicos, inclusive os patanes. Em 2002, foi criado o Estado Islâmico Transitório do Afeganistão. Em 2004, o país se tornou, oficialmente, a República Islâmica do Afeganistão.

Em 2014, em seu discurso de posse, o presidente Ashraf Ghani convidou as lideranças do grupo talibã, assim como de outro grupo islâmico radical, o Hezb-e-Islami, a negociarem a paz, pois, em suas palavras, "a segurança é a aspiração número um de nosso povo". A continuidade da intermediação da comunidade internacional — principalmente da ONU — também poderá contribuir para que esse objetivo seja atingido e para reduzir, gradativamente, os combates e atentados terroristas que matam pessoas praticamente todos os dias. Reerguer sua economia, baseada na mineração (lápis-lazúli, gás natural, sal, talco) e na agropecuária (trigo, milho, cevada, arroz, criação de carneiros), ainda é um desafio atual.

Vista de Cabul, no Afeganistão, com ruas cada vez mais bloqueadas por carros e ônibus. Foto de 2014.

Texto e ação

1. Cite alguns fatores que explicam por que o Afeganistão é tratado como uma nação peculiar no Oriente Médio.
2. Explique a atual e difícil reconstrução do Afeganistão.

Geolink

O papel da mulher no islamismo

Elas ainda sofrem, mas a culpa não é apenas da religião

A lista de horrores já soa, a esta altura, familiar. Meninas proibidas de ir à escola e condenadas ao analfabetismo. Mulheres impedidas de trabalhar e de andar pelas ruas sozinhas. Milhares de viúvas que, sem poder ganhar seu sustento, dependem de esmolas ou simplesmente passam fome. Mulheres com os dedos decepados por pintar as unhas. Casadas, solteiras, velhas ou moças que sejam suspeitas de transgressões — e tudo o que compõe a vida normal é visto como transgressão — são espancadas ou executadas. E por toda parte aquelas imagens que já se tornaram um símbolo: grupos de figuras idênticas, sem forma e sem rosto, cobertas da cabeça aos pés nas suas túnicas — as burcas. Quando o Afeganistão entrou no noticiário por aninhar os terroristas que bombardearam o World Trade Center e o Pentágono, essas cenas de mulheres tratadas como animais voltaram a espantar o Ocidente. Elas viviam em regime de submissão absoluta havia muito tempo, mas a situação ficou ainda pior desde que a milícia talibã tomou o poder no país, em 1996.

O cenário de Idade Média não era uma prerrogativa afegã. Trata-se de uma avenida permanentemente aberta aos regimes islâmicos que desejem interpretar os ensinamentos do Corão a ferro e fogo. A isso se dá o nome de fundamentalismo. Há países de islamismo mais flexível, como o Egito, e outros de um rigor extremo, como a Arábia Saudita. Para o pensamento ortodoxo muçulmano, a mulher vale menos do que o homem, explica Leila Ahmed, especialista em estudos da mulher e do Oriente Próximo da Universidade de Massachusetts, nos Estados Unidos. "Um 'infiel' pode se converter e se livrar da inferioridade que o separa dos 'fiéis'. Já a inferioridade da mulher é imutável" [...]

Por trás dessa situação há uma ironia trágica. A exclusão feminina não está presente nas fundações do islamismo, mas apenas no edifício que se erigiu sobre elas. O Corão, livro sagrado dos muçulmanos, contém versículos dedicados a deixar claro que, aos olhos de Alá, homens e mulheres são iguais. [...] Ele mostra que Deus espera a mesma fidelidade de ambos os sexos, e que a premiará de forma idêntica. O Corão é o mandamento divino, e não uma interpretação qualquer da vontade de Deus. Como se explica, então, que ideias tão avançadas tenham se perdido, para dar lugar a Estados religiosos em que as mulheres têm de viver trancafiadas e cobertas por véus, em pleno século XXI? As respostas têm de ser buscadas muito longe, no próprio nascimento do islã.

Disponível em: <http://veja.abril.com.br/idade/exclusivo/islamismo/contexto_debate.html>. Acesso em: 14 de out. 2014.

Mulheres esmolando em Cabul, Afeganistão. Foto de 2013.

Responda às questões:

1. Qual é a posição social da mulher em países islâmicos?
2. O que quer dizer fundamentalismo islâmico?
3. A exclusão feminina praticada pelos governos faz parte da fundação do islamismo?
4. Segundo o Corão, livro sagrado dos muçulmanos, como é vista a mulher dentro da sociedade?
5. Em sua opinião, é correto justificar a situação da mulher no islã pela religião? Que outros fatores podem estar por trás dessa situação?

Unidade 3 • África e Oriente Médio

Atividades finais

+ Ação

1. *O círculo* é um filme que mostra a trajetória de várias mulheres no cotidiano do Irã.
   a) Leia as palavras do cineasta iraniano Jafar Panahi sobre seu filme:
   > Meu filme não retrata somente o universo feminino reprimido, mas também uma sociedade que envolve uma realidade política, social e cultural no Irã.
   b) Pesquise imagens que retratam a situação mostrada em *O círculo*. Cole o material pesquisado no caderno.
   c) Com base no material pesquisado, escreva um pequeno texto sobre o assunto tratado no filme.

2. Leia o título e o resumo da reportagem. A seguir, observe a foto e sua legenda:

   ### Primavera Árabe se transformou em "inverno prolongado", diz especialista

   "O termo Primavera Árabe representava um desejo de que todo o Oriente Médio saísse de uma fase escura de povos oprimidos e explorados. Melhorou? Não. É uma deterioração total. Não posso mais chamar de Primavera Árabe. É um 'inverno árabe' prolongado, cheio de tempestades e relâmpagos. Uma panela de pressão. É difícil imaginar uma solução positiva em curto prazo", disse (Mohamed) Habib, que é egípcio naturalizado brasileiro e foi pró-reitor e coordenador de Relações Internacionais da Unicamp.

   Disponível em: <http://noticias.uol.com.br/internacional/ultimas-noticias/2013/12/24/primavera-arabe-se-transformou-em-inverno-prolongado-diz-especialista.htm>. Acesso em: 14 out. 2014.

   Olga Kravets/Saltimages/Le Monde

   Damasco, a capital da Síria, em setembro de 2014. Ao fundo, a fumaça negra no bairro de Jobar indica a continuidade dos combates entre as tropas do governo e aqueles que contestam o presidente Bashar Al-Assad.

   a) Faça o que se pede:
   - A reportagem e a foto chamam a atenção para quais conflitos? Onde eles ocorreram?
   - Identifique o especialista que fala em "inverno árabe". O que você entende por essa expressão?
   b) Pesquise a atual situação política dos países envolvidos nos conflitos acima citados. Traga suas descobertas para serem comentadas na sala de aula.

3. Escolha um dos temas a seguir e pesquise o que se pede sobre os países árabes do Oriente Médio.
   Temas
   - As paisagens naturais
   - Atrativos turísticos
   - Setores da economia
   - População: número de habitantes, como vivem, onde trabalham, como se divertem, etc.
   - Problemas geopolíticos: tensões e conflitos
   - A religião islâmica

   O que pesquisar: mapas, gráficos, tabelas, notícias e imagens de jornais e revistas, charges, etc.
   Combine com o professor uma data para trazer o material pesquisado para a sala de aula. Na data marcada, o professor vai dividir a classe em grupos para orientar estas atividades:
   a) Selecionem o material pesquisado e escrevam um pequeno texto destacando as principais características do tema escolhido.
   b) Montem um cartaz com os recursos pesquisados e o texto elaborado pelo grupo. Não se esqueçam de dar um título ao trabalho.
   c) Conversem sobre a seguinte questão:
   - O que o material selecionado expressa sobre os países árabes do Oriente Médio?

Capítulo 12 • Países árabes, Turquia, Irã e Afeganistão

De olho na imagem

1. A imagem a seguir mostra os recentes investimentos do Qatar no domínio da cultura. Rico em petróleo, mas pobre em monumentos arqueológicos, suas autoridades decidiram construir o Museu de Arte Islâmica de Doha, a capital do país, em 2009, que impressiona pelo tamanho e pela riqueza de seu acervo.

   a) Observem a imagem.

Museu de Arte Islâmica, em Doha, Catar. Foto de 2014.

   b) Respondam às questões:
   - Quando e onde foi construído o Museu de Arte Islâmica de Doha?
   - Na opinião de vocês, investimentos na cultura são importantes? Expliquem.
   - Vocês têm o hábito de visitar museus? Qual ou quais já visitaram? Do que mais gostaram?

2. Escolham algumas imagens para ilustrar as relações entre os países árabes do Oriente Médio e os Estados Unidos na atualidade. A seguir, escrevam uma legenda para cada uma delas. Elaborem um jornal mural com esse material e, se possível, exponham-no na classe. Lembrem-se de dar um título para esse jornal.

ATIVIDADE INTERDISCIPLINAR

CIÊNCIAS DA NATUREZA, HISTÓRIA E MATEMÁTICA

Examine os números do quadro a seguir e depois responda:

Países árabes do Oriente Médio e Brasil em números

País	IDH (2013)	Mortalidade infantil por mil	País	IDH (2013)	Mortalidade infantil por mil
Líbano	0,765	9,0	Iêmen	0,500	51,0
Síria	0,658	15,0	Emirados Árabes Unidos	0,827	8,0
Iraque	0,642	34,0	Bahrein	0,815	6,0
Jordânia	0,745	19,0	Catar	0,851	8,0
Arábia Saudita	0,836	16,0	Kuwait	0,814	10,0
Omã	0,783	11,0	**Brasil**	**0,744**	**14,0**

Fonte: PNUD. *Relatório de Desenvolvimento Humano 2014*.

a) O que os números indicam sobre o IDH e a taxa de mortalidade infantil nos países árabes do Oriente Médio?

b) Ao comparar o IDH e a taxa de mortalidade infantil nos países árabes do Oriente Médio com o Brasil, o que você conclui?

Unidade 3 • África e Oriente Médio

Ponto de chegada

O que você estudou

Nesta Unidade, você desenvolveu, entre outras habilidades, as seguintes:

- reconhecer os traços comuns entre a África e o Oriente Médio;
- relacionar as diferenças naturais, políticas, étnico-cultural-religiosas, regionais e de desenvolvimento econômico-social na caracterização geral da África e na definição de suas regiões;
- reconhecer as atuais perspectivas de mudanças políticas, econômicas e sociais nesse continente;
- identificar e localizar os países africanos conforme os dois critérios de regionalização mais importantes;
- identificar e localizar o Oriente Médio e os países que fazem parte dessa região;
- expressar o caráter estratégico do Oriente Médio no mundo;
- identificar e localizar os países africanos com economias importantes e diversificadas;
- expressar o significado da África do Sul como um laboratório do regime político democrático no seio de uma população multirracial;
- diferenciar mundo islâmico e mundo árabe;
- expressar os riscos da tensão contínua entre o Estado de Israel e os palestinos para o Oriente Médio e para o mundo;
- relacionar existência de petróleo, desenvolvimento tecnológico e consumismo desenfreado ao "novo Oriente Médio";
- identificar, localizar e problematizar os Iraques curdo, xiita e sunita;
- expressar a divisão interna da Turquia entre uma reduzida elite modernizadora e uma maioria tradicionalista;
- identificar as principais características políticas do Irã;
- compreender alternativas para o estabelecimento de paz duradoura e para a construção da cidadania nessas duas regiões do sul geoeconômico.

Mix cultural

 Biblioteca

***África*: horizontes e desafios do século XXI, de Charles Pennaforte, Atual.** De forma crítica, o livro apresenta um panorama de desafios econômicos, políticos e sociais, que estarão na pauta dos países africanos no século XXI.

***A sabedoria de Madi*, de Salim Hatubou, Scipione.** O livro é conduzido por Madi, personagem que viaja pelo arquipélago de Comores entre o continente africano e a ilha de Madagascar. Ao longo da jornada, Madi mostra sua sabedoria inocente para enfrentar diversas situações.

***Dima, o passarinho que criou o mundo*, de Zetho Cunha Gonçalves (Org.), Melhoramentos.** Os oito contos que compõem o livro são de escritores dos países de língua portuguesa. São mitos, lendas e episódios da tradição oral que buscam mostrar a riqueza e diversidade cultural desses países e a expressividade da língua portuguesa.

***Kalahari*: uma aventura no deserto africano, de Rogério Andrade Barbosa, Melhoramentos.** A partir da história de um pesquisador e seu filho adolescente na África do Sul, são apresentadas informações sobre os povos locais e a história do *apartheid* no país.

***Mandela*: o africano de todas as cores, de Alain Serres, Zahar.** A trajetória de Nelson Mandela e seu papel na luta de resistência contra o *apartheid* na África do Sul

compõem o eixo do livro, que traz informações históricas, imagens e a cronologia de sua vida.

Mohamed: um menino afegão, de Fernando Vaz, FTD. Em meio a um contexto de guerra, o menino afegão Mohamed busca o pai desaparecido por um caminho que o leva até Peshawar, no Paquistão. Além disso, a narrativa de sobrevivência nos revela os costumes e os valores da cultura islâmica.

Rio sem margem: poesia da tradição oral angolana, de **Zetho Cunha Gonçalves, Melhoramentos.** O livro traz uma coleção de poemas remontados a partir de provérbios e canções da tradição oral angolana. Apresenta um panorama da diversidade étnica, cultural e linguística desse país.

Sundjata, o Príncipe Leão, de Rogério Andrade Barbosa, **Melhoramentos.** O livro traz uma versão da história épica de Sundjata, um lendário governante mandinga, que até hoje é reverenciado por contadores de história da África ocidental.

Um pedacinho de chão, de Elizabeth Laird, **Ática.** A história aborda a questão palestina a partir das experiências cotidianas de Karim Aboudi, um adolescente de doze anos que vive em Ramallah, na Palestina, uma área ocupada por tropas israelenses.

 ## Geografia nos sites

- <www.acnur.org/t3/portugues/> — *Site* da agência da ONU para refugiados. Informações sobre ações internacionais desenvolvidas para a proteção dos refugiados.
- <www.africadosul.org.br/> — *Site* do consulado da África do Sul no Brasil. Notícias e informações sobre vistos e ações de integração entre os países.
- <www.bbc.co.uk/portuguese/topicos/africa> — Versão em língua portuguesa da agência de notícias BBC para a África.
- <www.pordentrodaafrica.com/> — *Site* que publica notícias de agências e de governos africanos, análises, pesquisas e estudos produzidos na África e no Brasil.
- <www.rtp.pt/rdpafrica/> — *Site* da rádio RTP África destinada aos países lusófonos africanos, Angola, Cabo Verde, Guiné Bissau, Moçambique e São Tomé e Príncipe. É possível ouvir a programação e acessar notícias sobre a África.

Geografia nas telas

Cinco câmeras quebradas. **Direção: Emad Burnat e Guy Davidi. Palestina/Israel/França, 2011.** Emad é um agricultor palestino que mora com a família em uma cidade da Cisjordânia. Em 2005, o governo israelense resolve construir um muro, dividindo a cidade e separando os habitantes dos campos de oliveira, cultura tradicional da região. Emad então resolve filmar os acontecimentos e abusos israelenses ao mesmo tempo que registra o crescimento de seu filho.

Invictus. **Direção: Clint Eastwood. Estados Unidos, 2009.** Recém-eleito presidente da África do Sul, Nelson Mandela se apropria do acontecimento da Copa do Mundo de Rugby no país numa tentativa de superar a segregação, unir a população em torno da equipe sul--africana de *rugby*.

Persépolis. **Direção: Marjane Satrapi e Vicent Paronnaud.** **França, 2007.** Animação autobiográfica da iraniana Marjane Satrapi, o filme é baseado em livro de mesmo nome e narra o cotidiano de luta e resistência em plena Revolução Iraniana, que lançou o país ao regime xiita.

Sob o céu do Líbano. **Direção: Randa Chahal Sabbag. Líbano/França, 2003.** Lamia é uma jovem que vive na fronteira do Líbano com Israel. Prometida em casamento para um primo que vive do outro lado da fronteira, ela percebe as mudanças da vida de adolescente para a vida adulta ao viajar para encontrar seu pretendente.

Viagem a Cabo Verde. **Direção: José Miguel Ribeiro. Portugal, 2010.** A partir da técnica de animação, o filme revela uma viagem feita até Cabo Verde, a pé. Nela, o viajante conhece paisagens, povoados, animais, costumes e a si mesmo.

Suryara Bernardi/Arquivo da editora

Unidade 4

Escultura da cabeça de um dragão na parede de um templo na Tailândia.

Ásia

Nesta Unidade, vamos estudar outro conjunto de países do Sul geoeconômico: a Ásia, excetuando o Oriente Médio e o Japão. Com isso, você desenvolverá várias competências:
- compreender o clima de monções do Sul da Ásia, sabendo relacioná-lo com a ocorrência de fortes chuvas e inundações;
- compreender as relações entre política e cultura (sobretudo a religião) e constituição de alguns países na região, identificando alguns conflitos separatistas;
- associar o sistema de castas com a religião e as desigualdades sociais na Índia;
- detectar e avaliar os riscos de guerra nessa região em razão da posse de armas atômicas por parte da Índia, China e Paquistão;
- compreender o porquê da difícil situação do Timor-Leste com seus desafios atuais;
- entender e relacionar as condições que permitiram a emergência dos Tigres Asiáticos;
- relacionar etnias e aumento de disparidades regionais na China;
- compreender as relações entre religiões e filosofia, comportamento da população, harmonia e convivência dos opostos com grandes mudanças, ocorrência de revoluções e ascensão da China como nova superpotência.

Ponto de partida

Observe a foto e converse com o professor e os colegas sobre as seguintes questões:
1. O que você sabe sobre a Ásia?
2. A China é a nova superpotência mundial? Por quê?

Capítulo 13
Sul da Ásia

Neste capítulo, você vai estudar um dos conjuntos regionais do continente asiático, o Sul da Ásia, também conhecido como "subcontinente indiano" por causa da enorme importância da Índia nessa região. Todo esse conjunto regional, como também o Afeganistão (situado a oeste, no Oriente Médio), dos séculos XV até inícios do XX era conhecida pelos europeus como "as Índias", uma imensa região asiática tida como riquíssima pela presença de especiarias, seda, diamantes e outras riquezas almejadas pelos europeus.

Atualmente, essa região é palco de intensos conflitos, principalmente entre Índia e Paquistão, atentados terroristas e a ameaça de uma possível guerra nuclear, pois os dois principais países da região possuem bombas atômicas.

 Para começar nosso estudo, observe as charges e responda às questões:

1. Que mensagens as charges transmitem?
2. Em sua opinião, por que países pobres como a Índia e o Paquistão investem em armas nucleares?
3. Que outros assuntos sobre o Sul da Ásia você acha que vai estudar neste capítulo?

1 Aspectos gerais do Sul da Ásia

O Sul da Ásia, ou Ásia Meridional, é um conjunto regional que vai do Paquistão, a oeste, até Mianmar, a leste, abrangendo a Índia, o Sri Lanka, as Maldivas, o Nepal, o Butão e Bangladesh. Dois desses países são insulares: o Sri Lanka e as Maldivas. Veja o mapa abaixo.

Sul da Ásia: político

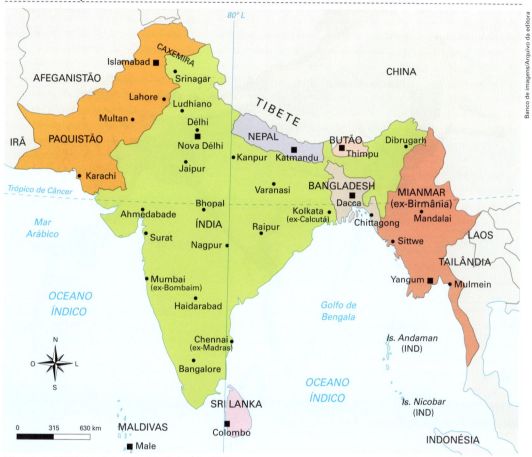

Adaptado de: SIMIELLI, M. E. *Geoatlas*. São Paulo: Ática, 2008.

Essa é uma das regiões mais pobres do mundo. Todos os países, sem nenhuma exceção, apresentam baixíssima renda *per capita*. A maior renda média desse conjunto regional é a das Maldivas: cerca de 5 600 dólares. A menor é a do Nepal, com apenas 730 dólares. Contudo, a maior potência econômica da região é a Índia, com um PIB de cerca de 1,97 trilhão de dólares em 2013 (9º lugar do mundo e maior do que a soma de todos os demais países da região) e uma renda *per capita* inferior a 2 mil dólares.

São altos os níveis de pobreza e subnutrição nessa parte da Ásia. Apenas a Índia apresenta um bom grau de industrialização, que, porém, é insuficiente se considerarmos sua imensa população. Mas a economia indiana vem crescendo enormemente a cada ano desde os anos 1980.

O subcontinente indiano, que tem a forma de um triângulo, é atravessado pelo trópico de Câncer praticamente no meio de seu território e ocupa uma enorme planície — a planície Indo-Gangética —, onde encontramos algumas das maiores densidades demográficas de todo o mundo.

Unidade 4 • Ásia 237

Ao norte, na cordilheira do Himalaia, encontram-se picos com altitudes superiores a 6 000 m; do centro do território em direção ao oceano Índico, localiza-se o planalto do Decã.

Sul da Ásia: físico

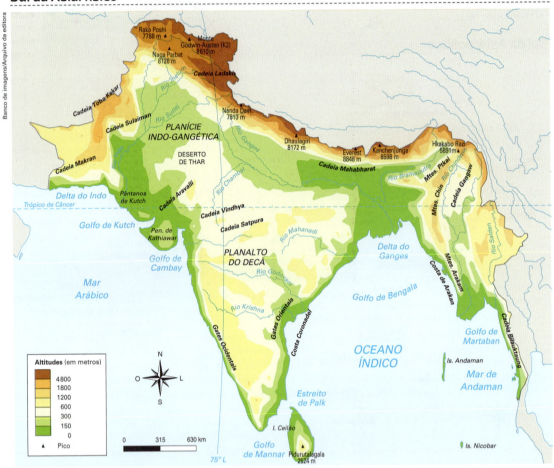

Adaptado de: IBGE. *Atlas geográfico escolar*. 6. ed. Rio de Janeiro, 2012.

O relevo dessa região é montanhoso ao norte. Existe aí um prolongamento da cordilheira do Himalaia, que apresenta as maiores altitudes da superfície terrestre. Países como Nepal e Butão, situados no norte desse conjunto, são quase totalmente montanhosos. Veja o mapa acima.

Ao sul as altitudes são menores, com a alternância entre planaltos e planícies. Aí se destaca a planície Indo-Gangética, constituída pelas bacias dos rios Indo e Ganges, os mais importantes dessa região.

O clima do Sul, assim como o do Sudeste da Ásia, é o mais úmido do globo, com chuvas abundantes no verão e um forte calor tropical; é o chamado clima tropical monçônico, resultado dos ventos de monções, que mudam de sentido durante o ano.

No verão, eles vêm do oceano Índico para o Sul e para o Sudeste Asiático, onde a pressão atmosférica é baixa. No inverno, eles sopram em sentido contrário, saindo da Ásia por causa das elevadas pressões atmosféricas que aí prevalecem.

As monções de verão, que se dirigem ao continente asiático, são muito úmidas, provocando chuvas abundantes. Não é por acaso que na Índia foram registrados os maiores índices mundiais de pluviosidade. Veja o mapa da página a seguir.

238 Capítulo 13 • Sul da Ásia

Monções de verão

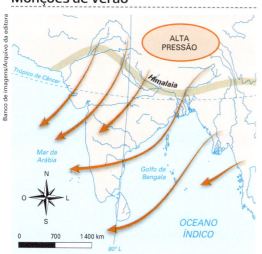

Monções de inverno

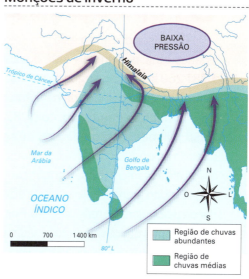

Monções são ventos que durante uma época do ano sopram num sentido e, em outra época, no sentido inverso. Esses ventos são produzidos por diferenças de pressão atmosférica entre o oceano Índico e o sul do Sudeste da Ásia. As monções chegam às regiões asiáticas no verão, provocando fortes chuvas e inundações.

Adaptado de: PRECIS de Gegraphie. Paris: Nathan, 1994.

Texto e ação

1. Faça uma lista com o nome dos países que fazem parte do Sul da Ásia e sublinhe o nome dos países que são insulares.

2. Comente a frase: "O Sul da Ásia é uma das regiões mais pobres do mundo". No seu comentário, cite o nome dos países com maior e menor renda *per capita* da região.

3. Observe o mapa "Sul da Ásia: físico" (página 238) e responda às questões:
   a) Qual é a altitude da maior elevação do planeta, o monte Everest?
   b) Onde se localizam as maiores altitudes do Sul da Ásia? Que cor as representam no mapa?
   c) Acompanhe no mapa a direção dos rios do sul da Ásia da nascente à foz. O que você conclui?

Geolink

O que são monções?

Monções são ventos que mudam de direção de acordo com as estações do ano, levando ar úmido do oceano para o continente em uma determinada época e ar seco da terra para o mar em outra. O fenômeno acontece em aproximadamente 25% da área tropical do planeta, mas seus efeitos são mais visíveis no sul e sudeste asiáticos, especialmente em países como Índia, Paquistão e Bangladesh. Por lá, os ventos trazem chuvas torrenciais de junho a agosto, período do verão indiano, mas deixam a região à míngua no inverno, entre dezembro e fevereiro. Na Índia, a importância das monções é tão grande que o clima governa muitos hábitos do país, como lembra o meteorologista Carlos Augusto Morales, da Universidade de São Paulo (USP): "Quando as chuvas não vêm na hora certa, a principal atividade econômica da região, o plantio de arroz, fica seriamente prejudicado." O período de fortes chuvas pode durar vários dias, nesse período, "a população quase não sai de casa.".

Disponível em: <http://mundoestranho.abril.com.br>. Acesso em: 21 out. 2014.

Responda às seguintes questões:

1. O que são as monções?
2. Em que região do planeta elas ocorrem?
3. Onde os efeitos das monções são mais visíveis?
4. De que maneira o fenômeno das monções afeta a população da Índia?

2 População e economia

Os países do Sul da Ásia são densamente povoados e possuem enormes diversidades étnicas. A Índia — que possui o maior território nacional dessa região, com 3 287 260 km² — é o segundo país do mundo em população, tendo atingido em 2013 a cifra de 1 252,1 milhões de habitantes.

Também o Paquistão, com 182,1 milhões de habitantes, e Bangladesh, com 156,6 milhões, estão entre os dez países mais populosos do mundo. A imensa maioria da população desses países vive no meio rural, especialmente próximo ao litoral e na planície Indo-Gangética.

É muito grande a diversidade étnica no Sul da Ásia quanto à origem da população, cor da pele, idiomas, religiões, etc. Por exemplo, na Índia, além do inglês (idioma usado pelos grupos étnicos de língua materna diferente) e do hindi (falado por 35% da população total), há outras quatorze línguas consideradas oficiais. Além disso, existem inúmeros idiomas falados por minorias étnicas; estima-se que 1 600 línguas sejam faladas no território indiano.

Agricultores colhendo trigo em Lahore, Paquistão, em 2015.

Rana Saji Hussain/Pacific Press/Corbis/Latinstock

Com exceção da Índia, que possui uma atividade industrial expressiva, a economia dos países do Sul da Ásia em geral baseia-se na agricultura. Os principais produtos cultivados são: chá, algodão, trigo, juta, arroz, tabaco, milho e cana-de-açúcar.

Existem algumas áreas com enormes monoculturas, voltadas para a exportação. São as **plantations**, cultivadas desde a época em que os britânicos colonizaram essa região. O chá, o tabaco e o algodão são produtos típicos para o mercado externo. Nessa região asiática ocorre um dos grandes problemas do Sul: os melhores solos são usados para cultivos de exportação, os piores são destinados à produção de alimentos para consumo interno. Índia, Bangladesh e Paquistão, países muito populosos, apresentam problemas de insuficiência alimentar em larga escala.

Quadro-síntese dos países da Ásia Meridional (2013)

País	Área (km²)	População	PIB (em bilhões de dólares)	Renda *per capita* (em dólares)	Expectativa de vida (em anos)
Índia	3 287 260	1 252 100 000	1960,1	1 600	66,0
Paquistão	796 100	182 100 000	251,0	1 380	65,5
Bangladesh	144 000	156 600 000	140,0	900	64,1
Nepal	147 180	27 800 000	20,3	730	63,8
Butão	38 394	800 000	1,9	2 460	66,1
Mianmar	676 578	55 400 000	42,9	800	63,3
Sri Lanka	65 610	20 500 000	65,0	3 170	72,4
Maldivas	300	317 280	1,9	5 600	68,5

Tabela elaborada com base em: World Bank e da CIA, *The World Factbook*, 2014.

Sul da Ásia: economia

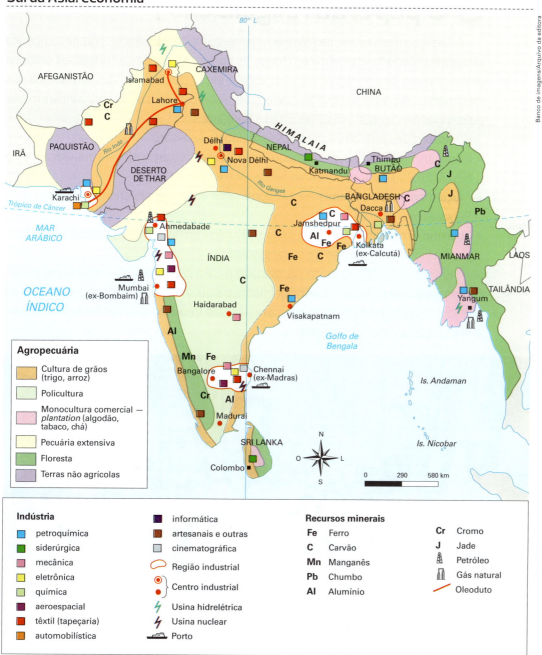

Adaptado de: ATLAS du 21e siècle. Paris: Nathan, 2004.

Texto e ação

1. É muito grande a diversidade étnica no Sul da Ásia quanto à origem da população, à cor da pele, aos idiomas falados, às religiões, etc. Comente o caso da Índia.

2. Sobre a economia dos países do Sul da Ásia, responda às questões:
   a) Com exceção da Índia, qual a base da economia desses países? Quais são os produtos destinados ao mercado externo?
   b) Analise o mapa acima. Observe as cores, os símbolos e a distribuição espacial de cada um deles. Elabore um texto sobre a indústria na Índia. No texto, comente a relação entre as áreas industriais e a localização dos recursos minerais.

Unidade 4 • Ásia 241

3 O papel da religião

A religião nessa parte da Ásia é um elemento muito importante, pois desempenha um papel político fundamental em todos os países. As diferenças religiosas entre os povos são um dos principais motivos de grande parte dos conflitos armados e dos movimentos separatistas que aí ocorrem, bem como da divisão da antiga Índia em três países independentes: Índia, Paquistão e Bangladesh.

As religiões predominantes nessa região da Ásia são:

- **hinduísmo**: praticado especialmente na Índia (por cerca de 82% da população) e no Nepal (86,2%) e por minorias no Sri Lanka e em Bangladesh;
- **muçulmanismo** ou **islamismo**: predominante em Bangladesh, nas Maldivas e no Paquistão;
- **budismo**: predominante no Sri Lanka, no Butão e em Mianmar e praticado por minorias na Índia, no Paquistão e em Bangladesh.

Entre as religiões minoritárias, destacam-se o *cristianismo* — seguido por minorias no sudoeste da Índia — e principalmente o *siquismo*, adotado por povos siques na região do Punjab, norte da Índia. Nessa região, são frequentes os conflitos entre siques e hinduístas por motivos religiosos.

Jovens budistas do Nepal, que vivem em um mosteiro em Bodhgaya, na Índia, após rezarem pelas vítimas do terremoto do Nepal. Esse terremoto ocorreu em 2015 e matou 8 500 pessoas. A foto é de 2015.

 Texto e ação

1. Explique a afirmação: "Os choques religiosos marcam a imagem do Sul da Ásia diante do mundo".
2. Cite o nome das religiões predominantes nos países do Sul da Ásia.
3. Comente a foto acima. No seu comentário, cite o nome dos países onde o budismo é praticado.

4 A Índia, potência regional

Bollywood: o nome é uma referência a Bombaim, antiga denominação de Mumbai, cidade onde se concentra a indústria cinematográfica na Índia, e Hollywood, nome dado à indústria cinematográfica norte-americana.

Em tamanho do território, a Índia só perde para Rússia, Canadá, China, Estados Unidos, Brasil e Austrália; e em efetivo demográfico só fica atrás da China. Portanto, é o sétimo país do mundo em dimensão territorial e o segundo em população; e, como já mencionamos, é o nono em produção econômica. Possui a terceira economia da Ásia, atrás da China e do Japão.

O desempenho da economia indiana vem sendo bastante positivo desde os anos 1980: nesse ano era a décima segunda economia do mundo; em 2010 já tinha alcançado a nona posição; segundo estimativas, ela terá o terceiro maior PIB do mundo em 2030, ultrapassando a Rússia, o Brasil, a Itália, a França, o Reino Unido, a Alemanha e o Japão. Esse rápido crescimento ocorreu após uma liberalização da economia, que antes era muito estatizada, com diminuição da burocracia e dos impostos. A Índia atual possui várias multinacionais importantes no plano mundial: Tata Motors e Tata Steel, Indian Oil Corporation, Reliance Industries, State Bank of India e outras. Dois setores nos quais o país se destaca são a indústria cinematográfica (a segunda do mundo após a norte-americana, não por acaso chamada **Bollywood**) e a de *softwares* para computadores.

Apesar disso, a Índia ainda é um país pobre, com precárias condições médias de vida para a sua população. A renda *per capita* ainda é baixíssima (menos de 2 mil dólares em 2013), a expectativa de vida é de apenas 66 anos, a taxa de analfabetismo é alta (35%, sendo bem maior entre as mulheres) e as taxas de mortalidade infantil são muito elevadas: 53‰ (por mil). Institutos de pesquisa avaliam que há cerca de 250 milhões de pessoas vivendo na pobreza absoluta (menos de um dólar por dia) e que a subnutrição atinge praticamente a metade das crianças com menos de cinco anos de idade.

A precariedade das condições de vida da população indiana se agrava ainda mais quando levamos em conta as profundas diferenças étnico-religiosas, econômicas e políticas entre as várias regiões da Índia. Sua organização política é um complicador importante: a Índia é uma república federal, formada por 25 estados e 7 territórios, em que o governo central (mais conhecido como Centro) se impõe aos estados federais, que dependem financeiramente dele. Os estados membros, por sua vez, disputam entre si benefícios do Centro, por exemplo, incentivos para a industrialização. Em alguns deles, porém, a disputa maior decorre dos recentes problemas ligados ao abastecimento de água para a irrigação, vital para a atividade agrícola em algumas regiões do país (cerca de 70% da população indiana ainda vive no meio rural).

De qualquer maneira, na Índia as desigualdades são geradas principalmente pelo nascimento e pelas tradições, isto é, pelo sistema de castas.

Dois homens tomam chá em Jaipur, em 2015. Jaipur é capital do estado indiano do Rajastão e tem uma população de 6 664 000 habitantes.

Castas: sistema arraigado na cultura indiana

Apesar de ter sido abolido pela Constituição de 1950 e ter sofrido alguns abalos com a ocidentalização e a industrialização (que acarretou uma urbanização que ainda é pequena) do país, o sistema de castas ainda se mantém vivo na cultura do povo indiano, principalmente no meio rural, nas pequenas e médias cidades, onde o ritmo de vida é marcado pela religiosidade. Essa forma de dominação social criou uma forte tradição, que se misturou com as religiões e ficou arraigada no modo de pensar das pessoas.

A religião hinduísta, predominante no país, reforça e legitima esse sistema de dominação. Outras religiões — como o budismo e o islamismo —, que inicialmente foram contrárias a esse sistema, acabaram se adaptando a ele. E contribuem para mantê-lo.

Muitas medidas adotadas para enfraquecer esse sistema — tais como a permissão para os intocáveis frequentar os templos religiosos, se banhar no rio Ganges ou matricular os filhos nas escolas — sofreram ou ainda sofrem reações violentas em alguns setores da sociedade (até mesmo entre os estudantes) e em algumas regiões mais tradicionalistas. E, por fim, o sul do país é bem mais tradicionalista que o norte, onde, em algumas regiões, princinalmente no Punjab, o bramanismo e a intocabilidade (a existência de castas puras e impuras) é algo já quase inexistente.

Cultura e religião

Escultura que representa o deus Ganexa em uma feira de artesanto de Kolkata, Índia, em 2013.

Uma das civilizações mais antigas do planeta, a Índia é um país de contrastes. A diversidade de línguas, hábitos e modos de vida não impede, porém, que haja uma grande unidade na cultura do país. Ao mesmo tempo que cada estado tem seu próprio modo de expressão, como na arte, música, linguagem ou culinária, o indiano é profundamente arraigado ao sentimento de amor à sua nação e tem orgulho de sua civilização ancestral, o que mantém vivas até hoje muitas tradições.

Muitos elementos da cultura indiana causam estranheza no Ocidente, pois é grande a variedade de símbolos, deidades e rituais. A maioria é relativa ao hinduísmo, que ainda é a religião com mais seguidores na Índia, acompanhado pelo islamismo e pelo budismo.

O hinduísmo é tão antigo quanto a civilização da Índia, tanto que a palavra *hindu* é erroneamente usada para designar 'indiano', e toda a simbologia é vista pelos outros países como se representasse a própria Índia.

Observe a foto ao lado de uma escultura que representa o deus Ganexa.

Conflitos internos e externos

Do ponto de vista da organização política, apesar da tradicional importância do hinduísmo na Índia, esse Estado se caracteriza por ser secular desde a independência, conquistada em 1947, colocando assim em prática o princípio da separação entre Estado e religião. A Índia é tida como a mais populosa democracia do mundo, embora como em todo país do Sul geoeconômico esse regime político seja mais formal, quase que de fachada, apenas com eleições periódicas, sem atingir de fato os valores e o comportamento das autoridades e das pessoas. Uma democracia de fato — que praticamente só existe nos países desenvolvidos — implica transparência nas decisões e nos gastos públicos, em liberdades democráticas, no controle das autoridades pela população, e não apenas em eleições periódicas para determinados cargos políticos.

No Sul da Ásia, a Índia é, atualmente, o único Estado laico, isto é, que não oficializou uma religião. Paquistão e Bangladesh são Estados muçulmanos. Também o Sri Lanka, em 1988, proclamou o islamismo como a religião do Estado. No Nepal, em 1989, a nova Constituição instituiu o hinduísmo como a religião do país. O Reino do Butão é uma monarquia religiosa de predominância budista; e a República das Maldivas é oficialmente muçulmana.

Cerca de 11% da população indiana — principalmente no norte, na região da Caxemira, que faz fronteira com o Paquistão — é islâmica ou muçulmana. Os choques entre hinduístas e muçulmanos vêm se tornando cada vez mais frequentes na Índia e em especial nessa região, onde há um forte movimento separatista apoiado pelo Paquistão.

Jovens mulheres na multidão em Jaisalmer, Índia, em 2015.

Do ponto de vista de sua política externa, e particularmente no que se refere às suas relações com os Estados vizinhos, mantém conflitos com a China e particularmente com o Paquistão. Há uma tradicional rivalidade com a China, país com o qual a Índia tem fronteiras na sua parte norte, uma região montanhosa. China e Índia têm disputas por terras nessa região e também uma secular rivalidade cultural e político-diplomática, pois ambos os Estados aspiram ser a potência dominante na Ásia, posição que, sem dúvida, a China vem consolidando. E com o Paquistão existem disputas territoriais, na região nordeste, a Caxemira, além dos frequentes conflitos muitas vezes sangrentos entre os hinduístas e a minoria islâmica da Índia.

Em 1997, na comemoração de 50 anos de independência, as autoridades da República Islâmica do Paquistão dirigiram apelos de paz à República da Índia. Em maio de 1998, porém, o Estado hindu, surpreendendo o mundo inteiro, realizou cinco testes nucleares. O Paquistão não demorou a reagir e no mesmo ano realizou seis testes nucleares. Assim, Índia e Paquistão acabaram por fazer parte do chamado "clube nuclear", isto é, países que têm oficialmente bombas atômicas. Mas, juntamente com a Coreia do Norte, que também tem armas nucleares, eles se recusaram a assinar o Tratado de Proibição de Testes Nucleares. A presença de três países rivais e com armamentos nucleares na Ásia — China, Índia e Paquistão, além da Rússia e da Coreia do Norte — poderá fazer com que uma hipotética guerra nuclear tenha início nessa parte do planeta no século XXI.

A posse de armas atômicas, em vez de diminuir as tensões entre países vizinhos e igualmente armados, parece que acabou por acirrar os conflitos no Sul da Ásia. Por várias vezes tropas da Índia e do Paquistão se enfrentaram na região de fronteiras. Nessa área, a Caxemira, região dividida entre a Índia, o Paquistão e a China, na cordilheira do Himalaia, é objeto de acirrada disputa entre os dois primeiros países.

Unidade 4 • Ásia   **245**

A Índia também é palco de violentos conflitos, desencadeados pelas reivindicações separatistas dos siques — uma minoria étnico-religiosa que vive no Punjab, rica província situada no norte do país. A religião sique para alguns é uma seita do hinduísmo, do qual se originou e com o qual mantém algumas divindades em comum, enquanto para outros é uma religião diferente do hinduísmo. Mas a etnia ou povo sique tem características culturais próprias, inclusive um idioma.

Além do separatismo sique, a Índia enfrenta problemas semelhantes com outras minorias étnico-religiosas, como:
- o separatismo *gurkha*, povo de origem nepalesa que vive nas áreas fronteiriças com o Nepal;
- choques entre muçulmanos e hindus e entre muçulmanos e *shivsenas* (adoradores de Shiva, deus supremo).

Na primeira metade do século XXI, a Índia deverá continuar enfrentando a questão da miséria em amplas camadas da população por meio de uma política econômica que privilegie a melhoria das condições de vida dos mais pobres. Esse é o seu verdadeiro desafio. De seu encaminhamento depende, certamente, o futuro de suas ambições políticas: ser uma das potências mais importantes da Ásia e do mundo e assim tornar-se membro permanente do Conselho de Segurança da ONU, como o seu maior rival, a vizinha China. Junto com o Brasil, a África do Sul, o Japão e a Alemanha, a Índia é um dos países que pleiteiam a sua entrada como membro permanente no Conselho de Segurança da ONU, o principal órgão dessa importante organização internacional. Mas logicamente a China é contrária à entrada tanto do Japão como principalmente da Índia.

Problemas de fronteira no norte da Índia

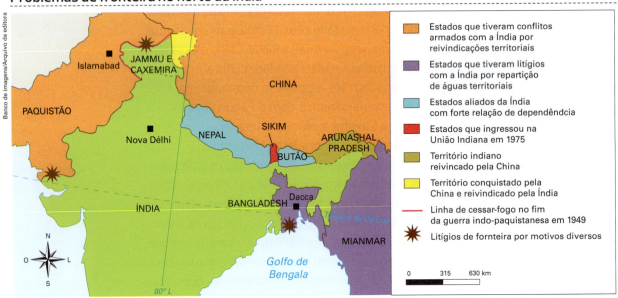

Adaptado de: ATLAS des relations internationales. Paris: Hatier, 1997.

 Texto e ação

- A grande diversidade religiosa e cultural em todo o Sul da Ásia gera muitos conflitos étnico-territoriais. Considerando as informações do texto e do mapa acima, elabore um pequeno texto sobre os conflitos internos e externos da Índia e lhe dê um título.

Atividades finais

+ Ação

1. Sobre o quadro natural do Sul da Ásia realize as atividades a seguir.

   a) Reproduza o quadro abaixo no caderno e preencha-o com a ajuda das informações do texto do capítulo e do mapa da página 238.

   Aspectos físicos do Sul da Ásia

Relevo e rios principais	
Clima	

   b) Pesquise imagens das paisagens naturais do Sul da Ásia e traga para a sala de aula para serem observadas e comentadas com o professor e os colegas.

2. Sobre a economia do Sul da Ásia, faça o que se pede.

   a) Copie o mapa da página 237 numa folha de papel transparente — mas copie apenas o contorno e o nome dos países. Em seguida, sobreponha esse mapa ao da página 241.

   b) Examine a legenda do mapa "Sul da Ásia: economia", na página 241 e responda: O que se pode concluir ao relacionar os dois mapas?

3. Leia o texto e faça o que se pede.

   ### Os Brics

   Em 2001, o economista britânico Jim O'Neill argumentou que a existência de "tijolos melhores" era algo necessário para impulsionar a dinâmica da economia mundial do século que então se iniciava. Em português, tijolo, em inglês, brick; eis a origem da futura formação de um bloco econômico entre Brasil (b), Rússia (r), Índia (i), China (c), países cujos mercados eram (e são) os mais promissores. Em 2006, as lideranças desses quatro países formalizaram a constituição dos Brics e, em 2011, acolheram a África do Sul (s, de South Africa). Também são conhecidos como países emergentes. Do ponto de vista da política e da diplomacia internacionais, é importante observar que esse grupo é mais um ator desse mundo multipolarizado por várias potências desde os anos 1990.

   Adaptado de: <www1.folha.uol.com.br/mundo/2014/07/1486700-uma-ironia-ronda-os-brics.shtml>. Acesso em: 21 out. 2014.

   a) Comente o texto lido.

   b) Que parágrafos do capítulo se relacionam com o texto? Registre-os no caderno.

   c) Vamos conhecer melhor os Brics? Consultando livros, jornais, revistas, *sites* da internet, descubra o total da população, o produto interno bruto (PIB) de seus membros e a cidade onde fica a sede do que fundaram em 2014, entre outros aspectos que achar importantes. Relate suas conclusões em um pequeno texto. E lhe dê um título.

4. Leia a seguir o texto publicado sobre o Butão e faça o que se pede.

   ### Tradição e budismo: Conheça o Butão, o país da felicidade

   Pouco conhecido pela maioria dos ocidentais, o Butão fica na Ásia, entre a China e a Índia, e recentemente ficou conhecido como uma das nações mais felizes do mundo, segundo pesquisa da Universidade de Leicester, no Reino Unido. [...] Entre as principais características do país estão os índices zero de fome, analfabetismo e índices de violência insignificantes. Os butaneses encantam os turistas pelo respeito e a gentileza. Cercadas por montanhas, entre as atrações estão cerca de 2 000 templos e monastérios, florestas e montanhas. A maioria dos visitantes procura o país por causa da sua riqueza cultural, religiosa e tradições.

   Disponível em:< http://ecoviagem.uol.com.br/noticias/turismo/turismo-cultural/tradicao-e-budismo-conheca-o-butao-o-pais-da-felicidade-14208.asp>. Acesso em: 21 out. 2014.

   a) Localize o Butão num mapa-múndi político e comente a localização geográfica desse país no continente asiático e no mundo.

   b) O que mais chamou a sua atenção no texto?

   c) O que atrai turistas ao Butão?

   d) Para saber informações sobre a população, economia e meio ambiente do Butão, acesse, se possível, o *site* <http://www.ibge.gov.br/paisesat/main.php>.

Unidade 4 • Ásia

5. Escolha dois países do Sul da Ásia e pesquise as seguintes informações sobre eles:
   - nome do país.
   - capital.
   - moeda oficial.
   - língua oficial.
   - número de habitantes.
   - principais cidades.
   - pontos turísticos.
   - festas populares.
   - indicadores sociais e econômicos.

   Na data combinada com o professor, traga as informações levantadas para a sala de aula e apresente-as à turma.

6. Consulte revistas, jornais e a internet para obter informações recentes sobre os conflitos internos e externos na Índia. Fique atento também aos noticiários do rádio e da televisão.
   Registre tudo o que você conseguir: nome dos países envolvidos, data de início e de acordos de paz, o porquê dos conflitos, etc.
   Na data marcada pelo professor, apresente o trabalho aos demais alunos da classe.

De olho na imagem

1. Observem a imagem e leiam o texto. Depois, façam o que se pede.

Taj Mahal, em Agra, na Índia, em 2015.

> Sem dúvida alguma uma das construções mais perfeitas da Terra, o Taj Mahal é o memorial eterno projetado por um líder indiano em homenagem a seu amor perdido. Essa pérola da arquitetura concebida em mármore foi descrita pelo poeta Rabindranath Tagore como "uma lágrima no rosto da eternidade"' e, por isso mesmo, é impossível ser traduzida apenas em palavras.
>
> DUNN Jr. Jerry Camarillo. *O Taj Mahal*. Disponível em: <http://viagem.hsw.uol.com.br/taj-mahal.htm>. Acesso em: 21 out. 2014.

a) Respondam às questões:
   - O que mais chama a atenção da dupla ao olhar a foto?
   - Vocês concordam com a descrição do poeta Rabindranath Tagore dada ao Taj Mahal? Justifiquem a resposta.

b) Comentem a afirmação: "O Taj Mahal, construído entre 1631 e 1648, e declarado Patrimônio Mundial da Unesco em 1983, vem sendo ameaçado pela crescente poluição do ar e das águas negras de um rio localizado próximo desse monumento arquitetônico, o mais belo da arte islâmica na Índia".

2. Observem a imagem e faça o que se pede.

Habitantes de Kolkata (ex-Calcutá) diante de um cartaz de propaganda de *site* indiano na internet: contraste entre a miséria e a tecnologia.

a) Descrevam a situação mostrada na foto.
b) Na opinião de vocês, a imagem retrata as condições de vida da população indiana? Expliquem.

ATIVIDADE INTERDISCIPLINAR

Conexões

HISTÓRIA

🟠 Você já leu algum livro que retrata a vida de algum país baseando-se na rotina de uma família? Conheça e comente com o professor e os colegas o texto sobre o livro *Paquistão: viagem à terra dos puros*.

Um olhar descontaminado de preconceitos sobre o Paquistão, país que no mundo ocidental costuma ser associado a atentados terroristas, ditaduras, fanatismo religioso e a violenta rivalidade com a Índia, por conta da disputa territorial pela região da Caxemira. É o que propõe Paquistão: viagem à terra dos puros (Editora Globo), livro do jornalista Fernando Scheller. A começar pelo título – "terra dos puros" é o significado de Paquistão em urdu, língua oficial do país –, o que se observa é o contraste entre a autoimagem de um povo que se vê como espiritualmente evoluído e a de apenas vítimas do terrorismo, propagado principalmente pelo domínio talibã, atribuída pelo Ocidente.

Para escrever o relato, Scheller conviveu durante quase dois meses com a família Khan, paquistaneses da tribo pachto que vivem em Mardan, na região de Peshwar, fronteira com o Afeganistão. Neste período, no qual ocorreram dois atentados, o autor teve de se adaptar a um contexto guiado por uma série de regras que "não foram feitas para ser entendidas, e sim seguidas". E constatou que, "[...] muito além da noção ocidental de 'fundamentalismo', a crença, aqui, é vista como elevação espiritual traduzida em prática diuturna de atos de gentileza, solidariedade e compaixão".

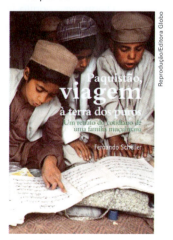

Capa do livro *Paquistão: viagem à terra dos puros*, de Fernando Scheller.

Adaptado de: LIVRO retrata vida no Paquistão a partir de rotina de família. Disponível em: <http://g1.globo.com/mundo/noticia/2010/11/livro-retrata-vida-no-paquistao-partir-de-rotina-de-familia.html>. Acesso em: 21 out. 2014.

Capítulo 14
Sudeste e Leste da Ásia

Neste capítulo você vai estudar vários países do Sudeste e do Leste da Ásia, com exceção dos Tigres Asiáticos, que estudaremos no próximo capítulo. Uma nação que se destaca para nós nessas regiões asiáticas é o Timor-Leste, um país extremamente pobre que foi colônia de Portugal e onde o português é um dos idiomas oficiais e um dos mais falados pela população. Para começar, leia o poema.

Ser timorense, Ser poeta

[...]
Hoje em dia, tenho orgulho em ser timorense, em ser um poeta viajante.
Tenho que confessar a minha paixão pelo mundo literário
E revelar, também, a minha sensibilidade pelo mundo que me rodeia.

É bom aprender a língua portuguesa.
É bom saber exprimir as nossas ideias na língua de Camões, Saramago, Lídia Jorge, Manuel Alegre e outros poetas e escritores portugueses.

O vento começou a soprar e levou com ele algumas das minhas ideias,
Enquanto eu permaneço no meu lugar, a olhar para fora.
Entrego todo o meu ser: o meu corpo e a minha mente, a quem queira ouvir-me
E juntar-se comigo, na busca do papagaio pendurado no tecto da minha casa.

O papagaio bonito, lindo de cor branca desapareceu da minha mente.
Mas a minha memória sobre o meu primeiro contacto com a língua portuguesa continua a permanecer.

Obrigado por ti
Obrigado por Timor.

OLIVEIRA, Celso. Disponível em: <http://celsooliveiratimor.blogspot.com.br/2011/10/os-poemas-que-falam-em-meu-nome.html>.
Acesso em: 28 out. 2014.

Agora converse com o professor e os colegas sobre as seguintes questões:

1. Em sua opinião, que relação existe entre a mensagem transmitida pelo poema e o Timor-Leste?
2. Você costuma acompanhar pelos noticiários os acontecimentos internacionais, principalmente aqueles que se referem a conflitos armados e tensões entre fronteiras?
3. Que assuntos sobre o Timor-Leste e demais países do Sudeste e Leste da Ásia você acha que vai estudar neste capítulo?

1 Aspectos gerais

O Sudeste da Ásia é o conjunto regional localizado entre o oceano Índico, a oeste, e o oceano Pacífico, a leste. Essa região constitui um ponto de contato entre a Ásia e a Oceania. O Leste da Ásia — ou Extremo Oriente — é a parte situada a leste (ou oriente) desse continente e de todo o globo, banhada pelo oceano Pacífico.

Atualmente, existem dez países independentes no Sudeste Asiático: quatro localizados na sua porção continental — Camboja, Vietnã, Laos e Tailândia — e seis localizados na porção insular — Cingapura, Brunei, Filipinas, Indonésia, Malásia e Timor-Leste. Veja o mapa abaixo:

Sudeste Asiático: político

Adaptado de: SIMIELLI, M. E. *Geoatlas*. São Paulo: Ática, 2007.

No Extremo Oriente, existem seis Estados independentes: China, Mongólia, Japão, Coreia do Norte, Coreia do Sul e Taiwan (ou Formosa). Veja o mapa da página seguinte.

No Leste da Ásia, predominam as áreas continentais, com a ocorrência de algumas ilhas. No Sudeste Asiático predominam as ilhas, embora também exista uma parte continental, ou peninsular, onde se localizam as penínsulas da Indochina e da Malásia. O Sudeste Asiático fica entre o Sul da Ásia, região que estudamos no capítulo anterior, e a Oceania, também chamada de Novíssimo Continente. Como fronteira entre o Sul da Ásia e a Oceania existe a ilha da Nova Guiné. A região a oeste dessa ilha pertence à Indonésia, na Ásia, e a face leste, onde fica Papua-Nova Guiné, faz parte da Oceania.

Unidade 4 • Ásia   251

Leste da Ásia ou Extremo Oriente: político

Adaptado de: IBGE. *Atlas geográfico escolar.* 6. ed. Rio de Janeiro, 2012.

Alguns Estados se destacam nessas duas regiões asiáticas: o Japão (no Extremo Oriente), que é um país desenvolvido ou do Norte; e Cingapura (no Sudeste Asiático), China, Taiwan e Coreia do Sul (no Leste da Ásia), países ainda considerados parte do Sul geoeconômico, mas com uma notável industrialização e um padrão de vida bem superior ao de seus vizinhos.

Neste capítulo, estudaremos os Estados menos industrializados do Sudeste e do Leste da Ásia: Mongólia e Coreia do Norte (Extremo Oriente) e os Estados do Sudeste Asiático com exceção de Cingapura e Malásia. China, Taiwan, Cingapura, Malásia e Coreia do Sul serão estudados mais adiante em outros capítulos, e o Japão será estudado no volume do 9º ano, dedicado aos países do Norte geoeconômico.

Texto e ação

1. O Sudeste Asiático está localizado entre o oceano Índico, a oeste, e o oceano Pacífico, a leste. Que países formam esse conjunto regional da Ásia?

2. O Extremo Oriente é a porção situada a leste da Ásia e do restante do globo. Que países compõem esse conjunto regional?

3. Observe o mapa "Leste da Ásia ou Extremo Oriente: político", acima, e cite:
   - o nome dos países e das capitais do Extremo Oriente;
   - o nome de duas cidades localizadas no norte da Mongólia;
   - o nome de uma cidade localizada no sul da China;
   - a distância, em linha reta, entre a capital da Mongólia e a capital da China.

252 Capítulo 14 • Sudeste e Leste da Ásia

❷ O meio fisiográfico

Ao contrário de outras regiões da Ásia, no Sudeste Asiático predominam as baixas altitudes, que atingem no máximo 400 m, como podemos observar no mapa abaixo. Apenas na Indonésia existem alguns montes que ultrapassam 3 000 m. O clima é quente e úmido — tropical monçônico —, semelhante ao que predomina no Sul da Ásia.

Sudeste Asiático: físico

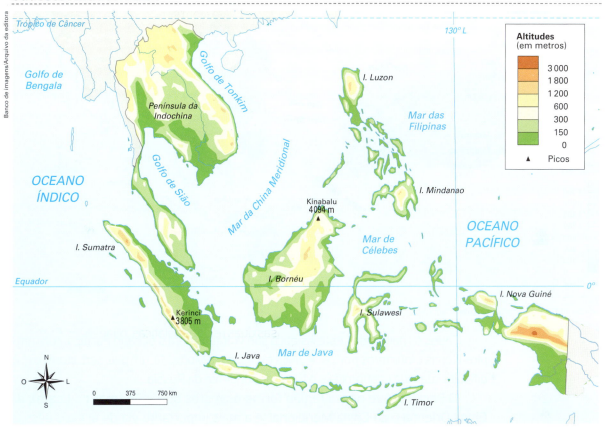

Adaptado de: IBGE. *Atlas geográfico escolar*. 6. ed. Rio de Janeiro, 2012.

No Extremo Oriente o relevo é bastante diversificado, como podemos observar no mapa da página seguinte. Existem aí grandes cadeias de montanhas, como a do Himalaia (foto ao lado), que abrange enormes áreas a Sudoeste da China. Encontramos também extensas planícies com baixas altitudes, densamente povoadas e cultivadas, como aquelas formadas pelas bacias dos principais rios: Yangtse-kiang, Huang-ho e Sin-kiang.

O clima do Extremo Oriente é muito variado: vai desde o desértico (nas porções central e ocidental da China e da Mongólia) até o frio de altitude (na região de montanhas elevadas), passando pelo temperado, que predomina em extensas áreas, particularmente no centro-leste.

Imagem de satélite da cadeia do Himalaia. Foto de 2002.

Unidade 4 • Ásia 253

Leste da Ásia ou Extremo Oriente: físico

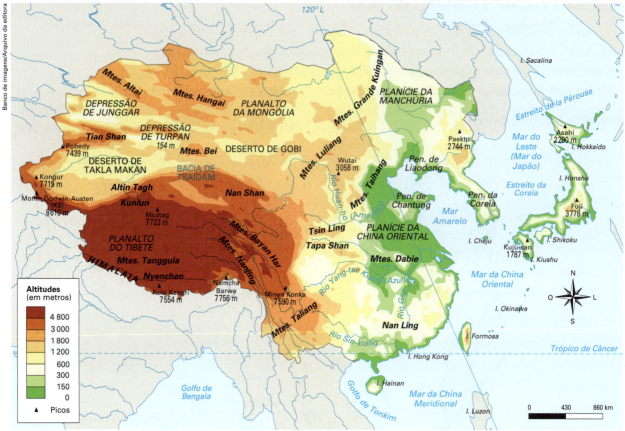

Adaptado de: IBGE. *Atlas geográfico escolar*. 6. ed. Rio de Janeiro, 2012.

Todos os países do Leste Asiático são voltados para o oceano Pacífico, com amplos litorais e inúmeros portos. A única exceção é a Mongólia, um país sem litoral, o que dificulta sua vida econômica e o torna dependente da Rússia.

O Pacífico, que nessa região forma os mares do Japão (mar do Leste), da China Oriental e da China Meridional, é a mais importante via de acesso dessas nações. Isso porque os demais caminhos continentais são cheios de obstáculos naturais, com desertos a oeste, terras frias e congeladas ao norte e elevadas cadeias de montanhas ao sul.

 Texto e ação

1. Observe os dois mapas anteriores e responda às questões:
   a) Quais são os títulos dos mapas?
   b) Ao observar a legenda do mapa "Sudeste Asiático: físico" (página 253), o que você diria sobre as altitudes do relevo dessa região?
   c) No mapa "Leste da Ásia ou Extremo Oriente: físico", acima, que cor indica a altitude acima de 4 000 metros em relação ao nível do mar?
   d) O que chama mais a sua atenção ao analisar as altitudes das duas regiões representadas nos mapas?
   e) Quais são os rios mais extensos do Leste da Ásia?

2. Compare o clima do Sudeste da Ásia e do Extremo Oriente.

3. Podemos afirmar que todos os países do Leste Asiático são voltados para o oceano Pacífico? Justifique sua resposta e comente a importância do oceano Pacífico para essa região.

254 Capítulo 14 • Sudeste e Leste da Ásia

 Geolink

Mudanças climáticas no mundo e seus impactos no Sudeste Asiático

O relatório Mudanças Climáticas 2014 – Impactos, adaptação e vulnerabilidade, *do Grupo de Trabalho II, faz parte do Painel Intergovernamental sobre Mudanças Climáticas (Intergovernmental Panel on Climate Change – IPCC). Seus autores lembram que a Convenção das Nações Unidas sobre as Mudanças Climáticas associa tais mudanças, "direta ou indiretamente a uma atividade humana alterando a composição da atmosfera mundial e que agrava a variabilidade natural do clima observada ao longo de períodos comparáveis".*

Por impactos, entendem os efeitos das mudanças climáticas sobre os sistemas naturais, como a elevação do nível das águas dos oceanos, as inundações ou as secas, e sobre os sistemas sociais, isto é, como tais mudanças podem afetar a vida das pessoas, dos Estados, a começar por problemas ligados à alimentação, à destruição das infraestruturas (saneamento básico, transportes, energia, etc.).

Compreendem a vulnerabilidade como a "predisposição para sofrer prejuízos", pois alguns grupos sociais e alguns países têm grande dificuldade para enfrentar as consequências das mudanças climáticas. Isso ocorre, sobretudo, quando a corrupção e a falta de planejamento por parte das autoridades das organizações de uma sociedade nacional, a começar por seus governantes, não contribuem para eliminar a pobreza.

Talvez mais do que nunca, as mudanças climáticas exigem de todos os habitantes da Terra – mais de alguns no Sul geoeconômico, menos de outros no Norte geoeconômico – a adaptação, isto é, a atitude de "atenuar ou evitar os efeitos prejudiciais e de explorar os efeitos benéficos".

De acordo com os dados desse relatório, Camboja, Filipinas, Indonésia, Mianmar e Vietnã, localizados no Sudeste da Ásia, são países cujo risco de sofrer impactos é o mais elevado, por causa da elevação do nível das águas do oceano e das tempestades tropicais. No caso do Camboja, Vietnã e das Filipinas, aos impactos das mudanças climáticas nos referidos sistemas naturais, deve-se acrescentar a precariedade das condições econômico-sociais e os problemas políticos. Principalmente porque esse conjunto de fatores sociais dificulta a adaptação necessária.

Adaptado de: GROUPE d'Experts Intergovernemental sur l'évolution du climat. *Changements climatiques 2014 – Incidences, adaptation et vulnérabilité.* Disponível em: <http://ipcc-wg2.gov/AR5/images/uploads/WGIIAR5_SPM_French.pdf>. Acesso em: 29 out. 2014.

Banco de imagens/Arquivo da editora

Nível das águas em Pengkalan Chepa, na Malásia, em 2014. No fim desse ano, o país sofreu a pior enchente em várias décadas.

Responda às seguintes questões:

1. Como os autores do relatório *Mudanças Climáticas 2014 – Impactos, adaptação e vulnerabilidade* definem as mudanças climáticas?
2. As mudanças climáticas atingem igualmente todos os países do mundo? Explique.
3. Que fatores naturais, socioeconômicos e políticos agravam os efeitos das mudanças climáticas no Sudeste da Ásia? Quais são os países mais afetados por esse conjunto de fatores?
4. A adaptação é importante para o enfrentamento das mudanças climáticas no mundo? Em que ela consiste? Você pode dar algum exemplo ou já ouviu algum relato a respeito? Explique.

3 Economia e população

Já vimos que nesses dois conjuntos regionais asiáticos — o Sudeste e o Leste — alguns países se destacam pelo alto grau de industrialização: em primeiro lugar, a China e o Japão, que possuem a segunda e a terceira maiores economias nacionais do mundo; em seguida, os chamados Tigres Asiáticos (Cingapura, Coreia do Sul, Taiwan, Malásia e a cidade de Hong Kong, que pertence à China). Os demais países, com exceção de Brunei (exportador de petróleo), estão iniciando a sua expansão industrial e ainda possuem economias com base agrária ou, eventualmente (como a Tailândia), com um forte setor turístico.

O principal produto agrícola de quase todos os países do Sudeste e do Leste da Ásia é o arroz, produto alimentar básico da população. O cultivo do arroz é praticado em vales fluviais de forma intensa, com elevada produtividade (foto na página seguinte).

É a chamada *agricultura de jardinagem*, com intenso uso de mão de obra e grande aproveitamento do solo. Outros produtos agrícolas importantes são: borracha (plantação de seringueiras), café, cana-de-açúcar, chá e pimenta-do-reino. Todos esses produtos são voltados principalmente para a exportação.

Sudeste Asiático: economia

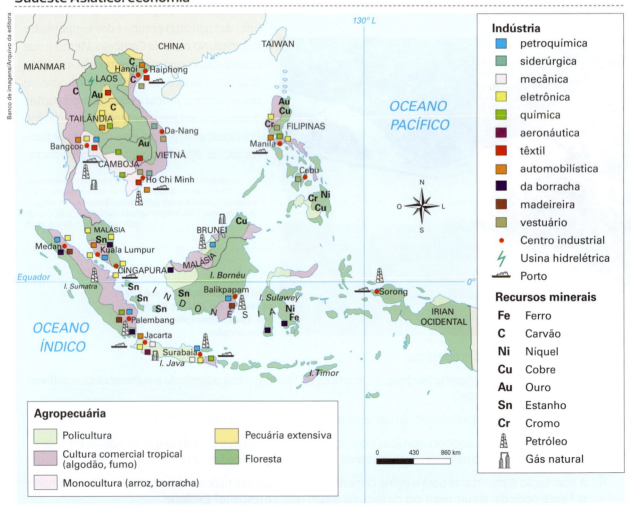

Adaptado de: ATLAS du 21e siècle. Paris: Nathan, 2002.

A população desses países do Sudeste Asiático e do Extremo Oriente é predominantemente rural, concentrando-se no litoral e nos vales fluviais. Dados de 2013 mostram que, no Camboja, 80% da população ainda vive no meio rural — e apenas 20% nas cidades. No Vietnã 68% da população vive no campo; no Timor-Leste essa proporção é de 79%; na Tailândia, de 62%; no Laos, 74% e na Indonésia, 48%. Apenas Brunei tem uma elevada proporção de população urbana (77%), seguido pela Mongólia (70%), Coreia do Norte (61%) e Filipinas (45%).

Agricultor preparando a terra para plantar arroz em Bali, Indonésia, em 2014.

Quadro-síntese de países selecionados do Leste e Sudeste da Ásia (2013)

País	Território (km²)	População	PIB (em milhões de dólares)	Renda *per capita* (em dólares)	Expectativa de vida (em anos)	Taxa de mortalidade infantil (por mil)
Indonésia	1 904 569	249 900 000	895 000	9 260	70,6	29,0
Tailândia	513 115	67 000 000	359 900	13 510	74,1	13,0
Filipinas	300 000	98 400 000	321 300	7 820	68,5	30,0
Brunei	5 765	400 000	20 100	50 440	78,3	4,8
Vietnã	331 689	89 700 000	155 100	5 030	75,6	24,0
Laos	236 800	6 800 000	9 900	4 570	67,8	71,0
Camboja	181 000	15 100 000	14 500	2 590	71,4	38,0
Coreia do Norte	120 540	24 900 000	44 800	1 800	69,5	27,0
Mongólia	1 564 115	2 800 000	10 700	8 810	67,3	32,0
Timor-Leste	14 874	1 200 000	4 200	6 410	67,2	55,0

Tabela elaborada com dados de: WORLD BANK, 2014; CIA, *The Factbook* 2013.

Texto e ação

1. Observe o mapa "Sudeste Asiático: economia" e responda:
   a) Ao observar a distribuição das cores, o que você diria sobre a economia dos países do Sudeste Asiático?
   b) Na legenda, escolha um dos recursos minerais ou combustíveis. Em que áreas do Sudeste Asiático o recurso que você escolheu se localiza?
   c) Na legenda, escolha um dos tipos de indústria. Em que áreas do Sudeste Asiático o tipo de indústria que você escolheu se localiza?

2. Sobre a população dos países mais pobres ou menos industrializados do Sudeste e do Leste da Ásia, responda:
   a) Onde se concentra a maioria da população?
   b) Qual a porcentagem de população rural e de população urbana no Vietnã?
   c) Qual a porcentagem de população urbana em Brunei?
   d) Qual a principal cidade dos seguintes países: Indonésia, Tailândia, Vietnã?

3. Observe o quadro acima e faça o que se pede.
   a) Responda às questões:
      • Em sua opinião, que país tem o melhor padrão de vida? Por quê?
      • Em sua opinião, que país apresenta as piores condições de vida para a população? Justifique sua resposta.
      • O que você conclui ao comparar o PIB da Indonésia com a qualidade de vida da população?
   b) Comente a renda *per capita* do Brunei. No seu comentário, considere algumas informações do texto.

4 Criação de um bloco regional

Os países do Sudeste e do Leste da Ásia criaram a Associação das Nações do Sudeste Asiático (Asean), um bloco econômico liderado pela Tailândia.

Sediada em Jacarta, na Indonésia, a Asean foi fundada em 1967 por cinco países asiáticos: Indonésia, Malásia, Filipinas, Cingapura e Tailândia. Posteriormente, mais cinco outros Estados ingressaram: Brunei, Vietnã, Laos, Mianmar e Camboja. Papua-Nova Guiné e Timor-Leste também participam dessa associação, mas apenas como membros observadores. Veja o mapa abaixo.

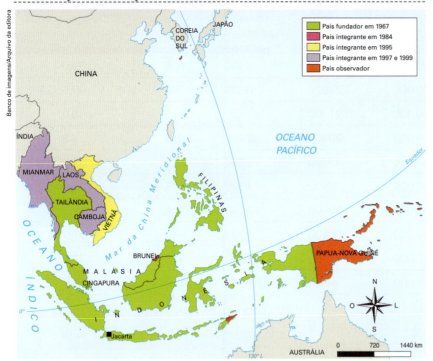

Adaptado de: ASSOCIATION OF SOUTHEAST ASIAN NATIONS. Disponível em: <www.assean.org>. Acesso em: 2 jun. 2015.

A Asean tem procurado expandir as relações comerciais com o Japão, a União Europeia, a Coreia do Sul e, principalmente, a China. Além do seu papel econômico, a Asean também vem desempenhando um importante papel político: promover a estabilidade na região. Uma de suas principais ações nesse sentido foi o papel que desempenhou no término da guerra civil no Camboja, entre 1990 e 1992, quando, por seu intermédio, os conflitos internos desse país tiveram um fim.

Em 1976, ocorreu a primeira conferência da organização e foi assinado o Tratado de Amizade e Cooperação, no qual estão descritos os princípios a ser seguidos pelos países-membros. Entre eles, constam o respeito mútuo pela independência e soberania, com o direito de cada nação de se administrar livre de interferência exterior. Dessa maneira, nenhuma nação deve interferir nos assuntos internos das demais, os desentendimentos devem ser resolvidos de forma pacífica, não se deve usar a força, mas se deve promover uma efetiva cooperação entre todos. Isso representa um avanço nessa região que, no passado, foi plena de conflitos e invasões de territórios nacionais por países vizinhos.

Texto e ação

- Reproduza o quadro ao lado no caderno. Em seguida, preencha-o com apoio do texto e do mapa desta página.

Asean

Significado da sigla	
Sede	
Data da criação	
Países integrantes	
Objetivos econômicos	
Objetivos políticos	

Capítulo 14 • Sudeste e Leste da Ásia

Atividades finais

+ Ação

1. Sobre os aspectos físicos do Sudeste e do Leste da Ásia, realize as atividades a seguir.
   a) Reproduza o quadro no caderno e preencha-o com base nos textos e nos mapas "Sudeste Asiático: físico" e "Leste da Ásia ou Extremo Oriente: físico", deste capítulo, e em um mapa-múndi de vegetação.

Conjunto regional	Relevo e hidrografia	Clima e vegetação
Sudeste Asiático		
Leste da Ásia ou Extremo Oriente		

   b) Pesquise imagens das paisagens naturais dos países do Sudeste e do Leste da Ásia e traga para a sala de aula para serem observadas e comentadas pelo professor e colegas da classe.

2. Sobre o "Quadro-síntese de países selecionados do Leste e Sudeste da Ásia", faça o que se pede.
   a) Uma das frases abaixo não está de acordo com as informações do quadro. Identifique onde está o erro e reescreva a frase com a informação correta no caderno.
   - Dos países citados no quadro, a Indonésia é o que apresenta a maior extensão territorial.
   - O Timor-Leste é menos populoso que a Mongólia.
   - Em 2013, o PIB da Indonésia foi maior que o PIB da Tailândia.
   - Dos países apresentados no quadro, o Brunei é o que possuía a maior renda *per capita* em 2013.
   - Todos os países do quadro possuem expectativa de vida superior a 70 anos.
   - A Coreia do Norte possui uma taxa de mortalidade infantil inferior à do Camboja.
   b) Cite:
   - o nome de quatro países com menor PIB;
   - o nome de quatro países com menor renda *per capita*;
   - o nome de três países com menor expectativa de vida;
   - o nome de três países com maior taxa de mortalidade infantil (por mil);
   - as conclusões decorrentes da análise da tabela.

3. O arroz é o produto alimentar básico da população de quase todos os países do Sudeste e do Leste da Ásia. Sobre o assunto, faça o que se pede:
   a) Explique o que é agricultura de jardinagem.
   b) Observe a foto da página 257 e responda:
   - A foto representa a cultura de arroz de que país?
   - No Sudeste e no Leste da Ásia, são comuns os festivais de arroz. Você conhece alguma festa brasileira que comemora colheita de um produto agrícola? Qual? Se não souber, que tal pesquisar?

4. Entre os projetos de cooperação entre o Brasil e o Timor-Leste, destaca-se o ensino da língua portuguesa, ministrado por professores brasileiros em Díli, a capital timorense. Em sua opinião, em que outros campos do conhecimento o Brasil pode contribuir para promover o desenvolvimento desse Estado independente? Explique.

5. Escolha um dos temas a seguir e pesquise o que se pede sobre os países do Sudeste e do Leste da Ásia.

Temas	O que pesquisar
1. As paisagens naturais	Notícias e imagens de jornais e revistas; gráficos e tabelas; mapas; charges.
2. Setores da economia	
3. População — características marcantes	
4. As manifestações culturais	

   Na data marcada e sob a orientação do professor, forme grupos para realizar as seguintes atividades:
   a) Combinem como organizar e apresentar as informações pesquisadas: em forma de cartaz, fichas, livretos, etc. Não se esqueçam de dar um título para o trabalho.
   b) Apresentem o trabalho para os demais grupos.

De olho na imagem

1. Observem a imagem, leiam o texto e façam o que se pede.

Desafios da Comunidade dos Países de Língua Portuguesa (CPLP)

O convite reproduzido acima se refere ao lançamento de um livro, intitulado Os Desafios do Futuro, para comemorar o 18º aniversário (2014) da Comunidade dos Países de Língua Portuguesa (CPLP), considerando a problemática da globalização nas primeiras décadas do século XXI. O Artigo 5º de seus Estatutos, aprovados em Lisboa no ano de 2007, define seus princípios: "igualdade soberana dos Estados-membros, não ingerência nos assuntos internos de cada Estado, respeito pela sua identidade nacional, reciprocidade de tratamento, primado da Paz, da Democracia, do Estado de Direito, dos Direitos Humanos e da Justiça Social, respeito pela sua integridade territorial, promoção do Desenvolvimento, promoção da cooperação mutuamente vantajosa".

A Conferência de Chefes de Estado e Governo é o órgão mais importante dessa comunidade lusófona. Cabe-lhe, entre outras atribuições, "definir e orientar a política geral e as estratégias da CPLP" (Artigo 10º). Em julho de 2014, a 10ª Conferência de Chefes de Estado e Governo, que ocorreu em Díli, a capital de Timor Leste, elegeu o presidente desse país para presidir a CPLP no exercício de 2014-2016, e aprovou o ingresso da Guiné Equatorial, entre outras decisões.

Adaptado de: ESTATUTOS da Comunidade dos Países de Língua Portuguesa, Lisboa, 2007. Disponível em: <www.cplp.org/Files/Filer/cplp/CCEG/Estatutos_CPLP_REVLIS-07-2.pdf>; CONVITE 18 anos CPLP. Disponível em: <www.cplp.org/Files/Billeder/cplp/Convite_Mail-1.jpg>. Acesso em: 31 out. 2014.

Façam o que se pede:
a) Vocês já conheciam a CPLP? E o termo *lusófono*?
b) O que chamou mais a atenção de vocês no texto?
c) O que vocês entenderam por "respeito pela sua identidade nacional" e "reciprocidade de tratamento"?
d) Considerando os princípios da CPLP, é possível afirmar que há relações entre cultura e política? Expliquem.
e) Consultem livros, revistas e *sites* da internet para identificar os países do mundo cuja língua oficial é o português. E aqueles em que o português é a segunda língua mais falada pela população.
f) Vocês acham que a existência de uma comunidade cuja língua oficial é o português é algo importante no mundo contemporâneo? Expliquem.

2. Vamos conhecer um arquipélago vietnamita que encanta turistas do mundo inteiro? Observem a foto, leiam o texto e façam o que se pede.

Halong Bay, Vietnã, 2013.

Halong Bay

Uma das atrações turísticas mais impressionantes do Vietnã encontra-se ao nordeste da capital, Hanói. Halong Bay ou "baía onde desceu o dragão" é considerada Patrimônio Mundial da Unesco e tem como porta de entrada Halong City. O local é formado por mais de 3 mil ilhas espalhadas com diversos tamanhos e formatos e vegetação densa que saem das águas verdes do mar e inúmeras grutas formadas pelos ventos da região.

[...] Um dos passeios mais procurados, são os famosos Junk's, barcos típicos da região com velas inspiradas nos antigos barcos chineses. No passeio os turistas passam uma noite na embarcação navegando entre diversas ilhas com paradas para prática de canoagem, além de passeios de bicicletas pelas plantações de arroz e pelas comunidades de camponeses. [...]

Disponível em: <www.guiaviajarmelhor.com/halong-bay-arquipelago-no-vietna-e-considerado-uma-das-7-maravilhas-do-mundo/>. Acesso em: 3 nov. 2014.

a) Em um mapa político, localizem Hanói.
b) Descrevam a paisagem desse arquipélago do Vietnã.

Conexões

ATIVIDADE INTERDISCIPLINAR

HISTÓRIA E LÍNGUA PORTUGUESA

- A guerra do Vietnã foi um momento marcante na história do país e do mundo.

  a) Sobre essa guerra, leia a letra da canção.

Era um garoto

*Era um garoto
Que como eu
Amava os Beatles
E os Rolling Stones...
Girava o mundo
Sempre a cantar
As coisas lindas
Da América...
Não era belo
Mas mesmo assim
Havia mil garotas a fim
Cantava Help
And Ticket To Ride,
Oh! Lady Jane and Yesterday...
Cantava viva, à liberdade
Mas uma carta sem esperar
Da sua guitarra, o separou
Fora chamado na América...
Stop! Com Rolling Stones
Stop! Com Beatles songs
Mandado foi ao Vietnã
Lutar com vietcongs...*

*Ratá-tá tá tá...
Tatá-rá tá tá...
Ratá-tá tá tá...
Tatá-rá tá tá...
Ratá-tá tá tá...
Tatá-rá tá tá...
Ratá-tá tá tá...*

*Era um garoto
Que como eu!
Amava os Beatles
E os Rolling Stones
Girava o mundo
Mas acabou!
Fazendo a guerra
No Vietnã...
Cabelos longos
Não usa mais
Nem toca a sua
Guitarra e sim
Um instrumento
Que sempre dá
A mesma nota
Ra-tá-tá-tá...
Não tem amigos
Nem vê garotas
Só gente morta
Caindo ao chão
Ao seu país
Não voltará
Pois está morto
No Vietnã...
Stop! Com Rolling Stones
Stop! Com Beatles songs
No peito um coração não há
Mas duas medalhas sim...
Ratá-tá tá tá...
Tatá-rá tá tá...
Ratá-tá tá tá...
Tatá-rá tá tá...
Ratá-tá tá tá...
Tatá-rá tá tá...
Ratá-tá tá tá...
Ra-tá-tá tá-tá ...
Ra-tá-tá tá-tá ...*

COMPOSIÇÃO: MIGLIACCI E LUZINI. Intérpretes: Engenheiros do Hawaii. Disponível em: <http://letras.terra.com.br/engenheiros-do-hawaii/12886>. Acesso em: 2 nov. 2014.

b) Escreva um pequeno texto sobre "a vida do garoto" citado na canção comentando como ele vivia antes e depois da guerra do Vietnã.

c) Faça uma pesquisa sobre a guerra do Vietnã a fim de obter dados, como data de início e término, países envolvidos, causas da guerra, embargo comercial norte-americano, etc.

d) Você poderá trazer também para a sala de aula fotos, textos, livros, filmes, documentários sobre a guerra do Vietnã.

Capítulo 15
Tigres Asiáticos

Neste capítulo, vamos estudar quatro países do Sudeste e do Leste da Ásia — Malásia, Cingapura, Taiwan e Coreia do Sul —, juntamente com a cidade de Hong Kong (pertencente à China), que são conhecidos como Tigres Asiáticos. São economias que, desde os anos 1970, vêm crescendo muito a cada ano e que, de áreas subdesenvolvidas, se transformaram em algumas das mais dinâmicas e importantes áreas produtoras de bens industriais no mundo atual. Os seus governos fizeram planos coerentes de longo prazo, investiram pesadamente na educação de qualidade e acessível a todos, no combate à corrupção e nos incentivos à exportação.

Vista de Cingapura, em 2014.

Renda *per capita* em países selecionados (em dólares)

País	Renda *per capita* (1950)	Renda *per capita* (1980)	Renda *per capita* (2010)
Coreia do Sul	876	1 690	23 749
Taiwan	922	2 363	18 750
Cingapura	890	4 550	43 867
Malásia	771	1 812	15 384
Hong Kong	2 600	5 695	31 758
Argentina	4 980	7 478	9 120
Brasil	1 680	1 372	10 700

WORLD BANK, *World Development Report*, 1955 e 2011.

 Para começar, observe a foto, a tabela e depois responda às questões:
1. Qual dos Tigres Asiáticos teve melhor desempenho de 1950 a 2010? Por quê?
2. Comparando o desempenho dos Tigres com o Brasil e a Argentina, o que você conclui?
3. Das sete economias da tabela, qual teve pior desempenho nesse período de tempo? Em sua opinião, por que isso aconteceu?

1 Introdução

Cingapura, Malásia, Coreia do Sul, Taiwan e Hong Kong (cidade reincorporada à China em 1997), os chamados Tigres Asiáticos, até há pouco tempo, eram considerados países pobres, mais atrasados que África do Sul, Brasil, México e Argentina. Mas cresceram de forma acelerada e atualmente possuem rendas *per capita* e padrões de vida superiores aos quatro países mencionados, além de uma melhor distribuição da renda nacional.

Os Tigres Asiáticos são internacionalmente conhecidos por essa denominação por causa da grande prosperidade econômica — sobretudo industrial — que alcançaram nas últimas décadas, com algumas das mais elevadas taxas de crescimento do mundo. Após 1960, esses Estados e a cidade de Hong Kong superaram seus indicadores socioeconômicos, que eram inferiores aos dos países latino-americanos em geral. A força de trabalho disciplinada, qualificada (os sistemas educacionais são de ótima qualidade e acessíveis a praticamente toda a população desses países) e inicialmente barata foi um grande incentivo para o crescimento dessas economias. Outros fatores também foram importantes: os incentivos ao capital estrangeiro, a localização estratégica no oceano Pacífico e o enorme esforço governamental para promover a industrialização realizando bons projetos de curto, médio e longo prazos, e gastando de forma eficiente o seu orçamento, com uma drástica diminuição da corrupção e do desperdício de recursos públicos.

Trabalhadores em uma linha de produção de automóveis na Coreia do Sul, em 2015.

SeongJoon Cho/Bloomberg/Getty Images

Suas exportações de bens industrializados — no início tecidos, roupas, brinquedos, artefatos eletrônicos, etc. e, a partir dos anos 1980, aparelhos de videocassete, relógios a pilha, bicicletas, gravadores, aparelhos de televisão em cores, automóveis e até microcomputadores e navios — vêm se multiplicando a cada ano e são absorvidas em todo o mundo, especialmente pelo mercado consumidor da América do Norte e da Europa.

Apesar de seu forte crescimento econômico, muitos autores consideram prematuro incluir esses países no conjunto geoeconômico do Norte, pois eles não possuem instituições democráticas que lhes deem estabilidade política nem o padrão de vida elevado que caracterizam os países desenvolvidos.

Texto e ação

1. Responda às questões:
   a) Por que, apesar de os indicadores socioeconômicos dos Tigres Asiáticos serem favoráveis, esses países ainda não são incluídos no conjunto dos países do Norte?
   b) Por que os Tigres Asiáticos são internacionalmente conhecidos por essa denominação?
   c) Que fatores contribuíram para o crescimento da economia nos países chamados de Tigres Asiáticos após 1960?
2. Explique a afirmação: "O crescimento econômico dos Tigres Asiáticos teve como base a preocupação com o mercado exterior".

❷ Os cinco Tigres

A **Coreia do Sul**, com 99 484 km² e 50,2 milhões de habitantes, é o segundo maior país em área (depois da Malásia) e o mais povoado dos Tigres Asiáticos. **Cingapura**, uma Cidade-Estado com apenas 618 km² e 5,4 milhões de habitantes, é o menor e menos povoado dos Tigres; é também um local de mais elevada renda *per capita* e qualidade de vida em geral. **Formosa** ou **Taiwan** (ou ainda **China Nacionalista**), com 35 981 km² e 23,3 milhões de habitantes, fica numa posição intermediária. A **Malásia**, com 329 847 km² e uma população de cerca de 29,7 milhões de habitantes, possuía uma renda *per capita* de 22 460 dólares em 2013.

Já a cidade de **Hong Kong**, com apenas 1 067 km² e 7,2 milhões de habitantes, tem uma posição original, pois não é um Estado independente, mas, desde 1997, é a primeira Região Administrativa Especial da República Popular da China. Hong Kong tem uma renda *per capita* muito maior e uma qualidade de vida melhor que o restante da China. É uma cidade moderna e ocidentalizada, com uma vida econômica própria e independente de Pequim. Nas negociações com o Reino Unido para a devolução de Hong Kong, a China se comprometeu a não interferir nessa cidade durante pelo menos 50 anos, ou seja, até 2047.

Tigres Asiáticos

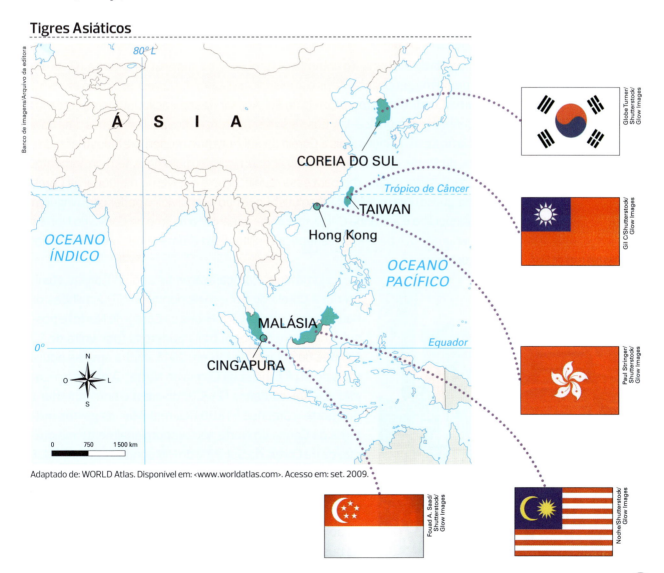

Adaptado de: WORLD Atlas. Disponível em: <www.worldatlas.com>. Acesso em: set. 2009.

Unidade 4 • Ásia

Questões geopolíticas

Hong Kong

A China não pretendeu simplesmente anexar Hong Kong ao seu sistema de governo e à sua economia — o que poderia provocar a fuga de capital e um retrocesso econômico —, mas sim dar-lhe uma relativa autonomia, principalmente com relação à política econômica. O governo chinês organizou um Conselho Administrativo nessa área, com a participação de representantes locais e autoridades chinesas, para que a mudança administrativa não causasse descontentamento na população e muito menos fuga de capital. Afinal, grande parte da economia de Hong Kong é dependente da confiança dos investidores internacionais. E também a economia da própria China poderia ser prejudicada com uma drástica intervenção em Hong Kong, pois a cidade vem crescendo a um ritmo acelerado graças à confiança dos investidores internacionais na estabilidade política e econômica do país; além disso, ela depende muito de suas exportações para os demais países, principalmente os Estados Unidos. É provável que, mais cedo ou mais tarde, ocorram conflitos políticos entre Hong Kong e a China. Em 2014, sobretudo os jovens foram às ruas para reivindicar a implantação de um regime político democrático na cidade de Hong Kong. Leia também o *Geolink* da página seguinte.

Coreia do Sul

A Coreia do Sul também enfrenta um problema na sua política externa, na verdade um problema geopolítico. Após o armistício da Guerra da Coreia, assinado em 1953, surgiram a Coreia do Norte e a Coreia do Sul. Apesar da separação, inúmeros coreanos ainda sonham em reunificá-las. Caso isso se concretize, dar-se-ia origem a uma nova potência no Leste Asiático, pois a Coreia do Sul é um país moderno e industrializado e a Coreia do Norte, apesar de atrasada econômica e socialmente, tem armamentos atômicos. O maior empecilho para essa reunificação é o governo ditatorial da Coreia do Norte, quase uma monarquia absolutista, que não quer dividir o poder com ninguém. Outro empecilho é a vizinha China, que ajuda a manter o regime da Coreia do Norte e não quer uma nova potência econômica e militar (isto é, uma Coreia reunificada) nas suas fronteiras.

Pessoas nas ruas de Seul, Coreia do Sul, em 2015.

Numa rápida comparação entre as duas Coreias, atualmente a Coreia do Sul é mais populosa (50,2 milhões de habitantes, contra 24,9 milhões da Coreia do Norte) e possui uma economia bem mais poderosa (por volta de 1,3 trilhões de dólares de PIB em 2013, contra apenas pouco mais de 40,8 bilhões da Coreia do Norte). A renda *per capita* dos sul-coreanos (25 920 dólares) é bem superior à dos norte-coreanos (1 800 dólares). Mas os gastos militares da Coreia do Norte são proporcionalmente maiores que os da Coreia do Sul: 22% do PIB contra apenas 2,7%. E a Coreia do Norte já fez testes com suas primeiras bombas atômicas — e procura desenvolver um sistema de mísseis para transportá-las a milhares de quilômetros de distância —, ao contrário da Coreia do Sul, que nunca se aventurou na busca de armamentos nucleares.

Crise em Hong Kong

Líder de Hong Kong indica possível concessão sobre processo eleitoral

Leung Chun-ying disse que comissão pode se tornar 'mais democrática'

Líderes estudantis e governo conversam nas próximas horas

A comissão escolhida para selecionar candidatos para a eleição de Hong Kong em 2017 pode se tornar "mais democrática", disse o líder do território nesta terça-feira [21 de outubro de 2014], na primeira indicação de uma possível concessão a manifestantes pró-democracia que têm bloqueado as ruas da cidade há semanas.

Leung Chun-ying falou poucas horas antes do começo das conversas formais entre líderes estudantis do protesto e representantes municipais, que buscam acabar com a crise na ex-colônia britânica, que voltou ao controle da China em 1997.

"Há espaço para discussão aqui", disse ele a um pequeno grupo de repórteres. "Há espaço para tornar o comitê de nomeação mais democrático."

Em agosto [2014], dirigentes do Partido Comunista em Pequim ofereceram ao povo de Hong Kong a chance de votar para seu próprio líder em 2017, mas disseram que apenas dois ou três candidatos poderão concorrer após obterem apoio de um comitê de nomeação composto de 1 200 pessoas, o qual, convenientemente, está repleto de membros leais a Pequim.

Os manifestantes classificam isso como uma "falsa" democracia ao estilo chinês e dizem que não deixarão as ruas a menos que Pequim permita nomeações abertas.

A discussão da potencial concessão de Leung pode começar apenas mais para o fim do ano [2014], no entanto, quando o governo da cidade lançar uma nova rodada de consultas sobre métodos eleitorais, disse ele a repórteres na sede do governo.

Após mais de três semanas de manifestações que travaram o trânsito e geraram duras críticas de Leung e outros representantes do governo, há pouca expectativa de que seja feito um grande avanço nas conversas de terça-feira.

Os protestos motivaram confrontos ocasionais entre manifestantes e a polícia, que chegou a disparar gás lacrimogêneo sobre a multidão e também utilizou spray de pimenta e cassetetes, mas não tentou liberar as ruas.

Leung alertou, no entanto, que tal ação "pode acontecer quando a polícia considerar necessário".

"Nós não estamos tentando dialogar com os estudantes sobre as ações da polícia... nunca dissemos que enquanto o diálogo prossegue — e haverá provavelmente diversas rodadas de diálogo com os estudantes — a polícia não vai tomar as medidas necessárias."

Ele se recusou a dizer se haveria um prazo para retirar os manifestantes das ruas da cidade e disse que o governo não tinha "quaisquer instruções de Pequim".

Mas Leung disse acreditar que as pessoas de Hong Kong estavam perdendo a paciência com as manifestações e podem tomar alguma atitude.

Disponível em: <http://g1.globo.com/mundo/noticia/2014/10/lider-de-hong-kong-indica-possivel-concessao-sobre-processo-eleitoral.html>. Acesso em: 4 nov. 2014.

Manifestação pró-democracia em Hong Kong, em 2015.

Com base no texto, responda às questões:

1. Qual é o tema tratado?
2. Identifique os grupos sociais que foram às ruas de Hong Kong se manifestar contra o governo chinês. O que tais manifestantes reivindicavam?

Taiwan

Taiwan enfrenta, igualmente, uma delicada questão geopolítica. A vizinha China não aceita até hoje sua independência. A ilha de Formosa, que já fez parte da China, proclamou sua autonomia em 1949, sob o nome de República da China Nacionalista. Nessa ocasião, as tropas de Chiang Kai-shek, que chefiava o governo da China, foram derrotadas pelas forças comunistas de Mao Tse-tung, que chegaram ao poder. Com a derrota, Chiang Kai-shek e suas forças acabaram se refugiando nessa ilha situada a leste da China, formando aí um novo governo e proclamando a sua independência. A situação ficou mais difícil para Formosa quando a China saiu de seu isolamento e abriu-se para o capitalismo internacional por volta de 1976.

Considerando a importância da China, os Estados Unidos, que até então estavam do lado de Formosa, resolveram restabelecer relações diplomáticas com os chineses e — a pedido da China — esfriar suas relações com Taiwan. Este último país teve de se retirar da ONU quando a China ingressou nessa organização internacional, em 1972, pois os chineses não aceitam a independência de Taiwan e não ingressariam na ONU junto com esse Estado vizinho.

Vista aérea de Taipé, Taiwan, em 2015.

Nos últimos anos, a China já propôs várias vezes que representantes das duas partes se reunissem, visando chegar a um acordo para a reunificação dessa ilha com a nação chinesa. Entretanto, inúmeras pesquisas de opinião pública realizadas nos últimos anos em Taiwan mostraram que a maioria da população não se considera mais chinesa e não quer voltar a fazer parte da China. Aliás, o governo de Taiwan — que, até 1991, era uma ditadura de partido único, o Nacionalista, mas, desde então, passou a ser uma democracia com vários partidos e eleições periódicas — já convocou um plebiscito, no qual a maioria da população votou a favor da independência do país em relação à China. Mas existe uma importante minoria da população — e alguns partidos políticos — favorável à reunificação com a China.

Cingapura

No país, ainda controlado pela ditadura, as leis e punições são muito rigorosas. Por exemplo, se você for pego jogando lixo na rua, será multado em 2 mil reais. Se uma pessoa for pega falando ao celular enquanto dirige, ela é presa imediatamente e ainda tem de pagar uma multa pesada. Entretanto, o país tem uma das menores taxas de criminalidade do mundo em razão dessas leis rígidas.

Dados de 2014 apontam essa cidade-Estado como aquela com a menor taxa de fecundidade do mundo (0,8 filho por mulher), o que explica por que o crescimento de sua economia depende da imigração estrangeira. Como os diferentes povos que a habitam têm um denominador comum — a modernidade consumista —, essa imigração, pelo menos até agora, não provocou problemas ligados nem ao preconceito nem ao racismo.

Malásia

É formalmente uma democracia, mas ainda pratica censura à imprensa e repressão aos movimentos de oposição. Contudo, talvez seja o país islâmico onde há relativamente mais liberdades e menos proibições: lá existem alguns sultanatos, que elegem o rei, que é o chefe do Estado, embora quem governe de fato seja o primeiro-ministro, eleito pelo Parlamento (os parlamentares, por sua vez, são eleitos pelo povo). O maior grupo étnico do país, os malaios (60% da população total), são em sua quase totalidade muçulmanos; os chineses e seus descendentes perfazem cerca de 25% da população e são budistas, taoístas e/ou cristãos; os indianos (10%) em geral são hinduístas; e os 5% restantes são vietnamitas, cambojanos, filipinos e de várias tribos indígenas.

Kuala Lumpur, na Malásia, em 2014.

Novos Tigres

Recentemente, algumas nações que tiveram um crescimento considerável nos setores da indústria e de serviços também foram acrescentados ao grupo, formando assim os Tigres Asiáticos de Segunda Geração ou Os Novos Tigres Asiáticos. São eles: Indonésia, Filipinas e Tailândia.

Tigres Asiáticos: econômico

Adaptado de: ATLANTE Geografico Metodico De Agostini 2006-2007. Novara: Istituto Geografico De Agostini, 2006.

Torre do Tigre, templo que se localiza em Kaohsiung, Taiwan. Foto de 2010.

Unidade 4 • Ásia 269

> **Texto e ação**

1. Sobre os cinco Tigres Asiáticos, cite:
   - o nome do país mais povoado;
   - o nome do menor país em extensão e menos povoado;
   - o nome do país com cerca de 23,2 milhões de habitantes;
   - a área e a população de Hong Kong.
2. Explique o problema geopolítico que a Coreia do Sul enfrenta atualmente.
3. Compare os dados das duas Coreias apresentados no texto. O que você conclui?
4. Observe as fotos das páginas 266 a 269 e cite o nome dos lugares e dos elementos retratados.
5. Comente a questão geopolítica que envolve a China e Taiwan.

3 Industrialização e nível de vida nos Tigres Asiáticos

Já vimos que, nos anos 1970, a força de trabalho inicialmente barata e os elevadíssimos investimentos em educação, que permitiram altos índices de alfabetização, foram importantes para o rápido crescimento industrial dos Tigres, cujas economias estão voltadas basicamente para exportar produtos manufaturados, inclusive aqueles com tecnologia avançada.

A média de horas de trabalho semanal nesses países vai de 48 horas, no mínimo, a 53 horas. Só se descansa aos domingos. As férias, tiradas uma vez por ano, duram apenas catorze dias, e o número de feriados é extremamente pequeno. Os estudantes também têm uma jornada longa, com a obrigatoriedade de estudar até os 18 anos de idade (o trabalho de menores é proibido), e um turno único nas escolas, que vai da manhã (8h) até à tarde (17h ou 18h), inclusive aos sábados. Este sistema na verdade é uma cópia do japonês, um país pioneiro na longa jornada escolar e que obteve com isso ótimos resultados na alfabetização de sua população e na qualificação de sua força de trabalho.

Como você pode ver, a jornada de trabalho é intensa, muito maior que nos países capitalistas desenvolvidos. Além disso, a população desses países foi submetida até há pouco tempo a um regime político autoritário, em que não havia eleições democráticas e imperavam sérias restrições ao direito de greve. Mas, desde o fim dos anos 1980, existe democracia nesses países, com liberdade de imprensa e de mobilização popular (greves, passeatas, movimentos sociais), pluripartidarismo e eleições periódicas e livres, sem fraudes, para os principais cargos políticos – com exceção da Malásia.

Esta tem uma boa posição geográfica (ao lado da próspera Cingapura, importante rota de navegação internacional) e é a maior produtora de estanho e borracha natural do mundo.

A partir da década de 1970, o país conheceu um arranque industrial e hoje tem uma economia diversificada e bastante industrializada, com destaque para o setor financeiro (bancos), petroquímica, madeiras e móveis, equipamentos eletroeletrônicos, produtos químicos e têxteis. Dada a qualidade dos serviços e dos equipamentos tecnológicos na área médica, além dos custos mais baixos dos procedimentos e de uma hotelaria excelente nas cidades, a Malásia tem recebido muitos turistas. O turismo médico é, pois, mais uma importante fonte de renda do país.

Taiwan apresenta uma sólida base industrial, além de um setor de serviços dinâmico, que representa quase 75% do PIB do país (2014). A tecnologia de ponta caracteriza sua indústria. Destacam-se os equipamentos eletrônicos, de comunicações, redes e outros. Esses setores empregam os resultados mais recentes de P&D nos setores da biotecnologia, que associam os processos biológicos na produção industrial para diferentes usos (médico, por exemplo), e da nanotecnologia, que fabrica equipamentos para usos complexos, de grande precisão e em uma escala métrica reduzida aos submúltiplos do metro.

A qualidade de vida da população dos Tigres Asiáticos é, em geral, bem melhor que nos países subdesenvolvidos ou do Sul. Quase toda a população vive em casa própria e o número de televisores e outros eletrodomésticos por família é bem maior que na América Latina, África e no restante da Ásia, com exceção do Japão. A assistência médica é gratuita e as taxas de analfabetismo para a população com 15 anos ou mais de idade são baixas, com exceção da Malásia (entre 1 a 2% em Formosa e Hong Kong; 2% em Cingapura e 6% na Malásia). Na Coreia do Sul, não há analfabetos. A população vivendo abaixo da linha internacional da pobreza, com menos de dois dólares por dia, praticamente não existe nesses países, com exceção da Malásia, que tem uma proporção de apenas 2% da população total nessa situação.

A média salarial é baixa, se comparada com a dos países do Norte, mas é bem maior que a que prevalece nos países do Sul em geral. O salário industrial médio dos Tigres é de 1300 dólares por mês, e o salário mínimo varia de 450 até 650 dólares. Usando um termo de comparação, basta lembrar que, no final de 2010, o salário industrial médio no Brasil era de 500 dólares, e o mínimo, de cerca de 320 dólares. E mais de 25% dos trabalhadores brasileiros recebiam menos que o salário mínimo, ao contrário desses países, onde ninguém recebe menos que o mínimo estipulado por lei.

Dessa forma, existe nesses países um modelo de desenvolvimento industrial baseado na grande qualificação da mão de obra, que trabalha intensivamente, e na busca do mercado externo, nas exportações. Daí eles serem também chamados de "plataformas de exportação". Isso, porém, não vem resultando numa expressiva concentração social da renda.

Multidão em uma rua de Hong Kong, em 2015.

Sasa Savic/Alamy/Glow Images

Texto e ação

1. Explique a intensa jornada de trabalho da classe trabalhadora dos Tigres Asiáticos.
2. Compare a qualidade de vida da população nos Tigres Asiáticos com a dos demais países do Sul. O que você conclui?
3. Explique por que os Tigres Asiáticos também são chamados de "plataformas de exportação".
4. Quais as diferenças entre as médias do salário mínimo dos Tigres Asiáticos e do Brasil? Isso implica diferenças na qualidade de vida da população desses países?

Atividades finais

+ Ação

1. Leia o texto e depois responda às questões:

Um terremoto de 6,5 graus de magnitude na escala aberta de Richter sacudiu neste domingo [30 de outubro de 2012] o nordeste da ilha de Taiwan às 11h23 hora local (1h23 de Brasília), sem que se tenham notícias de vítimas, segundo informa o departamento meteorológico local.

O epicentro do terremoto foi localizado a 141,4 quilômetros da cidade portuária de Keelung, concretamente 25,29 graus de latitude norte e 123,14 graus de longitude leste, e a uma profundidade de 221,4 quilômetros.

Os residentes da capital, Taipé, não sentiram o tremor e por enquanto não há relatos de vítimas pelo terremoto, segundo a agência oficial de notícias chinesa Xinhua.

Na Rede de Centros Sismológicos da China, o tremor alcançou uma magnitude de 5,7 na escala aberta de Richter.

A ilha de Taiwan sofre frequentes movimentos telúricos por se encontrar na zona de colisão de duas placas tectônicas, e por enquanto o tremor mais grave que sofreu nos últimos anos foi o de 1999, de magnitude 7,6, que deixou 2 400 mortos.

TERREMOTO sacode ilha de Taiwan. Disponível em: <http://veja.abril.com.br/noticia/brasil/terremoto-sacode-ilha-de-taiwan>. Acesso em: 6 nov. 2014.

a) Qual a diferença horária entre Brasil e Taiwan? (Se necessário, consulte um mapa-múndi político — fusos horários.)
b) O que o texto revela sobre o terremoto ocorrido em Taiwan em outubro de 2011?
c) Que fatores colaboram para a ocorrência de terremotos em Taiwan?

2. Várias perguntas são frequentes entre pessoas que pretendem viajar a passeio ou a negócios para Cingapura. Conheça alguma delas e faça o que se pede.

Qual a diferença horária entre Brasil e Cingapura?

Cingapura (GMT+8) está 11 horas à frente do fuso de Brasília (apenas 10 se for horário de verão no centro-sul brasileiro). Portanto, 9 h da manhã em Cingapura são 10h da noite do dia anterior no Brasil.

Preciso de visto para passar uns dias a negócios ou turismo em Cingapura?

Cingapura não exige visto para entrada de brasileiros no país, caso permaneçam até 30 dias. Nesse caso, lhes é concedido um visitor pass. Há, porém, outros requisitos: (i) passaporte com validade de pelo menos seis (6) meses; (ii) recursos para permanência no país pelo prazo solicitado; (iii) bilhete aéreo de retorno ou prosseguimento da viagem; (iv) vistos para eventuais outros países de destino; e (v) certificado internacional de vacinação contra febre amarela. Este certificado é exigido de todos os visitantes com pelo menos um ano de idade que tenham estado nos últimos seis dias em alguns países da África e da América do Sul, incluindo o Brasil.

Vou viajar para Cingapura a turismo ou negócios. Qual moeda devo levar? Posso usar inglês para comunicação?

Euros ou dólares norte-americanos são facilmente conversíveis para o dólar cingapuriano, que é a moeda nacional. Cartões de crédito internacionais também são amplamente aceitos nos estabelecimentos comerciais. O inglês é idioma oficial e corrente nos negócios, comércio, serviços e ruas de Cingapura. Muitas informações sobre procedimentos no país podem ser obtidas em portais eletrônicos (websites) em inglês, como o portal de turismo de Cingapura (www.visitsingapore.com).

Disponível em: <www.portalconsular.mre.gov.br/antes-de-viajar-1/alerta-aos-viajantes-1/cingapura>. Acesso em: 6 nov. 2014.

a) Faça o que se pede:
- São 12 horas em Brasília, que horas são em Cingapura?
- Quais são as exigências do governo de Cingapura quanto à entrada de brasileiros no país?
- Qual é a moeda de Cingapura?

b) Pesquise o valor do dólar de Cingapura em relação ao real e ao dólar norte-americano.

c) Para saber sobre o assunto, acesse se possível o site <www.portalconsular.mre.gov.br/antes-de-viajar-1/alerta-aos-viajantes-1/cingapura>.

3. Leia o título e trechos das notícias divulgadas em outubro de 2014.

Coreia do Norte elevou preparativos de guerra, acusa Seul

Relatório sul-coreano indica que regime norte-coreano dobrou o efetivo militar visando confrontos 'em grande escala'. Navios dos dois países trocaram disparos.

Disponível em: <http://veja.abril.com.br/noticia/mundo/seul-coreia-do-norte-se-prepara-para-guerras-em-grande-escala>. Acesso em: 4 nov. 2014.

Encontro de militares das Coreias termina sem avanços

Primeira reunião em mais de três anos foi um pedido do regime de Pyongyang.

Disponível em: <http://veja.abril.com.br/noticia/mundo/encontro-de-militares-das-coreias-termina-sem-avanços>. Acesso em: 4 nov. 2014.

a) Há relação entre o título das notícias e o que você estudou no capítulo sobre a separação entre Coreia do Norte e Coreia do Sul? Qual?
b) O que essas notícias indicam sobre as relações entre as duas Coreias?
c) Pesquise em revistas, jornais, na internet a situação atual das duas Coreias. Traga as informações para a sala de aula para serem comentadas com o professor e os colegas.

4. Leia o texto a seguir:

O povo igorot e o cultivo do arroz em degraus nas Filipinas

Nos terraços de Batad, nas Filipinas, as áreas de cultivo de arroz em diferentes fases se espalham entre as casas do povoado. Foto de 2014.

Vivendo há milênios do cultivo de arroz em degraus nas cordilheiras das Filipinas, o povo igorot luta para manter suas tradições, como o canto hudhud, entoado durante a semeadura da nova safra.

Dona Erlinda Doyog Fidelisan conhece os segredos das ervas. Ela nos mostra uma raiz, o kay-yub, para colocar na testa em caso de dor de cabeça. "Uso o milho queimado como carvão, passado na peneira e untado com a banha do porco para aliviar coceiras", revela. Outra folha, chamada ot-o-tek, é usada com sal para curar dor de dente, ela explica em seu inglês impecável, aprendido na escola nos tempos em que os norte-americanos dominaram as Filipinas.

No auge dos seus 80 anos, Dona Erlinda acorda cedo. Às quatro da manhã já está acendendo o fogão a lenha da casa. Faz frio na montanha a essa hora, quase zero grau. Ela dá de comer às galinhas e aos porcos, recolhe os ovos dos patos e depois senta-se para assar um pão para acompanhar o café. Antes do dia amanhecer, embarca no jeepney, uma espécie de ônibus-caminhão com tração nas quatro rodas, pneus altos e potência para vencer a lama e as estradas de terra esburacadas. É sábado, dia de feira em Sagada, o vilarejo vizinho, onde desde tempos imemoriais a nação igorot se reúne para trocar e comprar. Dona Erlinda, espremida entre suas amigas, galinhas e sacos de arroz, sacoleja na caçamba.

PETTA, Eduardo. *Arroz nas alturas: nas Filipinas, o povo igorot luta para manter vivas suas tradições.* Disponível em: <http://horizontegeografico.com.br/exibirMateria/1768/arroz-nas-alturas-nas-filipinas-o-povo-igorot-luta-para-manter-vivas-suas-tradicoes>. Acesso em: 6 nov. 2014.

Com base na leitura, responda às questões:

a) Que tema é tratado no texto?
b) Descreva a fotografia que o ilustra. Você modificaria a legenda? Qual seria a sua legenda?

5. Escolha um país conhecido como Tigre Asiático e pesquise em jornais, revistas e na internet fotos, reportagens, mapas, gráficos, selos e cartões-postais sobre o país escolhido.

Na data marcada pelo professor, traga o material pesquisado para a sala de aula. Nessa data o professor vai dividir a classe em grupos para orientar as seguintes atividades:

a) Leiam as informações pesquisadas.
b) Separem o material pesquisado para elaborar um cartaz sobre o(s) país(es) escolhido(s).
c) Não se esqueçam de dar um título para o trabalho.

Unidade 4 • Ásia 273

De olho na imagem

1. Observem a imagem e leiam as informações abaixo. Depois, respondam às questões.

Malásia

População: muçulmanos 53%, budistas 17%, taoístas 12%, cristãos 8%, hindus 8%, outros 2% (aproximadamente).

O islamismo e o Estado: *O islamismo é a religião oficial na Malásia. O governo federal segue uma política de tolerância religiosa, mas, na prática, os não muçulmanos dizem que enfrentam uma crescente discriminação nas mãos da burocracia estatal — entre as restrições impostas estariam a construção de templos não muçulmanos. Grupos islâmicos pedem a inclusão nas leis do país de elementos das leis islâmicas (sharia).*

O ISLAMISMO no mundo. Disponível em: <www.bbc.co.uk/portuguese/especial/1632_islam_world_asi/page5.shtml>. Acesso em: 06 nov. 2014.

Pessoas esperam pelo trem em uma estação de Kuala Lampur, Malásia, em 2014.

a) O que a imagem e o texto revelam sobre a religião na Malásia?
b) Vocês conhecem seguidores do islamismo?
c) Na opinião da dupla, por que o islamismo é a religião que mais cresce no mundo?

2. Observem a imagem, leiam o texto e façam o que se pede.

Porto de contêineres de Cingapura, em 2015.

Capítulo 15 • Tigres Asiáticos

Porto de Cingapura, o melhor porto marítimo da Ásia

O Porto de Cingapura ganhou o prêmio de "Melhor porto marítimo da Ásia", na 27ª edição do Asian Freight and Supply Chain Awards (AFSCA) – Frete Asiático e Prêmios da Cadeia de Fornecimento –, realizado em 2013.

É a vigésima quinta vez que ele é eleito "Melhor porto marítimo da Ásia", entre os classificados, como Busan, na Coreia do Sul, Shenzhen e Hong Kong, na China, Manila, nas Filipinas. Os portos classificados foram avaliados conforme sua competitividade, suas tarifas, a existência de contêineres adaptados, os projetos de investimentos futuros... O governo do porto de Cingapura, o operador público responsável por seus terminais, há poucos anos começou um ambicioso programa de investimentos para aumentar suas capacidades. Assim, em 2020, o porto de Cingapura terá aumentado sua capacidade de movimentação – denominada de TEU (twenty-foot equivalent units, em inglês; em português, unidades equivalentes de 20 pés) – para acolher 50 milhões de TEU.

Em 2014, na 28ª edição do Asian Freight and Supply Chain Awards, o Porto de Cingapura foi contemplado, mais uma vez, como o melhor porto marítimo da Ásia. Ao agradecerem o prêmio, seus administradores afirmaram que, em seus investimentos futuros, também há um compromisso com o desenvolvimento sustentável.

Adaptado de: <www.lepetitjournal.com/singapour/accueil-singapour/breves/151717-port-de-singapour-meilleur-port-de-mer-en-asie>; <http://news.asiaone.com/news/business/port-singapore-wins-best-seaport-asia-asian-freight-and-supply-chain-awards>. Acesso em: 6 nov. 2014.

a) O que mais chamou a atenção de vocês no texto?
b) Escrevam uma legenda para a foto com base no texto.

Conexões — ATIVIDADES INTERDISCIPLINARES

HISTÓRIA

1. Em sua opinião, o fato de a população de Cingapura ser composta de vários povos (cingapurianos, malaios, chineses, indianos) e de o consumismo ser o seu denominador comum contribui para o desenvolvimento da culinária? Explique. Se você gosta de experimentar pratos de outros países, descubra a culinária desse país, pesquisando *sites* da internet.

HISTÓRIA

2. Leia a notícia e responda às questões.

O presidente da China usou neste domingo (9/10/2011) o centenário de uma revolução que acabou com o comando imperial para fazer um apelo por melhores relações com Taiwan, afirmando que os países devem superar a história que os dividem e se concentrar em interesses econômicos e culturais comuns.

Em uma cerimônia no Grande Salão do Povo em Pequim, Hu Jintao disse que China e Taiwan deveriam acabar com os antagonismos, "curar as feridas do passado e trabalhar juntos para alcançar o grande rejuvenescimento da nação chinesa."

"Alcançar a reunificação através de meios pacíficos é o melhor para os interesses fundamentais de todos os chineses, incluindo nossos compatriotas de Taiwan", disse Hu, acrescentando que os dois lados deveriam elevar a competitividade econômica, promover a cultura chinesa e construir uma identidade nacional comum.

O presidente Hu tem tentado ir além da retórica ameaçadora que há tempos caracteriza a resposta de Pequim à recusa de Taiwan de se unificar com a China. Seu governo fala em acabar com o estado de hostilidade com Taiwan. A China considera Taiwan como parte de seu território e ameaça invadi-lo se ele buscar independência formal.

PRESIDENTE chinês pede unificação com Taiwan. Disponível em: <http://jconline.ne10.uol.com.br/canal/mundo/internacional/noticia/2011/10/09/presidente-chines-pede-unificacao-com-taiwan-18433.php>. Acesso em: 6 nov. 2014.

a) Qual o tema central da notícia?
b) Que momento o presidente da China escolheu para pedir melhores relações entre seu país e Taiwan?
c) Se você tivesse de escolher cinco palavras do texto sobre a questão que envolve a China e Taiwan, que palavras escolheria? Justifique sua resposta.
d) Como relacionar a notícia acima com o que você estudou no capítulo?

Unidade 4 • Ásia 275

Capítulo 16
Ascensão de uma nova superpotência: a China

Neste capítulo, vamos estudar o Dragão Asiático, a China. Trata-se de um país que, segundo alguns estudiosos, deverá ser, em um futuro próximo, a grande potência econômica e talvez militar do planeta, superando os Estados Unidos. De país relativamente atrasado e pobre, com boa parte da população vivendo abaixo da linha internacional da pobreza, em poucas décadas a China tornou-se a segunda economia do mundo, com um crescimento rápido e intenso desde os anos 1980. O país mais populoso do mundo caminha para ser também a maior economia mundial.

 Para começar, observe a tirinha e responda:

1. Em sua opinião, o que Mafalda está fazendo?
2. Por que, para se "comunicar com o mundo", ela puxou os olhos?
3. O que você sabe sobre a história da China e do povo chinês?

❶ Introdução: o meio físico

A República Popular da China tem um território com 9 597 000 km², que ocupa o terceiro lugar entre os maiores do mundo. Mas esse país se destaca realmente pela sua gigantesca população, a maior do globo, com 1,357 bilhão de habitantes em 2013. Isso equivale a cerca de 20% da população mundial, o que quer dizer que, em cada cinco habitantes do nosso planeta, um é chinês.

O território da China possui uma grande variedade de paisagens naturais. Existe uma extraordinária diversidade em geologia, relevo, clima, vegetação, hidrografia e tipos de litoral. No leste do país, ao longo da costa do mar Amarelo e do mar da China Oriental (que são denominações regionais do oceano Pacífico), há extensas planícies aluviais densamente povoadas, enquanto nas bordas do planalto da Mongólia Interior, no norte, existem campos e menores densidades demográficas. O sul da China é dominado por colinas e cordilheiras baixas. No centro-leste estão os deltas dos dois maiores rios chineses: o rio Amarelo e o Yang-tsé (Chang Jiang). Na parte noroeste encontramos cordilheiras importantes, especialmente o Himalaia, onde se encontram as maiores altitudes da superfície terrestre. No centro e no oeste do país existe o imenso deserto de Gobi (foto ao lado), que ocupa uma área com montanhas e planaltos. Veja o mapa abaixo.

Deserto de Gobi em Dunhuang, China. Foto de 2013.

China: físico

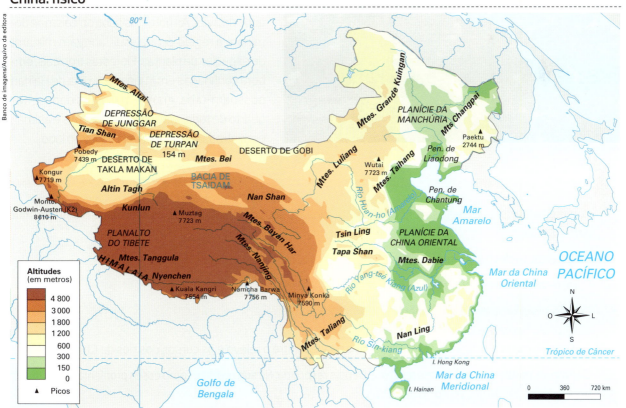

Adaptado de: IBGE. *Atlas geográfico escolar*. 6. ed. Rio de Janeiro, 2012.

Cordilheira do Himalaia (ao fundo), com uma planície e uma estrada no pé da cordilheira, no Tibete. Foto de 2014.

Uma questão ambiental importante é a contínua expansão dos desertos, principalmente o deserto de Gobi. Embora as linhas de barreira de árvores, plantadas desde 1970, tenham reduzido a frequência de tempestades de areia e as secas prolongadas, garantindo melhores resultados nas práticas agrícolas, tempestades de poeira ainda assolam o norte da China, especialmente na primavera. Aliados a esse avanço na desertificação, existem os problemas da erosão e, principalmente, do acesso à água potável. O derretimento das geleiras no Himalaia, resultado do aquecimento global, também vem aumentando a escassez de água potável no país. Veja a foto ao lado.

A China tem climas variados — temperado, desértico, frio de montanha, subtropical e tropical de monções — em geral marcados pela existência de estações secas e monções úmidas, o que leva a diferenças de temperatura no inverno e no verão. No inverno, os ventos do norte, provenientes de áreas de altas latitudes, são frios e secos; no verão, os ventos do sul, de zonas marítimas em baixa latitude, são quentes e úmidos.

Garças sobrevoando o parque Xiangshan, em Nanchang, província de Jiangxi, em 2015.

Por causa da variação de climas e do relevo, há uma ampla variedade de tipos de vegetação. O nordeste e o noroeste do país possuem montanhas e florestas de coníferas, onde vivem espécies animais que incluem alces e ursos-negros asiáticos, juntamente com inúmeros tipos de aves. As florestas subtropicais, que dominam a região central-sul, abrigam milhares de espécies de plantas. Florestas tropicais, embora confinadas em Yunnan e na ilha de Hainan, possuem uma grande biodiversidade e um quarto de todas as espécies vegetais e animais encontradas na China. Veja a foto ao lado.

Texto e ação

1. Comente a diversidade de paisagens naturais na China. No seu comentário, utilize as informações das fotos que ilustram o capítulo.

2. Caracterize o relevo e o clima da China.

3. Caracterize a flora e a fauna da China.

4. Sobre a hidrografia da China, responda:
    a) Qual é o nome dos dois maiores rios do país?
    b) O que o mapa da página 277 revela sobre a relação entre o relevo e os cursos dos rios da China?

5. Cite alguns problemas ambientais da China. Depois responda: Na sua opinião, como esses problemas contribuem para o desequilíbrio ecológico do planeta?

❷ População e cidades

Apesar de ter a maior população do mundo, a China não é mais um país de rápido crescimento demográfico. O crescimento populacional chinês vem declinando nas últimas décadas; atualmente é de apenas 0,5% ao ano, portanto menor que o da vizinha Índia (1,4%) e bem inferior ao de alguns campeões mundiais de crescimento populacional, como o Chade (4,6%) ou o Níger (5,0%).

Com a redução das taxas de mortalidade de 20 por mil na década de 1940 para 6,5 por mil na década de 1980, a população da China dobrou em 35 anos. Mas um rigoroso controle de natalidade parece ter surtido efeito: as famílias deveriam ter apenas um filho, no máximo dois (isso com autorização expressa do governo, o que só quem tinha um elevado rendimento conseguia), e aplicação de penalidades rígidas para a mulher que estivesse grávida do segundo filho sem permissão — nesse caso, poderia haver a prisão do marido ou o aborto obrigatório, implantado desde os anos 1970. Foram medidas radicais e autoritárias, que, no entanto, produziram resultados no que se refere à diminuição do crescimento populacional.

A fome e a subnutrição, problemas de grande parcela da população, sempre estiveram presentes nessa civilização, uma das mais antigas da humanidade. A luta contra um meio hostil — com baixos índices de chuva na maior parte do território — levou os antigos chineses a construir a maior rede de canais de irrigação da História. Com a revolução socialista de 1949, o governo chinês enfrentou esses problemas implantando profundas mudanças sociais, como a reforma agrária e melhor distribuição da renda. Passou a desenvolver também os programas autoritários de controle da natalidade, como vimos. Isso amenizou um pouco, mas não resolveu esses problemas.

Propaganda do governo chinês, em Xangai, 2008, para divulgação do controle da natalidade entre a população. A campanha apregoa a política do filho único.

O acelerado crescimento econômico da China a partir dos anos 1980, depois que ela se abriu ao mercado mundial e aos investimentos estrangeiros, fez com que o rendimento médio das famílias (e logicamente o seu poder de compra) crescesse a cada ano. Com isso, os chineses passaram a consumir mais carnes, verduras, derivados de soja (o país se tornou o maior importador mundial desse produto e de carnes variadas), etc. Assim, a fome e a subnutrição diminuíram sensivelmente nas últimas décadas. Dados de 2014 mostraram que, no período de 1990 a 2014, foi a China que apresentou o maior percentual de pessoas livres da subnutrição (menos de 138 milhões de pessoas). Podemos supor, pois, que esses problemas estão sendo equacionados no chamado Dragão Asiático.

Em 1960, 75% da população chinesa vivia no campo. Entretanto, em 2012, 51% da população passou a viver nas cidades, por causa do rápido crescimento econômico e da industrialização das últimas décadas.

Mesmo com a maioria da população chinesa vivendo no campo até a última década, surgiram grandes cidades, em virtude do imenso tamanho da população chinesa. Atualmente, há quarenta centros urbanos com mais de 2,5 milhões de habitantes e mais de 80 cidades com populações superiores a 1 milhão de habitantes.

Os maiores aglomerados urbanos são Cantão (Guangzhou, em mandarim), Xangai e Pequim, além da já mencionada (no capítulo anterior) Hong Kong.

Guangzhou (foto ao lado), localizada no litoral sul do país, é um aglomerado urbano de recente e rápido crescimento, contando com mais de 40 milhões de habitantes na sua área metropolitana, o que significa que provavelmente é o maior aglomerado urbano do mundo, praticamente empatando com Tóquio, no Japão. Xangai, com 25 milhões de habitantes na área metropolitana, é a cidade mais importante do país, por causa de suas atividades comerciais e financeiras. E Pequim — a capital do país — tem mais de 20 milhões de moradores na sua área metropolitana. Veja o mapa abaixo.

Fila de passageiros para tomar o trem em uma estação de Guangzhou (Cantão), na China, em 2015.

Adaptado de: IBGE. *Atlas geográfico escolar*. 6. ed. Rio de Janeiro, 2012.

  A distribuição da população pelo território, como não podia deixar de ser, está muito ligada ao meio físico e principalmente às atividades econômicas. A parte leste, banhada pelo oceano, mais industrializada e com as terras mais férteis, concentra a maior parte da população, havendo aí a ocorrência de elevada densidade demográfica; e a parte oeste, desértica, possui baixa densidade demográfica. Esse fato está se acentuando nos últimos anos com o maior desenvolvimento econômico do leste da China, das faixas litorâneas que se industrializam e atraem grande quantidade de mão de obra do interior.

Texto e ação

1. Comente a extensão territorial e a população da China com relação aos demais países do mundo.
2. Explique como a China vem resolvendo seu problema demográfico.
3. Sobre a imagem da página 279, responda às questões:
   a) Que elementos do cartaz apregoam a ideia do filho único?
   b) Na sua opinião, que outras ideias podem ser acrescentadas na legenda da imagem?
4. Comente a urbanização da China, considerando, por exemplo, quando e por que ela se intensificou, os maiores aglomerados urbanos, etc. Compare-a com a urbanização do Brasil.
5. A distribuição da população chinesa pelo território está muito ligada ao meio físico e principalmente às atividades econômicas. Cite exemplos que comprovem essa afirmação.

3 Economia

A economia chinesa, que tradicionalmente era agrícola, hoje é a mais industrializada do mundo. Em 2010, a China ultrapassou os Estados Unidos na produção industrial. O país norte-americano se destaca mais no setor de serviços (bolsa de valores, bancos, assessorias, seguros, filmes e programas para televisão, programas para computadores, etc.). Em algumas décadas a China tornou-se a maior exportadora mundial de bens industrializados: brinquedos, roupas, automóveis, produtos elétricos e eletrônicos, máquinas, produtos ópticos e médicos, etc. É lógico que, para produzir tudo isso — e também para alimentar sua imensa população, que cada vez mais reside nas cidades —, ela precisa de matérias-primas; com isso, também se tornou a maior importadora mundial de minérios, algodão, soja, carnes e talvez até de petróleo. Em compensação, a poluição aumentou muito nas cidades chinesas, que possuem em média o ar mais poluído do mundo.

O setor primário (agropecuária e mineração) ocupa uma maior proporção de mão de obra (40% do total) que os setores secundário (27%) e terciário (33%). O secundário ou industrial, o mais importante no país, ocupa menos força de trabalho porque é mais mecanizado, isto é, utiliza mais intensamente máquinas. A China possui quase 20% da população mundial e apenas 7% dos solos agriculturáveis do mundo, o que — juntamente com a crescente desertificação e a erosão dos solos — vem suscitando um grande aumento na importação de alimentos. Os principais produtos cultivados são: arroz, milho, trigo, algodão, batata, soja, sorgo e cana-de-açúcar.

Estaleiro em Yichang, na China, onde trabalhadores constroem um navio, em 2014.

A pecuária e a mineração também são muito importantes para a economia chinesa. A China ocupa o primeiro lugar no mundo na criação de gado suíno e equino e na avicultura, e está entre os cinco maiores criadores mundiais de gado bovino e caprino. Além de ser um dos maiores produtores mundiais de petróleo e, principalmente, de carvão mineral, a China possui grandes reservas de mercúrio, ferro, tungstênio, manganês, urânio e zinco.

A industrialização chinesa cresceu pouco entre 1949 e 1975, quando o governo adotou uma economia planificada e passou a implantar pequenos núcleos industriais em vários pontos do país, de uma forma descentralizada. Mas a verdadeira industrialização do país ocorreu somente a partir do fim dos anos 1970, quando a China deixou de lado a planificação da economia e se abriu para o capitalismo. Veja o gráfico a seguir sobre o crescimento da economia chinesa (o PIB) e também o rendimento médio da população (a renda *per capita*) desde 1950. Observe que foi a partir dos anos 1980 que esse crescimento, até então pouco expressivo, passou a ser acelerado.

PIB e renda *per capita* na China (1950 a 2013)

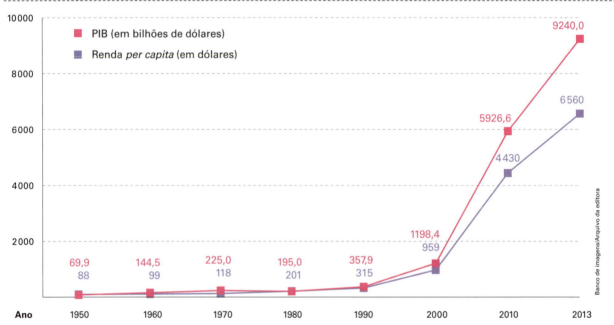

Elaborado com dados do FMI e do World Bank.

 Texto e ação

1. Em apenas algumas décadas a China tornou-se a maior exportadora mundial de bens industrializados variados. Cite alguns desses produtos.
2. Faça uma lista das matérias-primas importadas pela China.
3. Explique a necessidade da China de importar matérias-primas e alimentos.
4. Comente a importância da mineração para a economia chinesa.
5. Responda às questões:
   a) Quando ocorreu a verdadeira industrialização chinesa?
   b) O que os dados do gráfico acima revelam sobre o PIB e a renda *per capita* na China no período de 1950 a 2013?

4 Etnias

A China enfrenta problemas de diferenças étnicas. Em suas províncias vivem povos que há milênios são adversários. Na principal região do país — as planícies orientais — vive o povo chinês (ou *han*), que abrange cerca de 92% da população total. Esse povo possui uma língua comum, que, no entanto, apresenta diferenças regionais de fala, apesar de a escrita ter sido unificada. A etnia han é a única que se considera verdadeiramente chinesa (nem existe a palavra *chinês* no seu idioma principal, o mandarim, mas apenas a palavra *han*). As demais são vistas por ela como não chinesas e às vezes até mesmo como empecilhos ao nacionalismo han.

A maioria dos outros povos, no total, 55 grupos étnicos, vive nas demais províncias. Os principais são: mongóis, tibetanos, populações de língua turca, muçulmanos, tais e coreanos. Essas minorias étnicas falam idiomas diferentes do chinês. É preciso lembrar que, por causa da enorme população total do país, quando se fala em minoria na China, pode-se ter um grupo expressivo, com milhões de pessoas. Os muçulmanos, por exemplo, que vêm se expandindo na parte noroeste do país, já somam cerca de 30 milhões de pessoas. Veja o mapa ao lado.

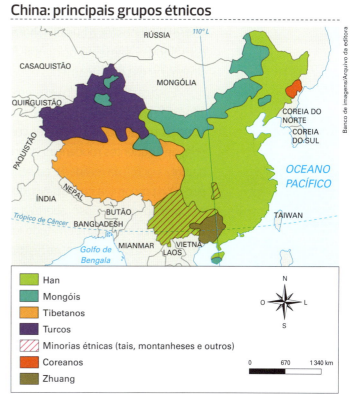

China: principais grupos étnicos

Adaptado de: ATLAS des relations internationales. Paris: Hatier, 2013.

Texto e ação

1. Comente os problemas de diferenças étnicas enfrentados pela China.
2. Observe o mapa desta página. Que informações você pôde obter? Como elas estão representadas?

5 Religiões e filosofia

Não podemos compreender o comportamento dos chineses sem estudar a sua cultura tradicional e, particularmente, a sua religiosidade.

Na China, as correntes de pensamento, que representam uma mistura de religiões e filosofia, são importantes para entender a mentalidade do povo chinês e as reviravoltas em sua vida política. Três são as correntes de pensamento que predominam na China: o *confucionismo*, o *budismo* e o *taoismo*. Elas não são apenas religiões, mas também modos de encarar a vida e a natureza.

Existem nesse país minorias (por volta de 8% da população total) que praticam o catolicismo e, principalmente, o islamismo. Contudo, a imensa maioria dos chineses pratica ao mesmo tempo aquelas três religiões ou filosofias. Essa é uma importante

Unidade 4 • Ásia 283

diferença entre o pensamento "oriental" ou chinês e o ocidental. Para um ocidental, geralmente, ou se é uma coisa ou outra: bom ou mau, agressivo ou pacífico, feio ou bonito, claro ou escuro, feminino ou masculino, certo ou errado, etc. Para o chinês, entretanto, essas coisas não se excluem mutuamente, mas se complementam; deve-se ter um pouco de cada característica ao mesmo tempo.

Assim, no pensamento chinês, o que importa é a busca do equilíbrio. A natureza, as coisas e as próprias pessoas são tudo isso ao mesmo tempo, devendo conviver com esses opostos e buscar a harmonia dos contrários, e não a eliminação de um lado, como no pensamento ocidental. Existe até um diagrama chinês antigo que procura simbolizar esse ensinamento básico, que vimos no capítulo 3.

Essa característica do pensamento chinês de aceitar a convivência dos opostos, como *Yang* e *Yin* — de ser e não ser ao mesmo tempo, podendo haver momentos de crise, de rompimento do equilíbrio desses contrários —, faz com que os chineses aceitem e participem de frequentes mudanças, aparentemente radicais. O pensamento chinês defende a natureza cíclica da realidade, ou seja, as épocas de predominância do *Yang* e aquelas em que o *Yin* predomina, com a busca do equilíbrio nesse meio-termo. Assim, o chinês comum é extremamente curioso, aberto a novas ideias e experiências. Para ele, não existe nada radicalmente mau nem bom; tudo tem o seu lugar no momento certo, na dose certa.

Isso explica por que, na história recente da China, o chinês não só aceita acontecimentos aparentemente tão diferentes, como participa deles: a implantação do socialismo, o rompimento com a União Soviética depois de seguir sua orientação econômica, a Revolução Cultural e o isolamento do país, e, recentemente, uma nova política de abertura para o capitalismo.

Texto e ação

1. Cite e explique uma importante diferença entre o pensamento oriental ou chinês e o ocidental.

2. Comente a frase: "No pensamento chinês o que importa é a busca do equilíbrio".

6 A Revolução Cultural

Um dos acontecimentos que mais chamaram a atenção do mundo sobre a China foi a Revolução Cultural, ocorrida entre 1966 e 1975. Sob a liderança de Mao Tsé-tung e alguns auxiliares, entre os quais sua mulher, Jiang King, durante a Revolução Cultural a China viveu um período em que o mais importante de tudo era a crença do cidadão nas ideias de Mao, sistematizadas no *Livro Vermelho*, compilação de pensamentos do líder.

Surgiu com grande força nesse período a Guarda Vermelha — organização semimilitar composta de jovens que saíam às ruas uniformizados e gritando palavras de ordem, em sua maioria extraídas do *Livro Vermelho* de Mao. Esse período teve altos e baixos, fatos positivos e negativos, mas o que predominou foi um enorme fanatismo. Por exemplo, os professores e os estudantes em geral, principalmente os universitários, foram obrigados a trabalhar no mínimo dois anos na agricultura, para depois voltarem às aulas. Muitos nunca foram readmitidos nas universidades porque não professavam as ideias que predominavam no país.

Os músicos que tocavam os clássicos ocidentais — Bach, Beethoven, Mozart e outros —, ou mesmo outras músicas estrangeiras (*rock*, por exemplo), eram ridicularizados publicamente, obrigados a tocar apenas música chinesa revolucionária; caso contrário, seriam presos e espancados. Muitos tiveram até as mãos esmagadas, para nunca mais tocar músicas estrangeiras. Algumas obras artísticas e alguns espaços culturais — livros, templos religiosos, bibliotecas, teatros, cinemas — foram destruídos ou utilizados para outros fins, geralmente para servirem de palco aos frequentes e intermináveis debates políticos. Nesses debates, em vez de uma livre troca de opiniões, o que predominava era a repetição exaustiva das teses de Mao Tsé-tung.

Mas nem tudo foi fanatismo na Revolução Cultural. Ela trouxe também experiências inovadoras e originais. A polícia, por exemplo, foi extinta. No lugar dela, os próprios moradores se revezavam (uma vez por mês por pessoa adulta) no exercício da função policial, sem ganhar nada para isso. Essa tentativa de envolver a comunidade na atividade policial tinha por objetivo evitar o surgimento de abusos e de corrupção, tão comuns nesse meio.

Também foi criado o *médico camponês* ou *médico descalço* — um trabalhador rural comum que, após um período de preparo, podia tratar os problemas de saúde mais comuns da população; os casos mais difíceis eram encaminhados aos médicos dos grandes centros urbanos.

Contudo, o exagerado fanatismo da Guarda Vermelha e os abusos cometidos por seus membros acabaram colocando a maioria da população contra a Revolução Cultural, apesar do enorme respeito nutrido por Mao Tsé-tung. Entre 1974 e 1975, Mao reconheceu os excessos da Revolução Cultural e proclamou o seu fim, iniciando a política de reabertura da China, que seria incrementada após sua morte.

Com a morte de Mao em 1976, o Bando dos Quatro (como ficou conhecido o grupo de quatro dirigentes que chefiou as ações mais radicais durante a Revolução Cultural) foi preso e condenado pelos crimes ocorridos nesse período.

Pessoas carregando um cartaz que ridiculariza o Bando dos Quatro. Essa expressão foi usada para identificar os quatro membros do Partido Comunista, entre os quais a mulher de Mao Tsé-tung, que lideraram, com ele, a Revolução Cultural.

Unidade 4 • Ásia

7 A China depois de Mao Tsé-tung

Após a morte de Mao, desenvolveu-se uma luta pelo poder na cúpula do partido único e oficial, o Partido Comunista Chinês. Mas, já em 1977, Deng Xiao Ping, que havia sido relegado a segundo plano durante a Revolução Cultural, tornou-se o novo líder do Partido Comunista e do governo chinês. Ele governou até 1992, sendo então substituído por uma nova geração.

Para Xiao Ping, a excessiva preocupação ideológica da Revolução Cultural fez com que o país perdesse terreno no desenvolvimento industrial e tecnológico. Assim, o governo deveria deixar de vigiar as ideias alheias, como faziam os membros da Guarda Vermelha, mas preparar a China para o século XXI. Uma frase de Xiao Ping sintetiza muito bem a nova (e ainda atual) orientação do governo chinês, com a abertura para o capital estrangeiro: "Não importa se o gato é branco ou preto, o importante é que apanhe ratos". Isso significa que o que conta não é a ideologia (se capitalista ou socialista), como ocorria anteriormente, mas a praticidade ou funcionalidade das ações. Portanto, se os investimentos capitalistas e as relações com os Estados Unidos produzissem melhores resultados que a economia planificada, que fossem incentivados, como de fato ocorreu.

Manifestante tenta impedir a rota dos tanques em direção à praça da Paz Celestial, em Pequim, na China, em 5 de julho de 1989.

Entretanto, a abertura econômica da China não foi acompanhada por igual abertura no setor político. A China passou a ter uma economia cada vez mais capitalista, baseada no mercado e nos investimentos estrangeiros, e, ao mesmo tempo, manteve uma vida política autoritária comandada por um partido único, o Partido Comunista, que não admite críticas ou oposições. Um movimento que reivindicava reformas no país, liderado por estudantes e que chegou a contar com o apoio de milhões de pessoas, foi duramente esmagado em 1989. Esse fato ficou conhecido como "massacre da praça da Paz Celestial", no qual milhares de pessoas foram presas, torturadas e até assassinadas.

A partir de 1976, o governo chinês promoveu a reabertura do país, visando dar um novo impulso à economia. Ampliou o comércio com o restante do mundo, incentivou o turismo e abriu as portas para o capital estrangeiro. Filiais de empresas multinacionais foram novamente admitidas no país. A Bolsa de Valores de Xangai, que havia sido fechada em 1949, foi reaberta em 1984, o que significa que a propriedade privada dos meios de produção voltou a ser consentida. Além disso, o governo resolveu ampliar o leque salarial, ou seja, aumentar as diferenças entre os maiores e os menores salários, para motivar os trabalhadores a produzir mais.

Não é demasiado lembrar que o crescimento industrial do país prossegue e apresenta taxas elevadas: de 1978 a 2010, esse crescimento foi de 9% ao ano, em média, sem dúvida um recorde mundial pela sua longa duração. O PIB chinês em 1980, de 195 bilhões de dólares, era apenas o 12º do mundo, atrás de Estados Unidos, Japão, Alemanha, França, Reino Unido, Itália, Canadá, Rússia, Brasil, México e Espanha. Em 2013, a produção econômica anual da China, de quase 14 trilhões de dólares, foi a segunda do mundo, perdendo apenas para a norte-americana.

As exportações da China, que totalizavam apenas 2 bilhões de dólares por ano em 1970, subiram para 27 bilhões em 1985 e saltaram para mais de 1,5 trilhão em 2010, ano em que o país se tornou o maior exportador mundial, superando os Estados Unidos e a Alemanha. Isso significa que o crescimento chinês foi feito basicamente em função do mercado externo, das exportações, embora atualmente o governo procure incentivar cada vez mais o consumo interno.

Outros elementos também contribuíram muito para o arranque chinês; por exemplo: a diminuição dos impostos — qualquer empresa paga apenas 18% de impostos, ao contrário de países como o Brasil, onde são pagos em média 35% de impostos — e a mão de obra barata em termos internacionais, além de qualificada pelo bom sistema educacional. Na maioria das regiões da China, o salário na indústria, por exemplo, é de cerca de 2 reais por hora. Um operário brasileiro ganha quatro vezes mais. Um mexicano, seis vezes. Um norte-americano ganha, em média, vinte vezes mais. Nessas condições, é um ótimo negócio para as firmas estrangeiras montar fábricas na China para exportar. É por isso que o país já responde por metade da produção mundial de máquinas fotográficas e de brinquedos, por 30% dos aparelhos de ar condicionado e de TV, por mais de 25% das máquinas de lavar e por 20% das geladeiras fabricadas no mundo.

Estudantes praticando voleibol em Guiyang, China, em 2015.

Aumento das disparidades regionais

Esse intenso crescimento econômico chinês não tem sido generalizado por todo o território. Ele se concentra na parte leste do país, a porção litorânea. É aí que existem as ZPEs — Zonas de Proteção às Exportações —, áreas com economias de mercado ou capitalistas e que efetivamente vêm crescendo graças a grandes investimentos de capitais estrangeiros e incentivos às exportações. São regiões onde os salários e as condições de vida são melhores que no restante do país, apesar de baixíssimos em termos internacionais.

Os salários para a maioria da população chinesa giram em torno de 30 dólares por mês, mas, nas zonas industriais, chegam a 80 ou 90, o que é irrisório, se comparado ao de um trabalhador norte-americano ou alemão, que ganha cerca de 1200 dólares mensais, mas é atrativo para os chineses.

As regiões na parte central e oeste da China permanecem semiestagnadas, com economias socialistas e agrícolas sem grande abertura para o mercado. A disparidade entre as duas Chinas, a pobre a oeste e no centro, e a rica a leste, aumenta a cada ano.

Texto e ação

1. Explique o que foi a Revolução Cultural ocorrida na China entre 1966 e 1976.

2. Comente a frase: "Não importa se o gato é branco ou preto, o importante é que apanhe ratos".

3. Comente a situação da China depois de Mao Tsé-tung.

4. O que significa para você comprar um objeto que leva o selo "Made in China"?

5. O que são as Zonas de Proteção às Exportações? Em que áreas da China elas se concentram?

6. Explique a afirmação: "O intenso crescimento econômico chinês desde o fim dos anos 1970 não tem sido generalizado por todo o território".

Os salários na China

[...] Os níveis salariais na China têm aumentado constantemente nas últimas duas décadas, a economia desenvolveu-se e o setor privado tem criado novas oportunidades de emprego. No entanto, as disparidades entre regiões geográficas, setores industriais e entre os altos executivos e os trabalhadores também aumentaram de maneira significativa, ampliando o fosso entre ricos e pobres. Por outro lado, os aumentos salariais para os trabalhadores mais mal pagos na China foram corroídos, com frequência, pelo aumento do custo de vida. O problema dos salários em atraso continua a ser grave e sem ser resolvido em todo o país.

[...] É importante assinalar aqui que os aumentos salariais para os trabalhadores com os salários mais baixos na China nem sempre se têm traduzido em melhores condições de vida. Para muitas famílias de baixos rendimentos, os aumentos salariais são corroídos rapidamente pelos aumentos no custo de vida, e os trabalhadores gastam uma parte substancial dos seus salários em necessidades básicas como a alimentação, a habitação, o transporte, o vestuário e as telecomunicações. Os aumentos salariais médios da última década têm sido cerca de dez pontos percentuais superiores à taxa geral de inflação, mas com frequência só cerca de cinco por cento mais altos que a taxa de inflação da alimentação.

[...] Os aumentos salariais dos últimos anos têm resultado, em boa parte, da pressão de uma nova geração de trabalhadores migrantes que já não estão dispostos a tolerar os baixos salários e as duras condições de trabalho que a geração dos seus pais teve de suportar.

Os trabalhadores mais jovens foram mais educados que os seus pais, têm maiores expectativas e aspirações e estão bem mais conscientes dos seus direitos como trabalhadores. Além disso, agora têm a confiança, os meios e a capacidade para pressionar por salários mais altos. Quase todos os jovens trabalhadores têm acesso a internet móvel e muitos são ativos nas redes sociais. [...]

CHINA LABOUR BULLETIN. *Wages in China*, 2013. Tradução do inglês para espanhol de Enrique García para sinpermiso.info. Tradução do espanhol para português de Carlos Santos para esquerda.net.
Disponível em: <http://vidaarteedireitonoticias.blogspot.com.br/2013/11/os-salarios-na-china.html>. Acesso em: 3 nov. 2014.

Atividades finais

+ Ação

1. Observe o gráfico e responda: o que os números revelam das relações comerciais entre Brasil e China no período 2000-2012?

Evolução da corrente de comércio Brasil e China: importações brasileiras e exportações para a China (2012)

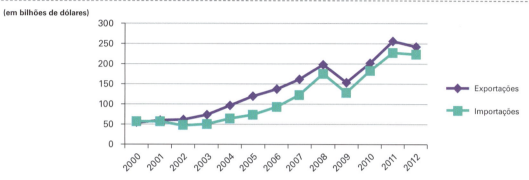

MINISTÉRIO DO DESENVOLVIMENTO, INDÚSTRIA E COMÉRCIO EXTERIOR, 2013. Disponível em: <http://operamundi.uol.com.br/conteudo/opiniao/33831/o+que+esperar+das+relacoes+comerciais+entre+brasil+e+china+diante+do+cenario+atual.shtml>. Acesso em: 4 nov. 2014.

2. Uma das frases abaixo não está de acordo com o que você aprendeu sobre a Revolução Cultural na China. Identifique onde está o erro e reescreva no caderno a frase com a informação correta.
   a) A Revolução Cultural na China ocorreu entre 1966 e 1975.
   b) O período da Revolução Cultural teve altos e baixos, fatos positivos e negativos, mas o que predominou foi um enorme fanatismo.
   c) A Revolução Cultural trouxe experiências inovadoras e originais. A polícia, por exemplo, foi extinta. No lugar dela, os próprios moradores se revezavam (uma vez por mês por pessoa adulta) no exercício da função policial, com uma remuneração estipulada pelo governo.
   d) Entre 1974 e 1975, Mao reconheceu os excessos da Revolução Cultural e proclamou o seu fim, iniciando a política de reabertura da China, que seria incrementada após sua morte.

3. Leia a notícia e responda às questões.

Degradação das terras agricultáveis

Mais de 40% das terras agricultáveis da China estão em processo de degradação, disse a agência de notícias oficial Xinhua, o que reduz a capacidade de produção de alimentos no país mais populoso do mundo.

O solo escuro e fértil da província de Heilongjiang, no norte do país, que compõe o cinturão de alimentos chinês, está ficando mais fino, enquanto as áreas agrícolas do sul da China sofrem com acidificação, disse a reportagem, citando estatísticas do Ministério da Agricultura.

Terras degradadas tipicamente incluem solo com fertilidade reduzida, erosões, mudança de acidez e efeitos de mudanças climáticas, além de danos causados por poluentes. O governo chinês está cada vez mais preocupado com sua oferta de alimentos, depois de anos de rápida industrialização que resultaram em poluição generalizada de rios e áreas de plantio.

O país, que precisa alimentar quase 1,4 bilhão de pessoas, já traçou planos para enfrentar a poluição do solo, que afeta cerca de 3,3 milhões de hectares.

Mas, à medida que salários maiores colocam pressão sobre os recursos do país para uma produção de mais comida e de maior qualidade, também é necessário enfrentar o problema do solo degradado, disse a Xinhua.

O Ministério da Agricultura quer criar 53 milhões de hectares de lavouras conectadas até 2020, o que permitiria enfrentar melhor secas e enchentes, disse a agência. Fazendas maiores são mais favoráveis para irrigação e outras práticas de cultivo modernas.

O governo chinês prepara uma nova lei para enfrentar estas questões, mas, até 2017, ela não deve estar pronta.

Adaptado de: PATTON, Dominique. *Mais de 40% das áreas agrícolas da China estão degradadas, diz Xinhua.* Disponível em: <www.dci.com.br/agronegocios/mais-de-40-das-areas-agricolas-da-china-estao-degradadas,-diz-xinhua-id424694.html>. Acesso em: 7 nov. 2014.

a) Qual é o tema central da notícia?
b) Quais os principais problemas ambientais que estão afetando a produção agrícola chinesa e quais as regiões mais afetadas?
c) Se você tivesse de escolher cinco palavras do texto sobre a questão que envolve a degradação de áreas agrícolas da China, que palavras escolheria? Justifique sua resposta.
d) Em sua opinião, por que é preocupante a degradação das áreas agrícolas na China?

4. Sobre o lixo eletrônico na China, leia o texto e responda às questões.

Durante décadas, a China foi receptora dos produtos e peças fora de uso da indústria eletrônica mundial. Agora, apesar das novas regulamentações que restringem a entrada desses materiais, o país enfrenta a árdua tarefa de processar milhões de toneladas de resíduos nocivos para o meio ambiente e a saúde.[...]

Esse país carece de centros de reciclagem, apesar das melhorias dos últimos anos, e recorre a métodos prejudiciais para o meio ambiente. Alguns dejetos eletrônicos são queimados e uma grande quantidade de materiais perigosos acaba abandonada sem tratamento, segundo informe do China Environment News (Notícias Ambientais da China).

"A China ainda não possui um sistema adequado para reciclar e gerir o lixo eletrônico", disse [...] o pesquisador Peng Ping'an, do Instituto Guangzhou de Geoquímica, da Academia de Ciências Sociais. "Grandes quantidades são diretamente queimadas ou desmontadas em locais sem autorização", afirmou. E os dejetos continuam se acumulando. [...]

O estudo do Programa das Nações Unidas para o Meio Ambiente (Pnuma) projeta que, em 2020, os dejetos de computadores na China serão 400% maiores do que eram em 2007, enquanto os de telefones celulares se multiplicarão por sete. O governo começou a tomar algumas medidas. No dia 1º de janeiro de 2011, o Conselho de Estado fixou novas normas pelas quais criou um fundo para subvencionar o tratamento de lixo eletrônico, seja para recuperação ou eliminação.

"Entretanto, a legislação ainda está nas fraldas e as leis existentes são inadequadas", disse Peng. Isto faz com que o tratamento dependa dos benefícios que deixar, e esteja disperso e desorganizado. Há cem empresas e institutos dedicados à recuperação e eliminação de lixo eletrônico na China, que carecem de apoio político e de locais de tratamento eficientes, acrescentou. O estudo do Pnuma exorta os países em desenvolvimento a melhorarem suas unidades de reciclagem. Esse setor permite criar emprego, reduzir as emissões de gases estufa e recuperar uma grande quantidade de metais valiosos, como prata, ouro, paládio, cobre e índio.

No entanto, nem tudo é negativo, e houve algumas experiências de sucesso. Em Tianjin, cidade costeira perto de Pequim, o Escritório Municipal de Meio Ambiente estima que cerca de quatro milhões de televisores, refrigeradores, computadores, lava-roupas e aparelhos de ar condicionado foram descartados em 2010, aproximadamente, 38 mil toneladas de lixo eletrônico, informou o Diário do Povo. A Green Angel, uma unidade patrocinada pelo governo de Tianjin, reciclou 70 mil eletrodomésticos no ano passado, bem abaixo de sua capacidade de 200 mil unidades anuais.

O manejo inadequado do lixo eletrônico tem consequências sobre a saúde e o meio ambiente. Metais pesados como chumbo, estanho e bário podem contaminar a água subterrânea e da superfície. Além disso, são queimados fios elétricos ao ar livre para retirar o cobre, espalhando substâncias cancerígenas na atmosfera. [...]

Adaptado de: MOXLEY, Mitch. *Eletrônicos usados prejudicam a China.* Disponível em: <http://envolverde.com.br/noticias/eletronicos-usados-prejudicam-a-china/>. Acesso em: 7 nov. 2014.

a) Segundo o texto, o que a China faz com o seu lixo eletrônico?
b) Que medidas o governo da China está tomando para gerir o lixo eletrônico?
c) "'[...] a legislação ainda está nas fraldas e as leis existentes são inadequadas', afirmou o pesquisador Peng". Em sua opinião, o que ele quis dizer com a expressão "a legislação ainda está nas fraldas"?
d) Que experiência de sucesso está ocorrendo em Tianjin?
e) O manejo inadequado do lixo eletrônico tem consequências sobre a saúde e o meio ambiente. Quais foram citadas no texto?

5. Examine o quadro referente aos indicadores socioeconômicos do Brasil e da China e depois responda à questão proposta.

Alguns indicadores socioeconômicos	China	Brasil
Renda *per capita* (em dólares) — 2013	6 560	11 690
Mortalidade infantil (por mil) — 2013	15,4‰	14
Expectativa de vida (em anos) — 2012	74 (H) e 77 (M)	70 (H) e 77 (M)
IDH — 2013	0,719	0,744

- Ao comparar os indicadores socioeconômicos da China e do Brasil, o que você conclui?

6. Escolha um dos temas e pesquise textos, fotos, postais, receitas, cartões-postais, etc.
   - A Grande Muralha e a Cidade Proibida.
   - O modo de vida das famílias, as festas e a alimentação.
   - A escrita, os meios de transporte, as vestimentas.
   - Sinais da presença de povos chineses no Brasil: religião, alimentação, medicina, produtos importados.
   - As relações entre Brasil e China no contexto dos Brics.

Na data marcada pelo professor, traga o material pesquisado para a sala de aula. Nessa data o professor vai dividir a classe em grupos para orientar as seguintes atividades:

a) leiam as informações pesquisadas;
b) organizem o material de acordo com a decisão do grupo (em forma de fichas, cartazes, transparências, etc.);
c) não se esqueçam de identificar o material e registrar as fontes de pesquisa;
d) apresentem o trabalho para os demais grupos da classe.

De olho na imagem

1. Sobre o calendário chinês, façam o que se pede.
   a) Observem a imagem.

2014 — Ano do cavalo no calendário chinês.

Unidade 4 • Ásia 291

b) Leiam o texto.

2014, o ano do cavalo

2014 é o ano do cavalo, que é um dos animais chineses favoritos. Com a simbologia de levar as pessoas aonde elas querem estar, não só no sentido de transporte como também na carreira, o sucesso. São competidores e simbolizam liberdade, paixão e liderança.

Dentro do horóscopo chinês, a hora do dia referente ao cavalo é entre 11:00 e 13:00, então ele é ligado à luz, ao calor, fogo e vermelho, já que esse é o horário de pico do sol. Ele também é considerado um animal social e, com esses atributos, é usado como um símbolo romântico.

[...] O cavalo por sua agilidade, imponência e destreza é tratado como um animal especial.

Na teoria dos Cinco Elementos do horóscopo chinês (madeira, ar, fogo, água e metal), o cavalo está no grupo de fogo, como o dragão. Mas 2014 é o ano do cavalo de madeira. Só que a madeira ajuda o fogo a propagar e durar mais tempo acesso, usando uma metáfora.

[...] Devido ao seu caráter impulsivo, o cavalo pode provocar desgastes políticos. Os anos do cavalo têm sido decisivos para o mundo: a Primeira Guerra Mundial (1918), a Grande Depressão (1930), a Segunda Guerra Mundial (1942) e a Revolução Cultural Chinesa (1966) aconteceram em anos regidos pelo cavalo. Apertem os cintos!

Adaptado de: MAROTE, Christine. 2014 — *Ano do cavalo no horóscopo chinês*. Disponível em: <http://chinanaminhavida.com/2013/12/29/2014-ano-do-cavalo-no-horoscopo-chines/>. Acesso em: 7 nov. 2014.

c) Respondam às questões:
- O que o texto revela sobre o ano do cavalo no calendário chinês de 2014?
- Vocês acreditam em astrologia? Sabem de que signo vocês são?

2. Observem as imagens e leiam os textos. Depois façam o que se pede.

Grande Muralha da China

Patrimônio mundial: local Cultural
Registrado em: 1987
Localização: norte da China, estendendo-se desde a província de Liaoning a leste até à província de Gansu, a oeste.

Por volta do ano 220 a.C., durante o reinado de Qin Shin Huang, foram unidas seções de fortificações anteriormente construídas, de forma que constituíssem um sistema de defesa unificado contra eventuais invasões provenientes do norte.

A construção prosseguiu até à dinastia Ming (1368-1644), quando a Grande Muralha se tornou a maior estrutura militar do mundo. A sua importância histórica e estratégica pode apenas ser comparada ao seu valor arquitetônico.
Característica notável: a maior estrutura militar de defesa do mundo.

Grande Muralha da China, em 2013.

Capítulo 16 • Ascensão de uma nova superpotência: a China

Monte Tai

Patrimônio mundial: local Cultural e Natural
Registrado em: 1987
Localização: província de Shandong

O monte sagrado Tai foi objeto de um culto imperial durante cerca de dois mil anos, e as obras-primas artísticas que contém encontram-se em perfeita harmonia com a paisagem natural. Tem sido sempre uma fonte de inspiração para os artistas e estudiosos chineses, simbolizando as antigas crenças e civilizações chinesas.

Característica notável: lugar único associado a antigas práticas religiosas e espirituais chinesas.

Adaptado de: LISTA do patrimônio mundial da China. Disponível em: <www.icm.gov.mo/exhibition/tc/cwheriP.asp>. Acesso em: 2 jan. 2015.

Monte Tai, na China, em 2013.

- Comentem os logotipos a seguir.

Logotipo do Patrimônio Mundial

Logotipo da Unesco

Conexões

ATIVIDADE INTERDISCIPLINAR

HISTÓRIA E LÍNGUA PORTUGUESA

A foto da página 286 mostra um fato relacionado ao massacre na praça da Paz Celestial, em Pequim.

a) Leia novamente a legenda dessa foto e registre no caderno:
- o que aconteceu com os milhares de estudantes e operários nesse local em 1989;
- quais eram as reivindicações desses estudantes e operários em 1989.

b) Leia com bastante atenção o texto abaixo:

Eu sei, mas não devia. Eu sei que a gente se acostuma. Mas não devia. A gente se acostuma a morar em apartamentos de fundos e a não ter outra vista que não as janelas ao redor. E porque não tem vista, logo se acostuma a não olhar para fora. E porque não olha para fora, logo se acostuma a não abrir as cortinas. E porque não abre as cortinas, logo se acostuma a acender mais cedo a luz. E à medida que se acostuma, esquece o sol, esquece o ar, esquece a amplidão.

[...]

A gente se acostuma a abrir o jornal e a ler sobre guerra. E, aceitando a guerra, aceita os mortos e que haja números para os mortos. E, aceitando os números, aceita não acreditar nas negociações de paz [...].

COLASANTI, Marina. *Eu sei, mas não devia.* Rio de Janeiro: Rocco, 1999. p. 9-10.

c) Em sua opinião, qual a relação entre o texto e o fato ocorrido na praça da Paz Celestial em 1989? Responda às questões pensando nos seguintes pontos:
- Nem todas as pessoas se conformam com as injustiças sociais e os atos de corrupção em seu país;
- Muitas pessoas reagem pacificamente diante das situações do dia a dia.

Ponto de chegada

O que você estudou

Nesta Unidade, você desenvolveu ou aprimorou várias habilidades:

- identificar e compreender algumas das economias mais dinâmicas do mundo atual;
- detectar os principais conflitos geopolíticos do Sul da Ásia;
- compreender as origens, os traços e as consequências do sistema de castas na Índia;
- identificar os principais movimentos separatistas na Índia;
- identificar, localizar e caracterizar os Tigres Asiáticos;
- expressar os conflitos políticos e geopolíticos entre a China e alguns países vizinhos;
- relacionar educação e desenvolvimento econômico-social às mudanças que projetaram os Tigres Asiáticos no mundo;
- entender o papel da cultura e dos interesses geopolíticos nas mudanças radicais que ocorrem na China há algumas décadas;
- reconhecer a oposição entre a adoção da economia de mercado e a manutenção do controle político pelo Partido Comunista;
- identificar e localizar as disparidades regionais na China.

Mix cultural

 Biblioteca

***A descolonização da Ásia e da África**, de Leticia Bicalho Canedo, Atual.* Apresenta as diferenças e similaridades entre os processos de libertação e independência dos países africanos e asiáticos, dentro do contexto de rompimento com os colonizadores europeus.

***Geopolíticas asiáticas: da Ásia Central ao Extremo Oriente**, de Nelson Basic Olic e Beatriz Canepa, Moderna.* Ásia Central, Subcontinente Indiano, Sudeste Asiático e Extremo Oriente são temas deste livro.

***Marco Polo e sua maravilhosa viagem à China**, de Janis Herbert, Zahar.* Traz informações sobre a viagem feita por Marco Polo, de Veneza rumo ao Oriente, e apresenta os costumes e a história das regiões por ele percorridas, que atualmente, correspondem a: Turquia, Império Mongol, Pérsia, Afeganistão, China, Tibete, Mianmar, Indonésia e Sri Lanka. Para aprender um pouco mais sobre as culturas orientais, o livro propõe uma série de atividades práticas.

***Nas folhas do chá**, de Flavia Lins e Silva, Zahar.* Conta a história de duas garotas, uma brasileira e uma chinesa, que se conhecem sem querer e passam a trocar cartas e *e-mails*. Por meio das correspondências, elas conversam sobre as diferenças entre os costumes e as culturas de seus respectivos países.

***O nascimento da noite**, de Jean-Jacques Fdida, Pallas.* O livro reúne um conjunto de contos tradicionais de Gana, da Índia, da China, da Nigéria, do Japão, da Cabília e das culturas basca e judaica. Ilustrado.

***O que sabemos sobre o islamismo?*, de Shahrukh Husain, Callis.** Repleto de ilustrações e textos com linguagem didática, o livro apresenta os princípios básicos do islamismo, sua história e seus símbolos.

***Passaporte para a China*, de Lygia Fagundes Telles, Companhia das Letras.** Originalmente publicadas em jornal, as 29 crônicas deste livro relatam as experiências vividas pela autora na China, em 1960. Como um diário de viagem, elas revelam um pouco sobre a cultura, os costumes e o cotidiano do povo chinês, além de trazer descrições sobre suas paisagens e monumentos históricos.

***Três fábulas do Oriente*, de Bruno Pacheco, Galera Record.** O livro narra três lendas budistas tradicionais, importantes fontes de conhecimento sobre a cultura e a filosofia orientais.

Geografia nos sites

- <http://br.china-embassy.org/por/>. *Site* da Embaixada da República Popular da China no Brasil. Com notícias e informações sobre as relações Brasil-China e tratados de cooperação.
- <http://timor-leste.gov.tl/>. *Site* do governo do Timor-Leste. Notícias sobre o país e informações governamentais.
- <http://travel.nationalgeographic.com/travel/continents/asia/>. *Site* de fotografias da National Geographic. Traz imagens do continente asiático.
- <www.bbc.co.uk/portuguese/toplicos/paquistao>. Versão em língua portuguesa da agência de notícias BBC para o Paquistão.
- <www.guiadecingapura.com/>. *Site* sobre o turismo em Cingapura. Traz informações sobre pontos turísticos, clima e a história do país.
- <www.tourism.gov.my/es-es/es>. *Site* de informações turísticas sobre a Malásia.

Geografia nas telas

***Encantos da Índia.* Direção: Sérgio Tulio Caldas. Brasil, 2002.** O documentário exalta as belezas do Taj Mahal, em Agra, na Índia, um dos mais belos monumentos construídos no mundo. O filme também mostra a fortaleza de Fatehpur-Sikri, fundada pelo imperador Akbar como uma iniciativa ecumênica.

***Odissi Dança Divina.* Deborah Rocha Moraes. Brasil, 2009.** O documentário é uma iniciativa de preservação e divulgação da tradição da dança Odissi, arte milenar indiana datada do século II a. C.

***Os segredos de Genghis Khan.* Direção: Shinichirô Swai. Estados Unidos, 2006.** A história de Genghis Khan seduz vários exploradores com lendas de tesouros escondidos. O filme mostra um grupo de exploradores que viaja até a Mongólia buscando pistas sobre a lenda de Genghis Khan e suas riquezas.

***Varanasi Índia Sagrada.* Direção: Sérgio Tulio Caldas. Brasil, 2002.** O filme mostra a cidade de Varanasi, na Índia, conhecida como um lugar sagrado para a cultura hindu. É às margens do rio Ganges que se praticam cerimônias tradicionais e rituais familiares de purificação e de morte.

Suryara Bernardi/Arquivo da editora

Bibliografia

ATLAS of Global Development. Washington: World Bank, 2010.

BADIE, B.; VIDAL, D. *L'état du monde 2015;* nouvelles guerres. Paris: La Découverte, 2014.

CASELLA, P. B. *Bric* — Brasil, Índia, Rússia, China e África do Sul. Uma perspectiva de cooperação internacional. São Paulo: Atlas, 2011.

CASTRO, T. de. *Nossa América;* geopolítica comparada. Rio de Janeiro: Bibliex, 1994.

CEPAL. *Balance Económico Actualizado de América Latina y el Caribe 2013 (LC/G.2605).* Santiago de Chile, abril de 2014.

CHALIAND, G. *A luta pela África.* São Paulo: Brasiliense, 1982.

CHANDA, T.; DA LAGE, O. *Aujourd'hui, l'Inde.* Tournai: Casterman, 2013.

CHARTER of the United Nations and Statute of the International Court of Justice. San Francisco, 1945.

CHESNAIS, J. C. *A vingança do Terceiro Mundo.* Rio de Janeiro: Espaço e Tempo, 1989.

CIA. *The World Factbook,* 2014 e 2013.

CUNHA JUNIOR, H. *Tecnologia africana na formação brasileira.* Rio de Janeiro: CEAP, 2010.

DELPIROU, A.; LABROUSSE, A. *Coca coke.* São Paulo: Brasiliense, 1988.

DUBY, G. *Atlas historique.* Paris: Larousse, 2004.

DUMONT, L. *Homo hierarchichus;* um estudo sobre o sistema de castas na Índia. São Paulo: Edusp, 1996.

DUPAS, Gilberto. *A América Latina no início do século XXI.* São Paulo: Editora da Unesp, 2005.

ESTATUTOS da Comunidade dos Países de Língua Portuguesa (com revisões de São Tomé/2001, Brasília/2002, Luanda/2005, Bissau/2006 e Lisboa/2007). Lisboa, 2007.

FAO; IFAD; WFP. *The State of Food Insecurity in the World 2014.* Strengthening the Enabling Environment for Food Security and Nutrition. Rome: FAO, 2014.

FOUCHER, M. (Dir.). *Atlas de l'influence française au XXI siècle.* Paris: Robert Laffont/Institut Français, 2013.

GALLUP, J. L. et al. *Geografia é destino?* Lições da América Latina. São Paulo: Editora da Unesp, 2007.

GÉOPOLITIQUE de la Turquie. *Hérodote.* Revue de Géographie et de Géopolitique, n. 148, 1er trimestre 2013.

GRESH, A.; RAMONET, I. (Org.). *A desordem das nações.* Petrópolis: Vozes, 1996.

GROUPE d'Experts Intergovernemental sur l'Évolution du Climat. *Changements climatiques 2014* — Incidences, adaptation et vulnérabilité. Genève, 2014.

GROVE, A. T. *The Changing Geography of Africa.* New York: Oxford University Press, 1993.

HAESBAERT, R. *Regional-global;* dilemas da região e da regionalização na Geografia contemporânea. Rio de Janeiro: Bertrand Brasil, 2010.

HERNANDEZ, Leila Leite. *A África na sala de aula.* 3. ed. São Paulo: Selo Negro Edições, 2008.

JOUVE, E. *Le Tiers Monde.* Paris: PUF, 1990. (Col. Que Sais-Je?).

KIDRON, M.; SEGAL, R. *The New State of the World;* atlas. 3. ed. New York: Simon & Schuster, 1996.

LACOSTE, Y. *Contra os antiterceiro-mundistas e contra certos terceiro-mundistas.* São Paulo: Ática, 1991. (Série Temas.)

_____. *Unité & diversité du Tiers Monde.* Paris: La Découverte/Hérodote, 1984.

_____. et al. *Géographie;* classes terminales. Paris: Fernand Nathan, 1983.

LE GOLFE et ses émirats. *Hérodote.* Revue de Géographie et de Géopolitique, n. 133, 2e trimestre 2009.

L'INSTITUT NATIONAL DE LA STATISTIQUE ET DES ÉTUDES ÉCONOMIQUES. Paris, 2014.

LOPES, Ana Mónica; ARNAUT, Luiz. *História da África* — Uma introdução. 2. ed. Belo Horizonte: Crisálida, 2008.

MONTBRIAL, Th. de; DEFARGES, Ph. M. (Dir.). *Ramses 2015*: rapport annuel mondial sur le système économique et les stratégies: le défi des émergents. Paris: Institut Français des Relations Internationales / Dunod, 2014.

O BRASIL, os Brics e a agenda internacional (mesa-redonda). Apresentação do Embaixador J. V. de S. Pimentel. Brasília: Funag, 2012.

PENNAFORTE, Charles. *África* — Horizontes e desafios no século XXI. São Paulo: Atual, 2006.

PNUE, 2011: Vers un économie verte: Pour un développement durable et une éradication de la pauvreté — Synthèse à l'intention des décideurs. St-Martin-Bellevue, 2011.

PROGRAMA das Nações Unidas para o Desenvolvimento (Pnud). *Relatórios do Desenvolvimento Humano.* 2013, 2014.

REGARDS géopolitiques sur la Chine. *Hérodote.* Revue de Géographie et de Géopolitique, n. 150, 3e trimestre 2013.

RELATÓRIO do Desenvolvimento Humano 2014 — Sustentar o Progresso Humano: Reduzir as Vulnerabilidades e Reforçar a Resiliência. Programa das Nações Unidas para o Desenvolvimento (PNUD). Nova York, 2014.

RELATÓRIO sobre os Objetivos de Desenvolvimento do Milênio. Nova York: Nações Unidas, 2014.

ROUQUIE, A. *O Extremo-Ocidente;* introdução à América Latina. São Paulo: Edusp, 1991.

SCHELLER, F. *Paquistão, viagem à terra dos puros*: o cotidiano de uma família muçulmana. São Paulo: Globo, 2010.

SIMIELLI, M. E. *Geoatlas.* São Paulo: Ática, 2012.

THE WORLD BANK, *World Development Indicators 2014.*

VÁRIOS AUTORES. *América Latina e Caribe e os desafios da nova ordem mundial.* São Paulo: Prolam/USP, 1998.

VESENTINI, J. W. *Nova ordem, imperialismo e geopolítica global.* Campinas: Papirus, 2003.

VLACH, V. R. F. Entre a ideia de território e a lógica da rede: desafios para o ensino de geografia. *Terra Livre,* n. 24, jan.-jun. 2005, p. 29-41.

WACKERMANN, Gabriel. *Géopolitique de l'espace mondial.* Paris: Ellipses, 1997.

WEIGHTMAN, B. A. *Dragons and tigers:* a geography of South, East and Southeast Asia. Toronto: 2001.

WINTERS, A.; YUSUF, S. (Org.). *Dancing with the Giants.* India, China and the Global Economy. Washington: World Bank, 2010.